中国与世界合作发展的政治经济学

Political Economics of China's Cooperative Development with the World

马莉莉　王颂吉　李侨敏◎等著

发展的政治经济学与新中国70年

任保平　何爱平　师　博／主编

国家哲学社会科学基金重点项目（16AZD010）
教育部人文社会科学重点研究基地重大项目（16JJD790047）
陕西省社会科学基金重点项目（2016D001）
西北大学『双一流』建设项目
Sponsored by First-class Universities and Academic Programs of Northwest University
教育部人文社会科学重点研究基地——中国西部经济发展研究中心建设项目

中国经济出版社
CHINA ECONOMIC PUBLISHING HOUSE
北京

图书在版编目（CIP）数据

中国与世界合作发展的政治经济学／马莉莉等著
.--北京：中国经济出版社，2019.8
ISBN 978-7-5136-5790-7

Ⅰ.①中… Ⅱ.①马… Ⅲ.①中国特色社会主义-社会主义政治经济学-研究 Ⅳ.①F120.2

中国版本图书馆 CIP 数据核字（2019）第 166148 号

责任编辑　贺　静
责任印制　巢新强
封面设计　华子设计

出版发行　中国经济出版社
印 刷 者　北京力信诚印刷有限公司
经 销 者　各地新华书店
开　　本　710mm×1000mm　1/16
印　　张　21.5
字　　数　308 千字
版　　次　2019 年 8 月第 1 版
印　　次　2019 年 8 月第 1 次
定　　价　89.00 元
广告经营许可证　京西工商广字第 8179 号

中国经济出版社 **网址** www.economyph.com **社址** 北京市西城区百万庄北街 3 号 **邮编** 100037
本版图书如存在印装质量问题，请与本社发行中心联系调换（联系电话：010-68330607）

总　序

发展经济学是第二次世界大战以后产生的研究发展中国家经济发展的经济学科，20 世纪 40 年代后期在西方国家逐步形成，主要探讨贫困落后的发展中国家如何实现现代化和工业化、摆脱贫困、走向富裕等问题。但是西方发展经济学以西方经济学的理论与方法为指导，并没有为中国经济发展提供有效的理论指导。进入新时代，中国面临的重大发展问题是现代化发展问题，经济发展的主要任务是现代化强国建设。西方发展经济学不可能指导中国经济的现代化发展，中国经济发展的实践亟须构建具有新时代特征和中国特色的中国发展经济学。新时代中国特色社会主义政治经济学的创新要以马克思主义经济发展理论为指导，以新时代中国经济发展的经验、事实和材料为基础，把发展经济学与政治经济学相结合，构建发展的政治经济学理论体系，探讨新时代中国现代化发展的特殊规律。

一、中国特色发展的政治经济学的理论定位

随着中国特色社会主义进入新时代，中国发展经济学的研究对象不再是如何解决贫穷落后的问题，而是应该研究中国独特的现代化发展道路，探索新时代中国现代化发展的特殊规律。概言之，主要包括两方面的内容：一是我国如何由落后国家变为一个经济大国，研究如何由计划经济转型为社会主义市场经济大国的道路。改革开放 40 年来中国经济快速发展，实现了由计划经济体制向社会主义市场经济体制

的转型、由封闭经济体系向开放经济的转型，成功进入了中等收入国家行列，这一阶段的发展道路为世界其他发展中国家提供了新的范本，需要在理论上加以系统总结和研究，进而形成系统化的中国特色发展的政治经济学的理论学说。二是进入新时代，我国如何从一个经济大国变为现代化经济强国。就经济总量而言，目前我国已经成为世界第二大经济体，但还不是经济强国，作为发展中大国的国际地位没有变，仍然面临现代化发展问题。传统增长方式亟待转型，“中等收入陷阱”必须尽快跨越，社会矛盾不断加剧，发展的不平衡、不协调、不充分、不可持续问题更加突出，亟须建立新时代中国特色发展的政治经济学，为解决这些问题提供理论指导，从而使中国从经济大国转向现代化的经济强国。新时代中国特色发展的政治经济学以中国现代化强国发展道路为研究对象，回答的是“什么是新时代的现代化发展”“在新时代如何实现现代化发展”“新阶段的现代化发展为了什么”这三个根本问题。既要解释中国从低收入国家发展成为中等收入国家所走过的发展道路，又要研究进入中等收入国家发展阶段后走向现代化的发展道路。易言之，既要对中国过去的发展道路进行理论总结，又要对中国新时代的现代化强国建设的道路进行研究。

习近平总书记在主持中共中央政治局第二十八次集体学习时强调，要立足我国国情和发展实践，揭示新特点、新规律，提炼和总结我国经济发展实践的规律性成果，把实践经验上升为系统化的经济学说。这不仅是对中国特色社会主义政治经济学的要求，而且是中国特色发展的政治经济学构建要坚持的基本原则。因此，中国特色社会主义政治经济学为中国特色发展的政治经济学提供了基本理论和方法，中国特色发展的政治经济学要坚持以人民为中心的发展思想，把增进人民福祉、促进人的全面发展作为出发点和落脚点，体现中国特色社会主义共同富裕的本质特征。同时也“要按照立足中国、借鉴国外、挖掘历史、把握当代、关怀人类、面向未来的思路，着力构建中国特色哲学社会科学，在指导思想、学科体系、学术体系、话语体系等方面充分体现中国特色、中国风格、中国气派[①]”。新时代中国特色发展的政治经济学要在中国特色社会主义政治经济学所揭示的内在的本质的经济必然性的基础上，研究新时代中国特色的现代化强国建设的道路，总结我国现代化发展的规律，指导新时代现代化强国建设。

中国特色发展的政治经济学的核心是促进生产力的发展，继续坚持解放、发展和保护生产力。其基本立场在于实现以人民为核心的经济发展，坚持人民主体地位，一切为了人民、一切相信人民、一切依靠人民是新时代中国特色发展的政治经济学始终要坚持的核心立场。

二、中国特色发展的政治经济学的实践定位

新时代中国特色发展的政治经济学的实践定位应该是立足于新时代中国发展的实际、中国经济改革的实践和中国新时代现代化发展的实际，研究中国现代化发展的重大理论问题、重大实践问题，总结概括中国经济以及世界经济现代化发展的重大历史经验教训，提炼升华，探索其中的经济规律，进而上升为系统化的经济学说，这样才能促进中国特色发展的政治经济学的理论创新，才能从学理上阐释中国道路的成功，才能指引新时代中国现代化发展的道路。

从这一实践定位出发，中国特色发展的政治经济学创新的内容应大致包括：一是中国由传统农业国转变为工业国的发展道路。中国的农业工业化与其他国家不一样，改革开放之前通过国家工业化，奠定了工业化的基础。改革开放以后，发挥市场机制的作用，利用民间资本的力量，通过乡镇企业促进了农村工业化，加速了中国工业化的进程。二是中国特色的城乡一体化发展道路。作为发展中国家，中国具有发展中国家二元经济结构的典型特征，因而城乡问题是中国现代化

① 习近平．在哲学社会科学工作座谈会上的讲话[EB/OL]．新华网，2016-05-18.

发展的核心问题之一。“党的十八大提出的‘走中国特色社会主义农业现代化道路，建立以工促农、以城带乡、工农互促的新型工农、城乡关系，形成城乡经济社会发展的新格局’是中国特色社会主义城乡一体化的伟大社会实践。”① 三是中国特色的社会主义市场经济道路。改革开放以来，我国成功地实现了从高度集中的计划经济体制向市场经济体制的转型，建立了社会主义市场经济体制的基本框架，走出了一条中国特色的社会主义市场经济发展道路。中国特色社会主义经济体制把市场经济的一般理论与中国的社会主义制度相结合，既具有市场经济的一般特征，又是与社会主义基本制度相结合的市场经济，是在积极有效的国家宏观调控下，市场对资源配置起基础性作用，能够实现效率与公平均衡发展的经济体制。中国特色社会主义市场经济道路的形成，是采用双轨过渡，从局部到总体，体制内改革与体制外推进相结合，改革、发展与稳定相协调，经济的市场化与政治的多元化相分离等方式建立起来的，因此，中国特色发展的政治经济学必须研究中国特色社会主义市场经济道路，总结其发展规律。四是中国特色的扶贫道路。作为最大的发展中国家，新中国成立以来，特别是改革开放以来，我国消除的贫困人数在世界范围内是最多的，据统计，改革开放以来我国的贫困发生率已由1978年的30.7%下降至2015年的5.7%②。中国的反贫困为人类做出了卓越的贡献，中国特色发展的政治经济学的理论创新必须总结这一经验。

三、中国特色发展的政治经济学的理论基础

马克思主义经济发展理论和中国特色社会主义政治经济学是新时代中国特色发展的政治经济学创新的理论基础。新时代中国特色发展

---

① 彭国昌．分离与融合：中国特色社会主义城乡一体化发展趋势与路径选择［J］．湖南社会科学，2014(1)．

② 孙久文，唐泽地．中国特色的扶贫战略与政策［J］．西北师范大学学报，2017(2)．

的政治经济学是在马克思主义经济发展理论和中国特色社会主义政治经济学所揭示的内在的、本质的经济必然性的基础上进行理论创新，研究中国特色社会主义现代化发展的道路。

（1）马克思主义经济发展理论是中国特色发展的政治经济学的理论基础。马克思主义经典作家在研究资本主义经济的过程中，也研究了经济发展的一般规律，形成了系统的马克思主义经济发展理论。这一理论核心包括：①经济发展的终极目标是人的全面发展。马克思主义经济发展理论认为经济发展的目标是人的全面发展，物质资料的生产是人全面发展的基础。马克思人的全面发展理论体现在马克思和恩格斯1845—1846年合作完成的《德意志意识形态》一书中，马克思认为人的全面发展是指人的智力和体力的统一，精神劳动、物质劳动和享受的统一，生存和发展的统一，并使人的潜能和天资、兴趣和才能得到空前未有的充分发展，使人的身心、精神（道德）、才能、个性全面而丰富地发展。人的全面发展是在社会发展中不断得到实现的，马克思把这一点总结为“社会发展的普遍规律”，同时，人的全面发展又推动了社会的全面进步[①]。②经济发展的动力在于生产力的发展。马克思主义经济发展理论认为生产力是经济发展的动力和最终决定因素。要素生产力和协作生产力是马克思生产理论体系的两个维度。马克思在其生产力理论中，首先论述了要素生产力对经济发展的作用，他在《资本论》第一卷中论述资本主义劳动过程时，就分析了生产要素对生产过程的影响，指出：“在劳动过程中，人的活动借助于劳动资料使劳动对象发生预定的变化。”[②] 经济发展中的生产要素包括劳动者、生产资料、劳动对象三个部分，其中人是经济发展的主体，也是经济发展的最活跃的要素。生产资料、劳动对象是经济发展的物质要素，是人的劳动借以进行的社会关系的指示器。同时，科学技术

① 戴跃侬．人的全面发展理论与马克思主义中国化[J]．马克思主义与现实．2007(5)．

② ［德］马克思．资本论：第一卷[M]．北京：人民出版社，2004：205．

也是生产力，科学技术决定着生产力要素中劳动者的素质，也决定着生产工具和劳动资料的水平。马克思在《资本论》的分工与协作中，还分析了协作生产力对经济发展的作用，协作生产力实际上通过劳动者与生产资料相结合的社会形式对经济发展产生影响。马克思分别研究了简单协作、工场手工业和机器大工业三种协作形式对经济发展的作用。③经济发展的持续性在于按比例协调发展。马克思主义经济发展理论中强调的按比例协调发展包括两个方面：一是国民经济各部门和各个生产环节按比例发展；二是人与自然协调发展。在再生产理论中他把社会生产划分为两大部类，认为两大部类之间相互影响、互为条件、相互制约，两大部类之间只有按比例协调发展，社会再生产才能顺利进行。同时，资本循环依次要经过三个阶段、变换三种职能形式，它们在时间上前后相继，在空间上同时并存，只有这样，资本循环才能顺利进行，这表明国民经济的各个环节必须保持协调关系。同时，马克思主义经济发展理论还论述了人与自然的协调关系，认为人与自然之间存在物质变换关系，在这个物质变换关系中，人与自然之间必须保持协调关系，在经济发展中既要遵循经济规律，又要遵循自然规律。④经济发展的效果取决于经济发展方式。马克思认为生产方式包括外延的扩大再生产和内涵的扩大再生产，前者是指生产场所的扩大，后者则是指生产资料效率的提高，同时，在地租理论中论述了粗放经营和集约化耕作两种方式。这实际上是分析了经济发展的两种方式：一是要素投入驱动型的发展；二是要素使用效率提高型的发展。如果经济发展主要靠要素投入来推动，就是粗放型经济发展方式；如果经济发展主要依靠要素效率的提高，则是集约型经济发展方式。马克思认为提高劳动生产率的途径是变革劳动过程的技术条件和社会条件，从而改变经济发展方式。

（2）中国特色社会主义政治经济学是中国特色发展的政治经济学的理论基础。中国特色社会主义政治经济学与中国特色发展的政治经济学之间既有联系，又有区别。中国特色社会主义政治经济学是对中国经济改革发展的实践经验进行系统总结而形成的系统化学说，是研究和揭示中国经济发展和运行规律的科学，是最高层次的经济理论。中国特色社会主义政治经济学在方向性、基础性、战略性层面研究中国生产力、生产关系以及生产方式的发展规律和趋势，为新时代中国特色发展的政治经济学的创新提供理论指导。例如，新时代理论，解放、发展和保护生产力理论，创新驱动理论，共同富裕理论，社会主义市场经济理论，新常态理论，供给侧结构性改革理论，五大发展理念理论等，这些都是新时代中国特色发展的政治经济学创新要坚持的基本原则。而新时代中国特色发展的政治经济学是中国特色政治经济学的重要组成部分，新时代中国特色发展的政治经济学的创新可以深化中国特色社会主义政治经济学中经济发展理论的研究。新时代中国特色发展的政治经济学要依据中国特色社会主义政治经济学，研究"什么是现代化发展""现代化发展为了什么""为谁实现现代化发展"等问题。进入新时代，中国经济发展面临一系列的新问题，需要从理论上加以阐释，包括中国特色的市场经济道路、中国的现代化道路、中国特色的工业化道路、中国特色的市场经济道路、中国特色的城镇化道路、中国特色的"三农"现代化道路等，对这些问题的研究既要以中国特色社会主义政治经济学为指导，其研究成果又可以丰富和发展中国特色社会主义政治经济学。

四、中国特色发展的政治经济学的新境界

习近平总书记在全国哲学社会科学工作座谈会上的讲话中指出，构建中国特色哲学社会科学体系应该从我国改革发展的实践中挖掘新材料、发现新问题、提出新观点、构建新理论。同时，应该从学理上"系统总结改革开放以来中国社会主义现代化建设的丰富实践经验，回应我国进入中等收入发展阶段面临的重大发展问题挑战"①。因此，

① 洪银兴．以创新的经济发展理论阐释中国经济发展[J]．中国社会科学，2016(11)．

中国特色发展的政治经济学必须开拓新的境界。

(1) 发展观的新境界。五大发展理念是中国特色发展的政治经济学的发展观，开拓了中国特色发展的政治经济学中发展观的新境界，是发展观的一次重大创新。具体表现在：①创新发展体现了发展动力理论的新境界，创新是引领发展的第一动力，发展动力决定了经济发展的速度、效能以及可持续性。②协调发展的理念开拓了发展结构理论的新境界。我国进入中等收入阶段后，经济发展中的不平衡问题更加突出，需要转向协调发展，以增强新时代发展的整体性，使新时代的产业结构、供求结构、区域空间结构以及相应的发展战略趋向均衡。③绿色发展理念开拓了新时代经济发展财富理论的新境界，传统发展经济学的财富仅是指物质财富，绿色发展理念依据人—自然—社会复合生态系统的整体性观点形成新的财富论，进一步强调了自然资源的重要性。④开放发展的理念开拓了经济全球化理论的新境界，开放发展强调从融入全球化到主导全球化的转变，使我国由经济全球化的从属地位转变为主导地位。⑤共享发展的理念开拓了发展目的理论的新境界，体现了人的全面发展思想，要在新时代实现改革和发展成果全民共享。由此可见，五大发展理念开拓了中国特色发展的政治经济学中发展观的新境界，是发展观的一次重大创新。

(2) 发展目标的新境界。党的十九大报告中指出，我国经济已经由高速发展阶段向高质量发展阶段转变，新时代中国特色发展的政治经济学要开拓发展目标的新境界，研究高质量发展。高质量发展要求以提高全要素生产率为目标，通过质量变革、效率变革、动力变革打造中国经济发展的升级版。质量变革是高质量发展的前提和基础，是高质量发展的环境保障。质量变革是指实现产品质量、生产质量和生活质量的提升，其关键是提升生产质量，增加有效供给，减少无效供给，提高供给体系的质量。效率变革主要包括生产效率、市场效率和协调效率三个方面。其中，生产效率强调要素配置效率、企业运行效率和生产组织效率；市场效率关注市场准入效率、市场匹配效率和市场交易效率；协同效率是经济与社会、经济与生态之间的协同运行效率。动力变革是指经济发展动力的调整，包括创新发展动力和结构发展动力。创新发展是高质量发展的第一驱动力，是提升生产能力、提高市场效率、增强企业竞争、实现协调发展的第一支撑力。结构发展动力是高质量发展的战略支撑，须通过产业结构、动力结构和要素结构的全面优化实现高质量的经济发展。

（3）经济发展任务的新境界。新中国成立之后，中国经济发展的目标是实现国家的繁荣富强，也就是实现国家富裕。进入新时代以后，国家富裕的任务已经基本完成，无论是经济发展、经济改革，还是现代化都应当考虑“富民”，即能不能给人民带来利益，能否使人民群众分享经济发展的成果，这既是新时代中国特色发展的政治经济学的任务，又是新时代中国特色发展的政治经济学经济发展任务的新境界。中国特色发展的政治经济学以“富民”为目标，不仅涉及加快经济发展问题，还涉及经济发展成果如何分配，才能使人民群众得到最大收益、最大的社会福利问题①。即一方面要实现经济又好又快发展，“快”是指速度，“好”是指质量，“好”放在前面，是发展观的新境界，也就是经济发展由数量型、速度型转向高质量发展型；另一方面，让人民富裕，不但要扩大中等收入者的比重，还要在收入普遍提高的基础上缩小收入差距，让居民生活质量普遍得到提高。

（4）经济发展模式的新境界。进入新时代意味着我们必须摒弃过去数量型的经济发展模式，探索质量型的发展路径，以提高经济发展质量为核心，把质量当成基础性和关键性的变量，通过转方式、调结构、创新发展，将中国经济引入高质量发展的轨道。实现从高速增长向高质量发展阶段的转型，必须进行发展模式的创新，开拓经济发展

① 洪银兴. 以人为本的发展观及其理论和实践意义[J]. 经济理论与经济管理,2007(5).

模式的新境界。新时代背景下的经济发展与过去发展模式最大的区别就是要建立在质量效益的基础上，强调经济结构在诸多领域的全面升级，同时，经济发展方式逐步由粗放型向集约型转变，提高经济发展质量，实现高质量发展。新时代中国经济发展要从单纯的速度提升变为速度与质量效益的同步提升，不能仅以GDP为标准，更重要的是要着力解决发展的不平衡和不充分问题，提高居民生活质量，满足人民对美好生活的需求，让居民共同享受经济增长的成果，减少贫富差距和城乡差距。

（5）经济发展动力的新境界。处于低收入发展阶段时，经济发展的主要任务是摆脱贫困和实现快速经济增长，因此经济发展的目标是以规模扩张和要素驱动为动力追求经济发展的规模和数量。进入中等收入国家行列并成为世界第二大经济体以后，我国经济发展的目标由摆脱贫困转向基本实现现代化，由建设经济大国转向建设经济强国，为此，必须实现经济发展动力的转换，从要素驱动彻底转向创新驱动。因此，新时代中国特色发展的政治经济学需要强调经济发展动力的创新，不断强化创新引领新时代发展的动力作用。科技创新是全面创新的引领，应大力推动科技创新成为产业创新的动力，在提升自身在全球价值链上地位的基础上，实现知识创新与技术创新、科技创新与产业创新、产业创新与产品创新的深层次对接。

（6）经济发展动能的新境界。经济发展不同阶段的动能是不同的，当前中国经济正处于新旧动能转换的关键时期，培育经济发展的新动能是适应和引领中国经济新常态的必然要求。培育和发展经济新动能就是要给经济增长注入新的活力、新的动力、新的能量。新动能不仅是经济发展的新引擎，而且是改造提升传统动能、促进质量效益型经济发展的动力。新动能的形成需要供需双侧协调发力。供给方面，通过创新驱动、结构调整、制度变革等手段培育供给侧新动力；需求方面，通过消费、投资、出口需求协同拉动重振需求侧动力。由于新时代经济矛盾1的主要方面集中在供给侧，应将供给侧动力作为新时代现代化发展新动能的核心。概言之，中国特色发展的政治经济学要适应世界新产业革命的趋势，以科技创新为核心，以产业创新为抓手，以制度创新为保障，坚定走创新型经济发展的道路，以创新为抓手实现新动能的培育。

（7）发展战略的新境界。经过新中国70年，特别是40多年的改革开放，中国经济发展进入了新时代，我们面对的已经不再是单纯的发展问题，而是发展起来以后的现代化问题，相应地，中国特色发展的政治经济学必须进行发展战略的创新，开拓发展战略的新境界。具体而言，在战略思路上，新时代中国特色发展的政治经济学要以促进经济增长转向高质量发展为目标，以知识、技术、信息和人力资本等为先进生产要素，以创新为第一驱动力，构建现代化经济体系，实现以新型工业化为核心的新时代经济现代化，以追求效率、秩序、民主为核心的新时代政治现代化，以城市化和城镇化为特征的新时代社会结构现代化，以人的素质提高和生活方式变革为主体的新时代人的现代化。在战略目标上，新时代中国特色发展的政治经济学要由高速增长目标转向高质量发展目标，要由过去的制度创新转向以建设创新国家和现代化强国为内容的综合创新。战略措施上，新时代中国特色发展的政治经济学要由单一市场化路径转向市场化、工业化、城市化和生态化的协调同步发展，以“强起来”为目标构建新时代对外开放新格局，全面提高对外开放水平。

（8）发展型式的新境界。美国发展经济学家钱纳里提出了“发展型式”的概念，他认为“发展型式”就是经济发展过程中在重要领域的系统变化。中国过去的发展型式围绕解决贫穷落后问题而形成，这种发展型式以速度为目标，以要素投入为动力，以规模扩张为方式实现经济发展。进入新时代，我国社会的主要矛盾已经转化为人民日益增长的美好生活需要和不平衡不充分的发展之间的矛盾，中国经济面临的不再是发展问题，而是发展起来以后的现代化问题，此时就要依据变化了的问题和主要矛盾，开拓发展型式的新境界。要以发展质量为目标，以创新为驱动力，以效率提升为主要方式，以满足人民对美好生活的需要为终极目的，以现代化为主线进行发展型式的变革。

五、中国特色发展的政治经济学的理论体系创新

“中国是世界上最大的发展中国家，现在也是经济发展最快、最成功的国家，面临的发展问题最多、困难最大，实践经验和可供研究的资料最丰富，是最能够出发展经济学理论的地方，也是发展经济学研究条件最好、最有利的地方。”[①] 新中国成立以来特别是改革开放以来我国取得了巨大的发展成绩，有许多成功的经验需要总结，并从学理上上升为系统化的经济学说。因此，新时代中国特色发展的政治经济学创新的任务具有二重性：一是总结研究改革开放以来的新问题、新材料，形成系统化的学说以指导新时代的中国经济发展；二是形成系统化的学说，为世界发展经济学贡献中国方案和中国智慧。依据发展经济学的一般范式，中国特色发展的政治经济学理论体系的创新应该包括以下几个层次。

（1）中国特色发展的政治经济学的“中国特色”。这主要包括两个方面：一是新时代中国经济发展的特殊性。从新时代中国经济发展初始条件和主要矛盾的变化出发，从发展目标、发展模式、发展主题、发展道路等方面研究新时代中国经济发展的特殊性。二是在新时代中国经济发展特殊性分析的基础上，研究新时代中国特色发展的政治经济学的“中国特色”。

（2）中国特色的发展条件。经济发展的条件决定了经济发展的方式和模式，以及经济发展的道路。这一层次主要研究四个方面的问题：

① 简新华．创建中国特色发展经济学[J]．生产力研究，2008(18)．

一是中国发展条件与发达国家的比较；二是中国发展条件与其他发展中国家初始条件的比较；三是在比较的基础上研究中国经济发展的特殊禀赋条件、制度条件、市场条件、技术条件、基础设施条件、经济基础条件、文化条件等方面的中国特色；四是中国经济发展面临的特殊问题，从人口、资源、环境、就业、“三农”、贫穷、地区、城乡、工农差别等方面研究中国新常态经济发展面临的特殊问题。

(3) 中国特色的发展道路。在中国特色发展初始条件研究的基础上，研究中国特色的发展道路，包括：中国特色的市场化道路、中国特色的改革发展道路、中国特色的工业化道路、中国特色的城市化（城镇化）道路、中国特色的信息化道路、中国特色的“三农”现代化道路、中国特色的开放发展道路，并进一步研究中国经济发展在上述“六化”中的特殊规律。

(4) 中国特色的发展过程。这一层次主要研究如何实现新时代现代化发展的问题，依据五大发展理念和新时代主要矛盾的变化，研究五大发展理念的理论贡献，以及在实践上如何推进五大发展。重点研究如何在新时代中国经济发展中落实创新、协调、绿色、开放和共享发展，从而推动中国经济实现高质量发展。

(5) 中国特色的发展模式。这一部分主要研究新中国成立以来以及改革开放以来我国所选择的不同于西方但又适合本国国情的经济发展模式。具体而言，一是中国发展模式的演变，包括计划经济时期的经济发展模式、改革开放以来的发展模式和新常态下的经济发展模式。二是中国发展模式的同质性与异质性，比较研究中国较其他国家发展模式的特殊性。三是中国发展模式的转型，依据世界经济发展的趋势，以及中国进入中等收入国家的现实状况，研究新常态下中国经济发展模式的转型。

(6) 中国特色的发展战略。经济发展战略是指在一定时期内，国家关于国民经济发展的带有全局性、长远性、根本性的总体构想，及其为此实施的总体规划和方针政策。这一层次主要研究：一是中国经济发展战略的历史演变。主要包括：计划经济时期的赶超战略、改革开放时期的追赶战略、新时代的质量效益战略。二是发展战略的中国特色。从具体国情和发展阶段性特征出发，研究中国发展战略在选择、实施等方面的中国特色。三是新时代中国经济发展战略的转型，如何从长期的追赶战略转向质量效益战略。

（7）中国经济发展的前景。这一层次主要研究：一是中国经济发展对人类的贡献。总结大国发展的经验，总结中国发展模式、道路、体制等方面对世界的贡献。二是中国特色发展的政治经济学对世界发展经济学的贡献。总结概括中国经济发展的实践经验及可在发展中国家推广的理论。三是中国经济发展前景的估计。在对世界上各种关于中国经济发展前景分析的观点进行评价的基础上，估计新时代中国经济发展的未来前景。

六、“发展的政治经济学与新中国70年”丛书简介

“发展的政治经济学与新中国70年”丛书是教育部人文社会科学重点研究基地——西北大学中国西部经济发展研究中心和西北大学经济管理学院理论经济学科共同完成的一套系列丛书，也是我们在理论经济学建设方面的新成果。

西北大学理论经济学科过去以政治经济学的教学与研究见长，后来何炼成教授又提出了中国发展经济学的构想，政治经济学与中国发展经济学成为西北大学理论经济学科的主要研究领域。近年来，我们在研究理论经济学，特别是习近平总书记提出的中国特色社会主义发展政治经济学的过程中，逐渐形成了一个新的思想认识，即中国的问题是发展问题，而发展问题需要运用政治经济学的理论与方法来研究。在这种思想认识的基础上，我们把政治经济学与发展经济学相结合，提出了建立“发展的政治经济学”理论体系的思想认识。

在这一认识的指导下，我们首先开始写文章逐步阐释这一思想。2012 年我和我的学生钞小静在 2012 年第 11 期《经济学家》上发表了《从数量型增长向质量型增长转变的政治经济学分析》，逐渐通过经济增长问题来研究发展的政治经济学。在 2013 年第 5 期《经济学家》上，何爱平教授发表了《发展的政治经济学：一个理论分析框架》，阐释了发展的政治经济学的基本框架。2015 年我和我的博士生马强文又写了《经济发展方式转变的政治经济学分析》，在云南召开的第一届公共经济学论坛上我讲了这篇文章，阐释了发展的政治经济学的基本思想。在 2015 年第 3 期《黑龙江社会科学》上，我发表了《学好用好政治经济学 把握时代发展规律》的文章，指出“中国改革开放所面临的很多问题都是政治经济学问题，都需要用现代政治经济学予以回答。学好用好政治经济学对把握中国经济发展和改革的规律意义重大”。

2016 年，《西部论坛》杂志主编黄志亮教授专访孟捷、周文和我三人，专访稿发表在《西部论坛》2016 年第 5 期上，在我的专访稿《中国经济学的形成基础与体系构建》中，我提出中国特色社会主义政治经济学理论体系构建要抓住“发展”这个主题，中国经济学首先应研究中国发展的经济学，甚至可以称之为中国发展的政治经济学。

我在 2016 年第 6 期《中国高校社会科学》上发表了《“中国发展的政治经济学”理论体系构建研究》的文章，系统阐释了发展的政治经济学的思想，文中指出“当代中国马克思主义政治经济学的构建应该以中国特色经济发展道路为研究对象，主线是发展经济学与马克思主义政治经济学结合而形成的‘中国发展的政治经济学’。在理论逻辑上，‘中国发展的政治经济学’以马克思主义政治经济学为理论基础，既反映人类经济发展的一般规律，又反映中国经济发展的特殊规律，还能有效解释当代中国经济发展现象、指导中国经济发展实践。在实践逻辑上，‘中国发展的政治经济学’要有效解释中国特色的发展道路，抓住‘经济发展’这个主题，并直面中国经济发展的大问题、大矛盾。在发展经济学和政治经济学的结合中构建的‘中国发展的政治经济学’理论体系，应该研究中国经济发展的初始条件、中国宏观经济发展的政治经济学、中国中观经济发展的政治经济学、中国微观经济发展的政治经济学、中国与世界合作发展的政治经济学等五个层次问题”。我在2018年第3期《天津社会科学》上发表了《创新中国特色社会主义发展经济学 阐释新时代中国高质量的发展》的文章，阐释了发展经济学与政治经济学相结合的问题，同时我多次在全国性的学术研讨会上介绍了我的这篇文章的思路。2018年我们给本科生开设了一门课程“中国特色社会主义政治经济学18讲”，把讲授内容组织大家写成文章，在《西北大学学报》连续发表，我的文章和师博教授的文章都体现了发展的政治经济学的思想，文章发表后先后被人大报刊复印资料和中国社会科学文摘转载。

围绕这些文章的思路，我们经过认真研究，提出了组织这套丛书的研究设想，恰好2019年是新中国成立70周年，所以我们把这套丛书的名称定位于“发展的政治经济学与新中国70年”，一方面，这套书是发展经济学与政治经济学相结合的产物；另一方面，这套书是新中国70年的经验总结和概括。

这套丛书包括：《中国特色发展的政治经济学》《发展的政治经济学：理论框架与分析范式》《中国宏观经济发展的政治经济学》《中国中观经济发展的政治经济学》《中国微观经济发展的政治经济学》《中国与世界合作发展的政治经济学》《中国特色发展道路的政治经济学》《中国特色生态文明建设的政治经济学》《中国特色绿色发展的政治经济学》《中国特色的企业发展理论》。

本套丛书得到了西北大学社科处的高度重视，同时，教育部人文社会科学重点研究基地——西北大学中国西部经济发展研究中心和经济管理学院共同完成了这套丛书。在丛书写作的过程中，我从经济管理学院院长转任到了西北大学研究生院院长的位置，但是我仍然担任教育部人文社会科学重点研究基地——西北大学中国西部经济发展研究中心主任，利用中心平台，在西北大学经济管理学院副院长师博教授的协助下，我们继续完成了这套丛书。本丛书的出版感谢西北大学各级校领导的支持，感谢社科处、学科办和研究生院的支持。感谢我的老师南京大学洪银兴教授等师长的支持，我的思路得到了老师们的支持和鼓励。同时，这套丛书的出版也得到了中国经济出版社霍宏涛副总编辑和贺静副编审的大力支持，在书稿修改、封面设计等方面他们也做了大量的工作。

“发展的政治经济学”是我们的一个新的构想，我们期待着学术界同人的关注和批评，我们将在这个领域中不断开拓，争取多出高质量的研究成果。

西北大学研究生院院长

教育部人文社会科学重点研究基地

——西北大学中国西部经济发展研究中心主任

任保平敬序

2019 年 1 月于缥缃居

目　录

第四篇　“一带一路”建设引领新型全球化

第一篇

理论基础

第一章　中国与世界合作发展的政治经济学框架

第一节　中国与世界合作发展的方法论述评

“古丝绸之路”时期，中国与西方的罗马帝国开始了初步的国际经贸与文化交流；随着“海禁”政策的实施，国门逐步关闭；直到清政府时期，西方用“坚船利炮”强行将中国纳入世界殖民体系。新中国成立后，中华民族得以从被压迫的世界体系中解脱出来；实行计划经济体制，使国门再次关闭。20世纪70年代末改革开放的启动，标志着中国正式以独立自主的姿态走入国际社会，从联合国恢复席位、“复关”到“入世”，中国努力探索与世界的合作交往；2013年“一带一路”倡议的提出，中国全面开启了从参与国际分工到重构全球治理等多层面的深化与世界合作的进程，与世界合作发展的议题被赋予了实质性且越来越丰富的内涵。面对实践的进展，不同学科从不同视角展开研究，并取得了丰硕成果。

一、国际经济学视角的研究

西方经济学围绕资源配置展开研究，国与国之间的合作被视为资源配置跨越国界的特殊现象，国际贸易、国际投资、国际金融、国际经济学等领域的方法论被用于商品、要素、服务等跨越国界流动，继而引起国与国之间经济合作关系变化的研究。

（一）界定为要素与商品流动的合作

贸易包括商品、要素、服务等跨国界流动，从重商主义、比较优势论、要素禀赋论、技术差距论，到战略贸易论、垄断优势论，以及蒙代尔开放经济模型等的国际经济理论，均论证了商品及要素国际流动可以带来分工效率、福利效应与经济增长，并形成国与国之间相应的合作格局。

20 世纪 70 年代末以来，中国设立经济特区、引进外资、扩大对外开放、加入世界贸易组织，主要是期望发挥廉价劳动力优势、发展劳动密集型产业、开展加工贸易，由此实现拉动就业、增加外汇、驱动工业化和城市化进程。

经贸活动展开依赖于基础设施联结，“一带一路”倡议提出前后，学者们最先从交通设施及贸易连接层面探讨中国与世界的合作。单元庄等认为，中国应开放西部外贸口岸和建设“空中丝绸之路”，形成陆空并举的立体交通网络，改善中国西部地区与丝绸之路沿线各国的对外贸易。① 芮杏文等②、李琪③、李忠民等④认为，丝绸之路经济带是更为密集灵活的泛亚交通和贸易网络，其交通手段更为先进、合作内容更加丰富、政策更为开放互惠。秦放鸣和毕燕茹通过对中国新疆与中亚区域交通合作现状与主要障碍性因素进行分析，指出双方应优先开展区域交通运输领域的合作。⑤ 张勇⑥和陈万灵⑦将 21 世纪海上丝绸之路定位为国际贸易网，认为 21 世纪海上丝绸之路是依托现代运输工具和信息技术连接起来的海上国际货物运

---

① 单元庄，王欣，朱俊宏. 开辟“空中丝绸之路”——振兴西部经济与航空工业的战略设想[J]. 人文杂志，1991(2)：39 - 43.

② 芮杏文，孙永俭，等. 新亚欧大陆桥(中国段)经济带开发的战略思考[J]. 中国软科学，1998(8)：5 - 10.

③ 李琪. “丝绸之路”的新使命：能源战略通道——我国西北与中亚国家的能源合作与安全[J]. 西安交通大学学报(社会科学版)，2007(3)：77 - 83.

④ 李忠民，刘育红，张强. “新丝绸之路”交通基础设施、空间溢出与经济增长——基于多维要素空间面板数据模型[J]. 财经问题研究，2011(4)：116 - 121.

⑤ 秦放鸣，毕燕茹. 新疆与中亚区域经济合作的新思考[J]. 新疆社会科学，2009(1)：36 - 40.

⑥ 张勇. 略论 21 世纪海上丝绸之路的国家发展战略意义[J]. 中国海洋大学学报(社会科学版)，2014(5)：13 - 18.

⑦ 陈万灵，何传添. 海上丝绸之路的各方博弈及其经贸定位[J]. 改革，2014(3)：74 - 83.

输通道或国际贸易网，反映了世界各国的经贸合作关系。陆南泉认为，丝路沿线涉及众多的能源国，交通体系和能源安全建设亟待发展。①

在硬件联通基础上，贸易促进、投资选择、便利化水平测度及其优化成为又一重点合作领域。王海燕②和冯宗宪等③的研究表明，上海合作组织成员国之间双边贸易规模逐年扩大，俄罗斯和中亚国家已经成为中国重要的经贸伙伴，为进一步开展多边贸易与投资合作奠定了重要基础。刘艳霞探讨了深圳和海上丝绸之路沿线国家的贸易投资合作进展。④ 周五七分析了“一带一路”沿线国家直接投资的区位分布，认为中国对“一带一路”沿线国家的直接投资主要分布在东南亚地区，直接投资存量巨大。⑤ 金星宇曾指出，由于高铁对上下游产业的带动效应明显，将成为“一带一路”建设以及央企海外布局的一个重要牵引力。⑥ 李金早认为，在经贸合作方面，中国应该积极与沿线国家深化区域通关一体化合作，增强技术性贸易措施透明度，降低关税和非关税壁垒，提高贸易便利化水平，通过开展国际或区域性展会等形式促进多边贸易合作。⑦ 李文兵和南宇认为，推动新的投资热点出现，经济带建设推动区域旅游一体化，对完善国内国际区域旅游合作机制，建立互联互通的旅游交通、信息和服务网络，加强区域性客源互送，构建务实高效、互惠互利的区域旅游合作体有积极意义。⑧

进一步地，学者们用实证工具测度了交通、贸易、投资等“一带一路”建设对沿线国家或地区的经贸效应、对经济增长的影响等。邹嘉龄等根据最新的国际贸易中心统计数据、2014 年中国海关统计数据以及 2010

---

① 陆南泉. “一带一路”若干问题交通运输基础设施与能源两大领域的合作应先行[J]. 中国经济报告,2015(1).

② 王海燕. 上海合作组织框架下的中亚区域经济合作[J]. 新疆师范大学学报(哲学社会科学版),2008(2):76－83.

③ 冯宗宪,等. 2013 欧亚经济论坛发展报告[M]. 西安:西安交通大学出版社,2013:55－63.

④ 刘艳霞,朱蓉文,黄吉乔. 海上丝绸之路沿线地区概况及深圳参与建设的潜力分析[J]. 城市观察,2014(6):37－46.

⑤ 周五七. “一带一路”沿线直接投资分布与挑战应对[J]. 改革,2015(8):39－47.

⑥ 金星宇. 高铁将成“一带一路”战略助推器[J]. 地球,2015(2):50－51.

⑦ 李金早. 深化经贸合作　把“一带一路”建实建好[N]. 人民日报,2014－08－12.

⑧ 参见国务院《关于促进旅游产业改革与发展的若干意见》。

年30个省、区、市区域间投入产出表，分析了中国与“一带一路”沿线国家的贸易相互依赖关系以及中国各省（市、区）出口对其经济增长的贡献。① 朱智洺则用C－D生产函数构建了FGLS模型，基于2003—2013年面板数据测度了中国OFDI对中亚5国经济增长的影响程度。② 于翠萍等（2015）从GDP溢出效应视角，基于金融、贸易、投资和国际石油价格4个传导机制和以动态双边贸易总额权重为链接矩阵，构建了一个包含51个国家的GVAR模型，实证分析了中国与“一带一路”国家经济的相互影响。③ 许娇等运用GTAP模型模拟分析了“一带一路”六大经济走廊交通基础设施建设的经贸效应。④

（二）界定为区域一体化或价值链式的合作

关税同盟论、大市场论、协议性国际分工原理、次区域经济合作论等理论支撑了区域一体化或区域经济合作研究，成为探究中国参与世界合作，特别是建设“一带一路”的一个重要视角。

裴长洪指出，“一带一路”建设的基本理念是促进沿线各国经济繁荣与区域经济发展，推动沿线各国实现经济政策协调，开展更大范围、更高水平、更深层次的区域合作。⑤ 费萨尔·穆罕默德认为，“一带一路”倡议将促进区域经济合作。⑥ 孙壮志将习近平总书记提出的“一带一路”倡议界定为区域合作的理念创新。⑦

---

① 邹嘉龄，刘春腊，尹国庆，唐志鹏．中国与“一带一路”沿线国家贸易格局及其经济贡献［J］．地理科学进展，2015(5)：598－605．

② 朱智洺，丁海燕，陈效林．“一带一路”下中国OFDI对中亚五国经济增长的影响测度［J］．河海大学学报（哲学社会科学版），2015(10)．

③ 于翠萍，王美昌．中国与“一带一路”国家的经济互动关系——基于GDP溢出效应视角的实证分析［J］．亚太经济，2015(11)．

④ 许娇，乔坤铭，杨书菲，林昱君．“一带一路”交通基础设施建设的国际经贸效应［J］．亚太经济，2016(5)．

⑤ 裴长洪，于燕．“一带一路”建设与我国扩大开放［J］．国际经贸探索，2015(10)：4－17．

⑥ 中国人民大学重阳金融研究院．“一带一路”与国际贸易新格局［M］．北京：中信出版社，2016．

⑦ 孙壮志．“一带一路”合作空间拓展的着力点探究［J］．新疆师范大学学报（哲学社会科学版），2018(1)：25－35．

不仅在区域层面讨论一体化式合作，全球价值链理论还探究了合作的地位和收益问题。盛斌（2016）等指出“一带一路”建设的目标是促进中国产业及价值链升级。[①] 刘伟指出，世界经济的循环从传统的“中心—外围”式的单一循环，越来越变为以中国为枢纽点的“双环流”体系，其中一个环流位于中国与发达国家或地区之间（北美经济体和西欧经济体等），另一个环流存在于中国和亚、非、拉等发展中国家或地区之间。一方面，中国与发达国家之间形成了以产业分工、贸易、投资、资本间接流动为载体的循环体系；另一方面，中国又与亚、非、拉发展中国家之间形成了以贸易、直接投资为载体的循环体系。[②] 蓝庆新也认为，以中国为枢纽的“双环流”价值链体系包括中国与发达经济体之间以产业承接与分工、贸易、投资、资本间接流动为载体形成的价值循环体系，以及中国与发展中经济体之间以贸易、直接投资为载体形成的产能国际合作循环体系。[③]

二、区域与空间视角的研究

将国际经济理论与区域经济学、城市经济学及空间经济学等相结合，为“走廊”“通道”“支点”建设方式提供重要的理论支撑。基于佩鲁、布代维尔的增长极理论、沃纳·松巴特的“点—轴”开发理论、克鲁格曼的产业集聚与国际贸易理论、波特的城市竞争力理论，以及斯科特、霍尔、迪肯等的城市群、城市通道等研究，以“点”“串轴”辐射“面”，继而促进合作与经贸往来，成为中国参与世界合作的一大研究脉络。

城市是区域经济发展战略的重要依托，充分发挥城市在吸引人口、产业、投资、信息、服务等各种经济要素方面的集聚效应和为各类经济活动提供支撑平台等方面的重要作用，是区域发展战略构想取得实质性成功的

---

① 盛斌，陈帅. 全球价值链、出口国内附加值与比较优势：基于跨国样本的研究[J]. 东南大学学报（哲学社会科学版），2016（11）.

② 刘伟，郭濂. “一带一路”：全球价值双环流下的区域互惠共赢[M]. 北京：北京大学出版社，2015：3.

③ 蓝庆新. “一带一路”经济合作共谱和谐世界新篇章[J]. 人民论坛，2017（9）：87－88.

关键所在。[①] 王文团队较早地提出了国际贸易支点城市建设，主要选取城市作为“一带一路”国际贸易支点城市进行培养、推动。[②] 盛垒指出，城市是“一带一路”建设的主要空间节点。权衡将丝路沿线主要城市分成“战略支点城市”和“丝路节点城市”两个不同层次。[③]

屠启宇团队的2016年研究报告主要从世界地缘经济新变化的视角，总结了“丝路城市”的概念、特点，以及理论和现实意义。“丝路城市”作为世界城市网络的新板块，发挥了沿线国家主要增长极和地缘经济新发展区域的战略功能，其在“一带一路”中处于网络骨干的地位，并在供需匹配和国际治理等方面起到了重要作用。[④] 其2017年研究报告指出了“选点”“串轴”“结网”，进而“拓面”拉动全局的路径。其2018年研究报告认为，筛选和评价丝路节点城市是有序推进“一带一路”建设的重要措施和前提。[⑤] 该团队选取了93个国家（地区）的252个城市为参照，对其伙伴关系、区域影响力、成长引领性以及“五通”指数进行综合评价，进而形成“丝路节点城市指数”。根据分值区间对“丝路节点城市”进行划分，共甄选了14个重要节点城市、11个次要节点城市、21个一般节点城市、130个潜在节点城市，建议“一带一路”建设需要有步骤、分阶段推动和部署，以“丝路节点城市”为抓手和支点，“以点带面”撬动全局发展。[⑥]

---

① 史育龙. 发挥城市重要节点功能，扎实推进“一带一路”建设[EB/OL]. 光明网，2016-09-13.

② 王文，刘英，陈晓晨. “一带一路”国际贸易支点城市研究报告[M]//赵磊. “一带一路”年度报告：从愿景到行动（2016）. 北京：商务印书馆，2016.

③ 权衡. 喀什在构建丝路城市网络体系中的功能定位及其功能转型[J]. 新疆社科论坛，2016（5）.

④ 苏宁，等. 丝路城市——世界城市网络新板块[M]//屠启宇. 国际城市发展报告（2016）. 北京：社会科学文献出版社，2016：1-70.

⑤ 李健，等. 丝路城市走廊构筑“一带一路”战略主通道[M]// 屠启宇. 国际城市发展报告（2017）. 北京：社会科学文献出版社，2017：1-53.

⑥ 邓智团，等. 丝路节点城市：识别撬动“一带一路”建设的支点[M]//屠启宇. 国际城市发展报告（2018）. 北京：社会科学文献出版社，2018：1-50.

三、国际治理视角的研究

除经济领域的合作，政治、外交、地缘关系、国际公共治理等领域是学者们探讨中国与世界合作的更为广泛与重要的主题。

（一）基于国际政治与外交的合作

“一带一路”倡议从提出伊始就面临国际政治格局和外交关系的挑战，不少学者主要结合国际政治与关系重大变化展开“一带一路”相关的政治、外交、安全等问题的研究。

面对美国“重返亚太”、南海形势不容乐观的现状，薛力从美国亚太再平衡出发，分析中国实施“一带一路”倡议后，周边外交的整体重要性得到明显提升，但中国希望与美合作的基调并未改变；由于中美相对实力地位的变化，两国关系表现为既合作又竞争。因此，再平衡战略与“一带一路”之间虽有竞争乃至对抗的一面，但并非遏制与反遏制的关系。① 两国可以在政治、经济、军事、安全、文化、国际制度等多维度进行合作，其中经济、军事与安全合作可以作为主要维度。

田文林则分析了“一带一路”沿线政治局势动荡但战略地位又很重要的中东。他认为，在“一带一路”倡议中，中东在实现经济互利共赢、优化地缘政治环境、构建国际经济新秩序等方面战略价值明显。但在当前中东乱局持续的背景下，中国在中东落实“一带一路”倡议面临三大风险，即政治转型“尘埃未定”带来的政治风险、地区动荡长期化带来的安全风险、大国博弈带来的“第三方风险”。中国在中东推进“一带一路”过程中，应遵循“有理、有利、有节”的原则，既充分发挥中国的政治优势，又谋求互利共赢，避免过度卷入中东事务。②

黄益平认为，中国需要通过“一带一路”落实经济外交新战略：新的经济外交战略必须明确“一元多极”的基本原则，在现有的国际经济秩序

① 薛力. 美国再平衡战略与中国“一带一路”[J]. 世界经济与政治,2016(5):56－73,157－158.

② 田文林.“一带一路”与中国的中东战略[J]. 西亚非洲,2016(2):127－145.

框架下接受美国领导者的地位，坚持经济全球化的方向，鼓励更多的利益相关者参与并推动国际经济体制改革。①

张弘认为，“一带一路”倡议涉及大量的政府合作、政策对接和人文合作的内容，需要基于政治学的基本研究框架，将有关研究划分为国家政权、政府决策和地缘政治 3 个层次，并梳理涉及政权安全、政府政策和政治危机等议题的研究逻辑，初步搭建起解决相关问题的研究方法。② 他提出，利用历史比较方法研究有关国家的基本制度和国情，在政府政策分析中采用制度分析法和功能结构主义方法，使用比较政治方法和国际政治的方法来分析国际和地区因素。这一初步搭建的政治研究框架，为“一带一路”倡议政治研究提供了有益的经验。

国际政治、外交问题的出现，使人们更清醒地认识到国际政治格局对“一带一路”建设的深刻影响，由此为国际政治、国际关系与地理因素相结合作出铺垫。

（二）基于地缘政治与地缘经济的合作

地缘政治学这一将外交—战略关系与对资源作出的地理—经济分析，以及由于生活方式和环境而引起的外交行为的解释，从地理空间的视角加以系统化来指导政治决策，由此为更全面地理解中国推进“一带一路”提供了理论基础。③

从麦金德的“心脏地带”、斯皮克曼的“边缘地带”理论等视角出发，戴维德等学者认为“一带一路”让中国的经济力量扩展到欧亚大陆的“心脏地带”和“边缘地带”，④ 尤其是中国快速推进建设铁路网络，能够帮助

---

① 黄益平. 中国经济外交新战略下的“一带一路”[J]. 国际经济评论,2015(1):48 -53,5.

② 张弘.“一带一路”战略中的政治风险研究逻辑与方法[J]. 北京工业大学学报（社会科学版）,2016(4):45 -55.

③ 屠启宇. 论地缘政治学的发展[J]. 国际关系理论与战略,1993(3):53 -56.

④ David Arase. China's Two Silk Roads Initiative: What it Means for Southeast Asia [J]. *Southeast Asian Affairs*,2015(1):25 -45.

中国快速到达“心脏地带”,[①] 将自身的经济与欧亚大陆的丰富资源建立联系，重塑全球力量的地缘政治基础，帮助中国寻求欧亚大陆霸权。[②] 弗林特等批判了西方传统地缘政治理论的认知基础，指出“一带一路”不以追求权力和控制为目的，不依循“国家中心主义”路径，也不采取海陆对立的“两分法”视角，而是尝试超越传统的地缘政治思维。[③] 中国应妥善应对“一带一路”实践中的地缘政治风险，讲好中国的地缘故事，改造重商主义的地缘经济学，代之以合作开放、互利共赢的新地缘经济学，探索和构建有中国特色的地缘政治学。

国内学者尝试构建相关地缘政治理论框架阐释“一带一路”引起的地缘政治新现象和地缘战略新问题，如中国的东西南北中定位论、[④] 共同现代化理论、[⑤] 包容性全球化理论、[⑥] 领导型国家、[⑦] 痛点经济学[⑧]等。宋德星认为，当前国际政治的一大特征是权势转移背景下欧亚大陆新的地缘聚合趋势，国际安全和经济秩序进入深度调整和重构时期。[⑨] 刘江永提出了可持续安全的“海陆和合论”与共建“一带一路”的国际合作实践，将打破传统地缘政治学所导致的“海陆对抗”或“欧亚大陆地缘争夺”的恶性循环。[⑩] 于会录等将经济学外部性理论引入地缘政治领域，尝试以地缘战略的外部性为切入点，提出了地缘战略外部性概念，认为在经济全球化时代，一个国家的地缘战略会产生外部性，且外部性会随国家的规模和对世

---

① Artyom Lukin. Mackinder Revisited: Will China Establish Eurasian Empire 3.0? [EB/OL]. http://thediplomat.com/2015/02/mackinder－revisited－will－china－establish－eurasian－empire－3－0.

② Alfred McCoy. The Geopolitics of American Global Decline [J/OL]. http://www.unz.com/article/ the－geopolitics－of－american－global－decline.

③ [美]科林·弗林特,张晓通.“一带一路”与地缘政治理论创新[J].外交评论,2016(3):1－24.

④ 王缉思.东西南北,中国居“中”——一种战略大棋局思考[J].世界知识,2013(21):14－24.

⑤ 柯银斌.“共同现代化”:“一带一路”倡议的本质特征[J].公共外交季刊,2016(1):16－28,123.

⑥ 刘卫东.“一带一路”专辑序言[J]. 地理科学进展,2015,34(5):537－537.

⑦ 程亚文,王义桅.天命:一个新领导型国家的诞生[M].北京:群言出版社,2016.

⑧ 赵磊.“一带一路”的机遇在痛点经济学[J].商业观察,2016(4):36－37.

⑨ 宋德星.21世纪全球地缘政治大图景与大国地缘战略关切——简论中国的基本方略[J].国际展望,2015(2):1－18.

⑩ 刘江永.海陆和合论:“一带一路”可持续安全的地缘政治学[J]. 国际安全研究,2015,33(5):3－21.

界影响力的增大而变大；通过负外部性最小化可以实现国家利益最大化，负外部性最小化应该成为地缘战略优化的目标，并以此分析守成大国和新兴大国（中国）的地缘战略选择机制。① 陆大道指出，在全球层面，“一带一路”将重塑世界地缘政治经济格局，营造一个各国间经济、贸易、技术、文化交流合作的大平台，也将遏制战争势力，构建一个全球地缘政治安全的大格局。②

20 世纪末，许多学者预测，在新世纪，力量博弈将从军事领域和政治领域转入经济领域，由此，现代意义上的地缘经济学借用20 世纪八九十年代占统治地位的地缘政治学的理论和工具而形成。

陆大道、杜德斌指出，大国间的争霸与兴衰更替，无疑不受地缘政治和地缘经济法则的支配。③ 汪亚青指出，“一带一路”倡议促成的地缘经济新格局，既为我国战略性新兴产业国际竞争力的塑造带来了机遇，又提出了挑战；应通过“一带一路”倡议的深入推进，打破国际既得利益集团对中国高端产业输出和关键要素输入的封杀，消除沿线国家和地区间硬件和软件层面互联互通的芥蒂，连点成面，立面为体，构建大空间资源整合新体系；采取个性化、多样化国际竞争力培育措施，发挥广义资本要素的作用，以诚意推动产能转移和合作，注重软权力建设，掌握信用评级主动权。④ 李晓等从大历史、近代史和现代史的三重视角探讨了“一带一路”倡议的历史背景，并从大国崛起与发展的困境入手，阐述该倡议的多重现实背景。⑤ 安虎森等指出，主导世界空间格局演变的因素已由地理环境、地缘政治逐步过渡到地缘经济，国家间在相互交往过程中所考虑的主要因

① 于会录，董锁成，李宇，等. 基于外部性理论的中国“一带一路”地缘战略[J]. 中国科学院院刊，2016(6)：697－706.

② 陆大道.《地缘政治参考材料》评介[J]. 人文地理，2015(6)：160.

③ 陆大道，杜德斌. 关于加强地缘政治地缘经济研究的思考[J]. 地理学报，2013(6).

④ 汪亚青. 地缘经济新格局下战略性新兴产业国际竞争力塑造——新常态下“一带一路”带来的机遇、挑战与应对策略[J]. 西部论坛，2015(5)：50－62.

⑤ 李晓，李俊久.“一带一路”与中国地缘政治经济战略的重构[J]. 世界经济与政治，2015(10)：30－59，156－157.

素也由原来的军事安全转变为经济发展。[①]“一带一路”倡议通过海陆并举的方式将亚欧“世界岛”地区联系在一起并形成整体，通过重塑国内外经济地理，为我国的供给侧改革创造顺利实施的条件，并以此塑造国际分工新格局，建立全球经济新秩序。

地缘经济学悄然进入“一带一路”研究领域，亦表明经济、政治、外交、文化、地理因素等多因素交织在一起是“一带一路”遇到的现实考验，跨学科方法论的融合成为重要的应对出路。

（三）基于国际公共治理的合作

治理理论是新时期应对国家失效和市场失效的新的理论体系。治理是体现公共权力的治理。所谓公共权力，是指基于社会共同体同意或某种形式的认可，由公共管理主体掌握并实施的以管理公共事务、增进公共利益为目的的权威性力量。[②] 围绕国际公共事务攀升，相应的组织化主体及其运作构成国际治理体系，随着中国参与世界合作程度的提升，共同建构全球治理体系成为必要选择。

庞中英认为，中国虽然从形式上加入了全部现存的国际（经济、金融）组织（国际制度），但从内容上看，仍需要深化与现有国际制度之间的关系。中国唯有继续扮演改革者的角色，同时在旧的和新的国际组织内处理好复杂的全球治理改革的政治，方能争取全球治理改革的实质进展。[③]

中国与全球化智库指出“一带一路”是本着“共商共建”“共赢共享”目标提出的全球治理和全球发展国际合作共赢方案，也是新型全球化的主要平台；并提出为推进“一带一路”建设，有必要打造“一带一路”国际共同体、设立常设机构、加强与现有主要国际机构的合作、发挥国际

① 安虎森，郑文光. 地缘政治视角下的“一带一路”战略内涵——地缘经济与建立全球经济新秩序[J]. 南京社会科学，2016(4).

② 蔡拓，杨雪冬，吴志成. 全球治理概论[M]. 北京：北京大学出版社，2016：31 – 32.

③ 庞中英. 全球治理的中国角色[M]. 北京：人民出版社，2016.

非政府组织作用等建议。①

刘勇指出，“人类命运共同体”这一话语表述是推动全球治理国际话语权变革的中国方案。② 于潇等指出，“人类命运共同体”建设指明了全球治理体系和国际秩序变革的发展方向，是一种全球共治的理念，其治理范围更广、治理主体的包容性更强，目标是由实现双赢、多赢向共赢转变。③

总体而言，随着“一带一路”的推进，中国参与世界事务的实践、所遇到的问题与挑战大幅攀升，多学科、多领域的理论与工具被应用于“一带一路”问题的研究，表现出来的进展为：其一是从规范研究深入实证研究；其二是从单角度研究，扩展到如经济、政治、地理相结合的多角度研究；其三是从战略方向研究，深化到战略细节和实施路径研究。另外，不同学科对中国参与世界合作的不同角度分析，揭示出不同领域的关键问题和逻辑，如经济学分析表明了分工、产业、增长、发展等的重要性，区域、城市经济学等揭示了城市、地理的重要性，地缘政治学揭示了国际关系、安全问题的重要性，地缘经济学揭示了风险来源于经济或政治等，而实践则是多因素混淆、融合在一起，因此，多学科交叉、系统性、动态化的研究成为客观要求。

第二节　政治经济学研究框架的建构

不同方法论对不同层面的中国与世界关系展开分析，虽给出了一定的解读，但也使彼此处在相互割裂的状态，特别是各层面的合作内在关联、矛盾互动，具有客观的演化逻辑与规律。熊彼特认为，“马克思的分析是这个时期产生的唯一真正进化的经济理论”④，基于政治经济学及历史唯物

① 中国与全球化智库（CCG）课题组.“一带一路”国际合作共赢的实施方案及实现路径[J].宁波经济（三江论坛），2017（6）：7－11.

② 刘勇.人类命运共同体：全球治理国际话语权变革的中国方案[J].探索，2019（3）.

③ 于潇，孙悦.全球共同治理理论与中国实践[J].吉林大学（社会科学学报），2018（11）.

④ [奥]熊彼特.经济分析史：第二卷[M].北京：商务印书馆，1996：101.

主义的方法论，有助于系统、动态地认识大变革时代中国与世界合作的实质、影响及前景。

一、政治经济学研究框架的选择

随着生产力与生产关系的互动超越国界，越来越广泛的经济社会活动被内在地联结为一个整体，不是将之割裂，而是有必要探究逻辑一贯的方法论体系，系统、动态地考察世界运行规律及中国的参与合作方式，政治经济学提供了重要的方法论参考。

（一）联结研究主题的必要性

随着中国重新回归、参与国际分工与治理体系，不同学科围绕不同主题展开研究，提出了具有借鉴和参考意义的观点及政策建议。然而，方法论的差异性也使各研究主题相对独立。回归世界的本质属性，整体、动态地把握研究主题及其关联性，具有重要的现实意义。

第一，产业、空间、地缘关系等在国际交往过程中相互影响、不可分割。国际经济学主要研究跨越国界的资源配置，国家是被区分为大国或小国的原子，彼此间的商品和要素的流动规模、方向、动因、收益等成为研究对象；并通过减少跨越国界的制度或规管，来体现区域一体化的经济特征及福利效应。在国际经济学框架下，整体的世界被视为国与国两两关系的加总，地理区位、多国关系、不同国家的属性与利益诉求等并未纳入分析框架，地缘关系及其影响也被视为外部因素。区域经济学或空间经济学中的区位、空间主要体现为要素资源禀赋、聚集主体有所差异的三维载体，生产、交换的关联性而使区位、空间形成一定的关联性；同样，国家制度属性、地缘关系等因素并非研究框架内生因素。从国际关系及治理相关的研究来看，主要考察不同具体国家之间的多元利益、政治、外交等矛盾及其选择，不同国家的经济发展作为外生因素发挥作用。世界的复杂性，使不同主题通过不同的学科和方法论展开深入研究具有必要性。与此同时，从整体来看世界具有内在关联性，仅局限于不同学科视角，无法把握不同研究主题间的关联性，并有可能陷入割裂整体世界的误区。

第二，中国在世界经济与政治当前阶段的现实矛盾中参与并展开交往。跨越不同地区展开经贸联系最早可追溯到地中海沿岸的腓尼基。随着基于自然资源禀赋的商品交换种类增多、规模扩大、交换中心不断迁移，世界经济、政治、文化联系范围渐趋广阔。随着“地理大发现”开辟了远洋航线，葡萄牙、西班牙、荷兰等国开启了殖民体系的建构历程，宗主国与被殖民地国之间构成了内部开放的市场空间，各殖民体系之间相对独立。起初，殖民统治的经济基础主要建立在自然资源及其加工制品的贸易流动上，甚至包括奴隶贸易；随着威尼斯等地工场手工业的发展，越来越多的手工制品成为贸易品。英国工业革命标志着资本主义制度登上历史舞台，一轮又一轮的科技产业革命促使生产体系不断分工，生产能力大幅攀升，使相对封闭的宗主国殖民体系市场很快面临需求不足的矛盾，宗主国间的市场争夺最终演化为两次世界大战，并以殖民体系瓦解、民族国家独立为结果。二战后建立起来的两个平行市场，使资本主义制度和社会主义制度在两个相对分立的区域空间内各自发展，并展开角逐。资本主义体系依旧表现出强大的生产扩张能力，分工细化到产业内部，产品的多样性及生产效率不断提升，并继续受到市场需求渐趋不足的制约；社会主义体系在计划体制运作下，建立起相对完备的工业体系，但同时面临生产效率不高、商品短缺的矛盾。最终苏联在改革未取得突破、外部军备竞赛和和平演变的共同作用下解体，社会主义阵营瓦解，统一的全球市场形成。虽然中国在探索社会主义制度与市场经济结合的道路上探索特色发展道路，但占据全球市场主导地位的制度仍然是资本主义制度，且已经发展到国际垄断资本主义阶段，2008 年金融危机的爆发表明生产过剩的矛盾依旧存在，且伴随着新一轮科技产业革命的兴起，将更为加剧。20 世纪 70 年代末，中国通过改革开放重新回归国际市场，并参与世界经济与政治当前阶段的矛盾运动。在不同的历史时期，世界经济与政治的矛盾属性与特征有着本质的差异，中国参与世界合作必须结合矛盾的阶段性、现实性来展开分析与探索出路。

第三，世界在矛盾运动中向前演进。无论是国际经济学，还是区域、城市经济学，在新古典框架下建立起来的理论都贯彻了均衡思想。而从世界经济与政治的现实运行来看，并非趋向均衡的稳定态和均衡态的跳跃；而是表现为持续不断的演化，其中既包括矛盾运动带来的变迁，又包括矛盾自身的变迁。而且，矛盾也涉及经济、政治、思想、文化等多领域的复杂关系，在现实的世界演进中，恰恰不是割裂各领域矛盾，而是需要探究主要矛盾和次要矛盾、矛盾的主要方面和次要方面之间的相互关系，及其运动特征，才能为中国参与世界合作提供可靠的决策依据。

（二）政治经济学框架提供系统动态的方法论体系

马克思主义政治经济学将分工与市场、生产力与生产关系、经济基础与上层建筑及其矛盾运动纳入统一的分析框架，并提供历史与现实逻辑一贯的阐释，这为中国参与世界合作提供了重要的方法论指引。

第一，分工与市场的历史演进提供了世界市场扩张的物质基础。在自然分工的基础上，社会分工逐步兴起，在生产与消费的循环往复中，生产力水平逐步提高，分工与交换规模不断扩大，世界市场形成将越来越广泛的地区联结在一起。马克思在政治经济学研究的“六册计划”中，认为世界市场位于“资本、土地所有制、雇佣劳动；国家、对外贸易”之后，是最高阶段的组成部分，它是分工、“资产阶级经济制度”发展到一定阶段的产物，“分工的规模已使大工业摆脱了本国的基地，完全依赖于世界市场、国际交换和国际分工”。[①] “对外贸易和世界市场既是资本主义生产的前提，又是它的结果。”[②] 作为历史演进的结果，分工及市场并不以国界为约束，而是将不同国界的市场纳入同一个发展体系，“世界市场不仅是同存在于国内以外的一切外国市场相联系的国内市场，而且同时也是作为本国市场的构成部分的一切外国市场的国内市场”[③]。不同国家和地区因处于不同的分工环节和地位，而呈现出各自的发展特点，并相互关联在统一的

① ［德］马克思，恩格斯．马克思恩格斯全集：第46卷上［M］．北京：人民出版社，1974：169．
② ［德］马克思，恩格斯．马克思恩格斯全集：第26卷三［M］．北京：人民出版社，1974：278．
③ ［德］马克思，恩格斯．马克思恩格斯全集：第46卷上［M］．北京：人民出版社，1979：238．

分工进化体系和世界市场中。政治经济学框架中分工与市场历史演进的观点，将各国纳入统一的关联网络中，由此确定各自的定位与联系；并被纳入同一个进化过程，从而具有动态发展的特点。分工与市场的互动，使世界市场不断扩张，这为更多的国家和地区参与其中界定了角色、方式与路径，并为其发展开辟了广阔前景。

第二，占主导地位生产关系的属性决定了不同阶段世界市场的社会属性。世界市场并非纯粹的生产力及分工体系的扩张，更主要是受制于生产关系的拓展。在奴隶社会和封建社会时期，殖民体系在奴隶主、封建王权及贵族谋取暴利的驱动下，不断向未开发或落后地区扩张，并伴随着血淋淋的剥削与掠夺，资本开始原始积累。工业革命为资本主义兴起提供了强劲的生产力支撑，在资本追逐剩余价值的驱动机制下，“资产阶级超越出国家的界限”①，世界市场前所未有地扩张与联结到一起；世界市场也为资本主义的发展创造了基础与条件，“资本主义生产建立在价值上，或者说，建立在包含在产品的作为社会必要劳动的劳动的发展上。但是，这一点只有在对贸易和世界市场的基础上才有可能”②。从老牌资本主义国家驱动殖民体系强化统治到内部及彼此矛盾激化，多个殖民体系并存的世界格局最终在两次世界大战中归于瓦解，两个平行市场兴起。继而，在垄断资本主义发展到国家垄断资本主义，再到国际垄断资本主义的过程中，苏联社会主义国家不敌内外矛盾激化，于20世纪90年代初解体，随着俄罗斯、中东欧国家普遍选择资本主义道路，资本主义制度进一步扩张到更广泛的原社会主义阵营，并占据世界市场的主导地位。生产关系为生产力发展提供了社会动力和服务对象，任何国家参与国际合作，并非孤立于生产关系之外，而归根结底取决于与占据主导地位生产关系的结合方式。

第三，经济基础与上层建筑的矛盾运动使世界经济与政治在对立统一中实现历史演进。在政治经济学框架中，生产方式与社会形态并非静止不

---

① ［德］马克思，恩格斯. 马克思恩格斯全集：第46卷上［M］. 北京：人民出版社，1979：219－220.

② ［德］马克思. 剩余价值论：第三卷［M］. 北京：人民出版社，1975：278.

变，而是在基本矛盾的互动作用过程中实现历史演进。马克思指出，“人们借以进行生产、消费和交换的经济形式是暂时的和历史性的形式。随着新的生产力的获得，人们便改变自己的生产方式，而随着生产方式的改变，他们便改变所有不过是这一特定生产方式的必然关系的经济关系”。[①]而同生产力的一定发展阶段相适应的占统治地位的生产关系各方面的总和，即成为经济基础；建立在一定的社会经济基础之上的社会的政治、法律、宗教、艺术、哲学等观点，以及同这些观点相应的政治、法律等制度和设施的复杂系统，构成上层建筑。[②]“人们在自己生活的社会生产中发生的一定的、必然的、不以他们的意志为转移的关系，即同他们的物质生产力的一定阶段相适应的生产关系。这些生产关系的总和构成社会的经济结构，即有法律的和政治的上层建筑竖立其上并有一定的社会意识形态与之相适应的现实基础。”[③] 有何种生产关系，就构成何种经济基础，而上层建筑就从经济基础中产生，其内容、性质由经济基础所决定；其“天职”即根本职能，是反映并服务于经济基础的。在世界市场兴起的过程中，随着资本的国际化，国际经济组织等上层建筑亦不断发展，其中既包括跨国公司这类国际垄断组织，又包括国际货币基金组织、世界银行等国际协调机构，还包括自由贸易区、关税同盟等经济一体化形式的发展。[④] 在人类社会兴起的不同阶段，生产力与生产关系、经济基础与上层建筑的根本矛盾相互作用，社会形态及其发展过程呈统一性和多样性，即由低级到高级、由简单到复杂，逐渐由原始社会演进到奴隶社会、封建社会、资本主义社会，并向社会主义社会前进。生产力与生产关系、经济基础与上层建筑的矛盾作用特征，揭示了世界经济及其上层建筑运动的本质属性及根源，为经济与政治的互动规律提供了方法论支撑。

中国参与世界合作，既处于资本主义制度向国际垄断加速扩张的阶

① ［德］马克思，恩格斯．马克思恩格斯选集：第4卷［M］．北京：人民出版社，1975：322.

② 李秀林，王于，李淮春．辩证唯物主义和历史唯物主义原理［M］．北京：中国人民大学出版社，1982：289，293.

③ ［德］马克思，恩格斯．马克思恩格斯选集：第2卷［M］．北京：人民出版社，1975：82－83.

④ 卫兴华，顾学荣．政治经济学原理［M］．北京：经济科学出版社，1997：280－283.

段，同时新兴生产方式又在逐步崛起，这给社会主义制度的国家融入世界市场既带来了风险与挑战，又提供了重大发展机遇。

二、政治经济学方法论基础上的分析框架

政治经济学提供了从生产力到生产关系、从经济基础到上层建筑的矛盾运动方式，这为探究中国参与世界合作提供了方法论参考。

（一）分工演进基础上的国际分工格局

分工，即劳动分工，是社会经济活动的独立化与专业化，它是在人们的生产与消费互动作用过程中，不断分裂、衍生而来。生产规模扩大、分工链条拉长，从而吸纳更多人口参与其中，并表现为社会化程度的提高。当分工链条跨越国界，覆盖更广泛的国家和地区时，国际分工相应形成。不同国家和地区处于不同的分工环节或地位，共同构成国际分工格局。

当腓尼基商人在地中海沿岸发展邻邦贸易时，国际经济关系和国际分工开始萌芽，阿拉伯人和犹太人往来于东西方的运输与贸易使这种国际经济联系和分工更趋频繁。尽管这时候的国际分工更多依赖于各国基于自然资源禀赋的“天然”产业分工，这种基于区域间要素禀赋差异基础上的分工由 Ohlin（1899）在《区际贸易和国际贸易》中最早进行系统论述，他也最早指出贸易和经济地理可融为一体。①

随着威尼斯商人在工场手工业基础上发展贸易，国际分工基础渐渐由自然资源转向生产制造，工场手工业中心的兴衰也依次在威尼斯、热那亚、佛罗伦萨、阿姆斯特丹等地上演。知识、经验的积累和发明创造最终在生产集聚过程中引发产业技术革命，兰开夏、曼彻斯特、伯明翰、利物浦、格拉斯哥等一批工业中心孕育了产业技术革命，也将英国推向经济发展高峰。人类历史进入技术产业革命—分工加速演化—经济发展的周期性演进过程。

---

① ［日］藤田昌久，等. 空间经济学：城市、区域与国际贸易［M］. 北京：中国人民大学出版社，2005：11－15.

在历次长波发展过程中，生产制造的集聚通过发挥规模经济效应孕育出新兴生产技术、主导产业，并奠定和巩固了主要生产制造中心、主导国家的地理空间布局和经济地位。①第一次生产技术革命以蒸汽机的发明应用为标志，曼彻斯特、伯明翰等成为纺织制造及冶炼中心，纺织、煤炭、炼铁成为主导产业，英国在引领技术革命过程中，通过殖民统治加强了经济集聚与发展。②在英国专注于殖民统治基础上的经济集聚时，拥有丰富矿产资源的莱茵—鲁尔工业区在跟随英国推进工业化过程中后来居上，第二次以钢铁、铁路为代表的重工业技术革命率先在德国兴起，钢铁、机器制造、造船等成为主导工业，德国后来居上，直追全球殖民体系中心——英国。19 世纪中叶，美国在铁路大建设过程中，抓住了重工业兴起的机遇，五大湖制造带迅猛兴起。③忙于两次世界大战的德国在 20 世纪上半期被美国迅速超越，美国受战争红利刺激和免于战乱的影响，在引领第三次电、化工和内燃机技术革命过程中，五大湖、纽约州等工业区发展起汽车工业、石油工业、电力及电气机械制造等新一代主导行业。④战后，欧洲复兴计划为美国开拓了国际市场，国内消费革命爆发使国内市场容量扩张，美国在经济集聚过程中继续引领以电子、宇航技术为核心的生产技术革命，西部制造带悄然兴起。日本在迅速恢复战争创伤后，抓住先进国家产业转移及朝鲜战争的契机，强化技术吸收和再创新，通过加强西方国家市场争夺和国内市场保护扩大规模经济，以及实施阶段性产业政策促进技术与产业升级，实现了东部制造带及本国的迅速崛起。⑤20 世纪 90 年代，美国在实施“信息高速公路计划”过程中掀起了网络科技革命，以硅谷为代表的西部高新技术研发制造中心成为新一轮生产技术革命的聚集地，随着信息网络技术向各行业领域的扩散和应用，不仅兴起了生物工程、光电子、新材料、海洋工程等新产业，传统产业的生产组织流程及结构均发生了巨大变化。

分工的深化与规模扩张，使得更多经济体参与全球社会化生产，并因各自的参与方式决定了其所处的国际地位。从生产方式变革及参与国际分工格局的方式入手，为研判中国与世界合作提供了起点和物质基础。

（二）国际经济治理体系的建构

国际经济治理是指在某一时期特定的国际经济体系下，国际社会各行为体通过协商、合作、确立共识等方式①，对国际经济事务进行调节和管理，以解决国与国之间或者区域内的经济增长和稳定问题，从而塑造一个公平、公正、健康的国际经济秩序。国际经济治理的领域有国际贸易、国际金融、国际投资等领域。其重点是提高现存经济治理机制的有效性；改革国际金融、贸易及货币体系；减少贸易保护主义的威胁；等等。

国际经济治理的主体包括主权国家、国际组织、跨国公司、全球公民社会等，主权国家是国际经济治理的主导。国际经济组织为实现共同的经济目标，由两个或两个以上的国家或民间团体通过签订国际条约或协议而建立具备常设组织机构和经济职能的国家或组织联合，包括政府间和非政府间的国际经济组织。国际经济组织具备全面参与、民主决策、有效执行、协调广泛和利益众多等特点，在国际经济治理体系中有一定的地位和重要作用。正式治理的治理主体是政府间组织，如世界贸易组织（WTO）、国际货币基金组织（IMF）、世界银行集团（WB）等；非正式治理的治理主体是非政府间的公民社会组织。各类国际经济治理机构的总体构成国际经济治理体系。

从国际经济治理机构建立的动因来看，主要根源于国际交往过程中产生的沟通协调、争端解决等需求，也就是分工联系的扩张，使跨国界之间的事务协调与管理成为必要。因此，正是国际分工的扩张与深化，使服务于不同分工地位的主体通过建构国际治理组织或机构来维护自身权益。国际分工格局构成了国际治理体系的经济根源与基础，国际治理体系是国际分工格局在政治、文化等领域的反映与表现，是分工跨越国界后的上层建筑。

---

① 王浩. 全球经济与金融治理[M]. 北京：中央编译出版社，2017：1－2.

（三）基于国际分工格局及国际经济治理的国际经济秩序

国际经济秩序是在国际分工的基础上，在世界范围内广泛建立起来的国际经济关系及各种治理组织、制度的总和，是占主导地位的生产关系维护自身利益，驱动国际经贸、政治、文化往来的运行机制与工具手段，其决定经济全球化过程中的利益分配方式。

在经济全球化的背景下，不同国家或国家集团的受益程度取决于它们的经济力量对比和支配世界经济的权力分配状况。国际经济秩序建立后将服务于世界经济中最强大的国家或国家集团，一方面，为主导国的经济发展提供了稳定、有效的制度环境；另一方面，主导国的经济发展也在一定程度上带动了整个世界市场经济的发展。一定时期的国际经济秩序由该时期下的国际经济格局产生，分工格局决定治理体系，两者共同维护国际经济秩序，使其体现主导地位经济及国家集团的根本利益。国际经济格局因各国的经济实力、生产技术的变化而变化，进而推动国际经济秩序不断演化。然而，国际经济秩序又会反作用于世界经济格局，推动或阻碍取决于占主导地位的经济体对旧秩序的维护力量和新兴经济体对新秩序的创造力量的权衡。

（四）从国际分工格局到国际经济秩序的动态演进

在国际分工格局、国际治理体系到国际经济秩序的关系构成中，国际分工格局是最为活跃的因素，其主要取决于生产力与生产关系在生产方式内的互动、生产技术水平的提升，促进分工深化，由此重构国际分工格局，并带来不同分工地位的国家实力的兴衰，为国际治理体系的建构提供了原始动力。建立在国际分工格局上的国际治理体系，维护了既有分工与利益格局，共同形成一定时期内不同利益方相对稳定的国际经济秩序。

随着科技产业革命爆发、生产方式变革，代表生产力发展方向的新兴生产关系与主体得以迅猛发展，作为利益代表的治理机构相应建构，并与维护既有利益集团与阶层所捍卫的经济秩序相冲突，新旧经济秩序并存及相互较量。两者发展的前景，取决于哪一方更适合促进生产力发展、分工深化。

在世界范围内分工、治理及秩序的矛盾作用过程中，越来越广泛的人口与国家被纳入社会化大生产，世界经济一体化程度提升，更为适合社会生产力发展的国际治理体系和国际经济秩序越趋占据主导地位。

由此，特定时期背景下的国际经济体系决定了与之相对应的国际经济治理体系，国际经济体系的变迁决定了国际经济治理体系的发展和变换。要把握国际经济秩序、国际经济治理体系的核心，就应该深入探究国际经济治理体系背后蕴藏的国际分工体系。要研究某一时期国际经济治理体系的变化规律，就必须深入研究该时期国际分工体系与格局的变迁。

三、中国与世界合作发展的研究思路

在古丝绸之路连接东西方经贸与文化交流的时代，中国曾是国际交往的引领国家；但随着陆路时代的衰落、海禁政策的实施，中国与世界科技产业革命相对隔离，也越趋陷于衰落，最终在西方殖民者的“坚船利炮”下重新打开国门，并开启了旷日持久的民族独立与解放进程。

经过计划经济时期建设相对完整的工业体系，改革开放后，中国积极参与国际分工，由此正式回归国际经济、政治、文化体系。

20 世纪末，新一轮科技产业革命兴起，中国凭借丰富的劳动力资源跻身东亚区域生产网络的加工制造中心，成为国际分工格局中重要且关键的环节，同时也面临既有的国际治理体系、国际经济旧秩序的挑战。

政治经济学方法论提供了“国际分工格局—国际经济治理—国际经济秩序”的动态演进的分析框架，为中国参与并重构全球分工格局、经济治理体系与秩序指明了发展方向与路径（见图 1 – 1）。

本书在“中国参与国际分工格局—重构国际经济治理—变革国际经济秩序”的分析框架中展开解析。第二篇主要就中国与世界互动的历史进程展开简要梳理。第三篇着重分析中国参与全球化出现的重要变革。第四篇

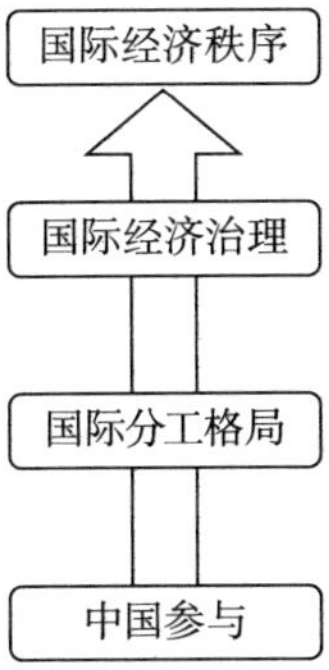

图 1－1　中国参与世界合作的研究思路

主要展望未来，考察“一带一路”建设过程中，中国推进国际分工、国际经济治理及国际经济秩序的顶层设计。

第二篇

历史追溯

第二章　新中国成立前的中国与世界

第一节　古丝绸之路兴起与开放中国

古丝绸之路发端于汉唐时期，经陆上丝绸之路的大发展联通欧亚，到宋元时期海上丝绸之路逐渐占据主导地位，联结日韩、东南亚、印度和非洲等地。陆上丝绸之路是古丝绸之路的开端，是一条东自我国汉唐时代的长安（今陕西西安北），向西经河西走廊、新疆，越过帕米尔高原，进入中亚、南亚、西亚，讫于地中海东岸的一条横贯亚欧大陆的商路①。古丝绸之路被认为是中国最早与西方产生联系的一条通道，也是中国与世界产生经济文化交流的开端。2000 多年来，丝绸之路为欧亚大陆的国家和民族开展政治、经济、文化交流提供了渠道，中国正式走向世界由此开始。

一、汉代之前的丝路贸易

早在夏商时期以前，中国中原地区就已经与新疆、中亚、西亚、南亚以及欧洲、非洲诸国形成了交通道路，并产生了民间商贸往来。大量史书及考古资料证实，大约公元前 10 世纪就已经有新疆特产和田玉出现在中原，埃及已经开始使用来自中原的丝绸，即彼时就已经存在中国通往西域至西亚、北非的商贸之路。到公元前 5 世纪，中国的丝织品已经远销到印

① 孙玉琴. 中国对外贸易史[M]. 北京:清华大学出版社,2013.

度、波斯、罗马等国，丝绸成为中国走向西方的第一个代名词，因此，古希腊人和古罗马人称中国为“赛里斯国”，即产丝之国。由此可见，这条以丝绸贸易为主的交通道路最迟在春秋战国时期就已经出现，这是中国与其他国家开展经贸交流活动的萌芽时期，也说明当时这些地区之间已经具备进行一定规模的贸易活动的基本要素——社会生产力和交通运输条件。

从生产力方面来看，自周代开始的小农经济、男耕女织传统到春秋战国时期取得了很大进步。铁器牛耕技术的革命性突破推动了农业生产力进步并解放了家庭劳动力，再加上春秋战国时的有意奖励使得家庭手工业得到发展，其中就包括青铜器和丝织品的丰富。农业及手工业生产力的提高在促进商品经济发展、满足了社会需求后，这些农产品及手工制品的出路之一就是贸易，为丝路贸易奠定了物质基础。

从交通条件来看，贯穿欧亚大陆的复杂的古丝绸之路交通网络，是长期以来沿线各国、各民族活动的结果。公元前 6 世纪至公元前 4 世纪西方人的军事征服和春秋战国时期河西走廊的畅通分别打通了帕米尔高原以西至地中海、帕米尔高原以东至中国中原地区的交通道路，再加上交通运输工具的进步，为贸易规模的扩大提供了技术基础。

二、汉——陆上丝绸之路兴起

丝绸之路的真正建立，即中国政府正式开始与西方各国建立官方关系，始于汉建元三年（公元前 138 年）汉武帝派张骞出使西域，司马迁盛赞其为“凿空”。然而，这一影响了后代 2000 多年的盛举起初的目的是为了解决来自北方匈奴势力的威胁。

匈奴是中国古代北方强大的游牧民族。西汉初年，匈奴东破东胡，西击月氏，南并楼烦、白羊，并夺回了河南故地①，成为汉王朝北方边境的一大威胁。驱赶月氏后，匈奴控制了西汉与西域各国的道路，并在贸易要道上课征商税，影响商人自由贸易往来，极大地阻碍了西汉王朝的对外贸

① 郑彭年. 丝绸之路全史[M]. 天津：天津人民出版社，2016.

易。强悍的匈奴频繁侵扰北方边境，掠夺财产，对农耕经济造成了极大的破坏，是西汉的首要外敌。经历几十年的休养生息后，西汉国力逐渐强盛，并于汉武帝时期国富民强，具有了解除匈奴威胁的条件。汉武帝为联盟西域国家共同打击匈奴，于公元前 138 年、公元前 119 年两次派遣张骞出使西域。

张骞两度出使西域一方面从军事上促成联盟，解除了汉王朝的边患，维护了中原安定的政治经济环境；另一方面，他的使团作为中原与西域诸国的信息传递者，促使中国与中亚、南亚、西亚各王国建立了经常性外交往来关系，正式打通了这条贸易通道。此后，汉朝先是收复河西地区，实现了中原到河西走廊的畅通，后又于公元前60 年统一西域，并设置西域都护府的管理机构，从此西汉王朝完全掌握了丝绸之路中国境内段，政府开始直接管理和控制丝绸贸易。随着汉朝赴西域使者、商旅络绎不绝，西域各国也纷纷派遣使者与使团造访中国。自此以后，中国成为古代东西方文化交流的重要平台。

两汉时期，陆上丝绸之路东起我国长安（东汉时东起洛阳），经河西走廊到新疆，越过葱岭（今帕米尔高原）出国境后进入中亚、南亚、西亚，止于地中海东岸，形成了一条东西相连、南北交错的交通网络。与此同时，海上丝绸之路也开始形成，但这一时期陆上丝绸之路占据了中国商品、文化输出的主导地位，中国对外贸易也主要集中在陆上丝绸之路沿线国家，如康居（今吉尔吉斯斯坦和哈萨克斯坦）、大宛（今中亚费尔干纳盆地一带）、大月氏（今阿姆河南北）、安息国（伊朗高原）、身毒（印度）等国。古代中西方文明最具影响力的两大帝国——中国与罗马，由于相隔甚远，无论是陆上还是海上丝绸之路，都会有多个中间国家从中牟取暴利，使得中国丝织品到达罗马后都极其昂贵，甚至比黄金价格更高。尽管中国与罗马帝国几经尝试，却也始终没能建立起直接的贸易关系，安息成为汉朝与欧洲国家贸易活动的重要中转地。

此时的贸易形式除了早已成熟的民间商人互贩商品，自汉武帝以来，中原开始招募使臣携带官方物资——如黄金、丝绸等物，与境外诸国开展官方贸易。据《史记·大宛列传》记载，“诸使外国一辈大者数百，少者百余人”，一年中“使多者十余，少者五六辈，远者八九岁，近者数岁而反”，这有力地说明了此类官方的、经常性的商贸日益成为汉王朝对外贸易的主要方式。到汉代，中国的手工业已经发展到一定的水平，不仅在工艺上取得较高成就，生产能力也相当大，使我国丝织品享誉海外，成为丝绸之路上我国主要的出口商品。同时，西汉中、晚期至东汉初期出现了冶铁新技术——炒钢，使汉代铁器制造技术在世界上遥遥领先，铁器成为另一大主要出口商品。此外，中国的纸张、香料和少量农产品也由丝绸之路传入西方国家。汉代使团在输出中国商品时，也给中国带来了西方的奇珍异宝，大量西方文明传入中国。《西域传·大秦》记载，“大秦王安敦遣使自日南徼外献象牙、犀角、玳瑁，始乃一通焉”。还有来自康居、天竺、日本、朝鲜等国的皮毛和毛织品，来自西亚的马匹，以及沿线地区的各种植物品种。这些商品的输入丰富了民众的物质生活及农业生产体系，而良种马匹、奢侈品等物品也满足了中原王朝统治阶级的需求与享受。另一种重要的贸易形式，亦即主要的商品输入模式是朝贡贸易。西域诸国分为内属和非内属两类，至少每年遣使来朝，朝廷每年举行朝贡大礼，来朝者国书均称“上书”，以诸国为臣属。可见，这种外交形式实质上是一种朝廷和外国的君臣主从的关系，充当了丝绸之路上中外邦交的基本模式①，中国与西方各古国发展了密切的政治、经济联系。对来朝者，朝廷为显国威以及出于中国长期以来的礼仪，往往会“赂遗赠送，万里相奉”②。

西汉古丝路畅通缘自历史机遇，但究其根本，还是因为这一时期中西方社会经济及商业发展达到了一定程度。汉初处于战后恢复期，为恢复国力发展经济，统治者把休养生息作为施政方针，鼓励生育、减税减役、招贤纳士，并提倡重农的社会风气，奖励农耕，推动了小农经济的发展，为汉代打下了坚实的政治经济基础。即使当时统治者秉持“重农抑商”的经

① 楼劲.汉唐的外事体制与丝路古道上的基本外交模式[J].敦煌学辑刊,1995(1):79-88.

② 《汉书·西域传》:“赂遗赠送,万里相奉”,指汉武帝时以财物赠送少数民族,相隔万里送上。

济政策，却也不能否认商业已经发展到一定水平。除了盐铁、纺织品、酒等相关民生的行业，其他如造船、制车、木器、漆器、金银器等手工业也很发达，商品种类繁多、工艺精湛，商人占有的财富往往可与王侯匹敌，其贸易范围也已经扩展到中亚和印度①。此时的中亚地区已经成为世界商业中心，世界各地的商人集聚于此互贩商品，之后罗马帝国逐渐兴起，大量的中国产品涌入西方，吸引着世界的目光。

除了中西方不断发展起来的经济交流的需要，汉代政府一系列对丝路的维护措施客观上也促进了古丝路的安全和畅通。公元前121年，汉军将匈奴赶出河西地区后，在此地“列四郡，据两关”——在武威、张掖、酒泉、敦煌四郡和阳关、玉门关设关置守，保证了丝绸之路咽喉地带的畅通②。之后汉政府又派驻西域都护管理西域，推行政府政令、防御匈奴、管理西域屯田，对丝路的稳定、畅通和沿线经济发展起到了重要的作用。除此之外，汉王朝在沿线修筑长城、设立亭障，用于传递信息及商旅住所，还专为接待外国商使设立“蛮夷邸”，为过往商旅免费提供食宿便利，积极鼓励中外贸易，为丝路创造了公平有序的贸易环境。

古丝绸之路的开辟不仅对当时的经济文化发展有着重要影响，还为后代东西方文明交融起到了奠基作用，加快了世界沟通的步伐，中国政府的力量在其中起到了主导和支持作用。

三、隋唐——陆上丝绸之路黄金时期

魏晋南北朝时期，虽然政治经济不像汉代稳定，但随着各国生产力的发展，丝路贸易的物质基础更加雄厚。由于统治政权先后推行了一系列维护丝路贸易的措施，丝路贸易得到了进一步发展，这一时期陆上与海上丝绸之路共同发展，中西商品贸易规模远远超过两汉，中国的先进技术也逐渐传播到境外，如丝绸生产技术、冶铁技术等，西方的先进技术如玻璃制

---

① 郑彭年. 丝绸之路全史[M]. 天津:天津人民出版社,2016.

② 孙玉琴. 中国对外贸易史[M]. 北京:清华大学出版社,2013.

造技术也相继传入中国。同时，中外僧侣也在这条通道上频繁往来，促进了佛教在中国的传播和汉文化的丰富多彩。

南北朝之后进入隋唐时期，在经历了民族大融合后，隋唐王朝对各族文化表现出更为开放的态度，对外贸易政策、国内工商业开放程度达到了封建时代的顶峰，丝路贸易进入黄金时期。

隋唐时期日趋成熟的手工业和更为发达的交通设施为国际贸易的繁荣提供了保障。在长久以来积累的基础上，唐朝纺织品更加丰富多彩、精美艳丽，技术更为成熟，产量大增，隋炀帝甚至曾经用11.2万匹绢帛换突厥的3000匹马。制瓷业也逐渐发展成熟，瓷器也成为重要的贸易商品。唐朝的商业日益兴盛，其发展水平空前繁盛，“重商”思想在民间的充分发挥使对外贸易逐渐受到重视，长安城的东、西两市作为全国商品贸易中心，人头攒动，“四方珍奇，皆所积集”。隋唐时期的基础设施建设取得了显著的成就，对内开通了贯通南北的大运河，开辟了多条河流水道和陆路通道；对外将汉代丝绸之路扩展至7条，分南、北两条线向西通往地中海。这一时期的造船业也取得了一定发展，商船的数量、种类越来越多，承载能力也大大提升，海上贸易路线也逐渐发展起来。国内外市场的扩大和交通便利程度的提高吸引了国内外商人前来交易，对海外贸易规模扩大起到了重要作用，国际贸易也随之繁荣。

这一时期的贸易繁荣与统治者对贸易的重视有着密切关系。隋唐统治者以开放的心态，在两汉的基础之上继续推行保护丝路贸易的政策。为保护丝路贸易，统治者一方面继续加强对西域的管理以保证丝路畅通；另一方面积极吸引外商，在丝路沿线广设驿馆为外商提供便利，并于长安城中设置专供中外交易的市场——西市。官府还会定期举办集贸易和娱乐于一体的贸易盛会，长安城为当时世界上最大的商贸中心，世界各地的商人聚集于此。为保护外商，唐朝甚至颁布了相关政令和法律，如明确规定禁止向外商收重税、完善对贸易活动的管理（如设立鸿胪寺、市舶司、互市监等机构和“过所”① 制度)、尊重外商习俗和宗教，维护其在华合法权益。在多方因素的推动下，唐朝与丝路沿线国家往来更加密切，中亚细亚、波斯、阿拉伯、域外汉人等境外商人纷至沓来，唐代中外互市呈现出一派繁荣景象。

隋唐时期的贸易依旧以政府监管下的“互市”贸易为主要形式。隋唐以前，中原与少数民族互换绢帛、马匹的传统贸易被称为“绢马贸易”，到唐中期以后，“茶马互市”也成为重要的贸易形式。从汉代承袭的官方朝贡贸易在隋唐时代依旧占有重要位置，中原王朝与周边民族及海外诸国呈现出君主国与附属国的关系。西域诸国通常争先恐后进献，据《资治通鉴·唐太宗贞观二十二年》记载：“四夷大小君长争遣使入献见，道路不绝，每元正朝贺，常数百千人。”而隋唐王朝又一贯厚往薄来，对前来朝贡的诸国多有赏赐，且远远超过朝贡者进献的数量，以彰显大国风度。在朝贡贸易中政府耗资巨大，西域诸国常常为了获得朝贡贸易带来的巨大利益不断涌入中原，给朝廷带来了巨大负担，朝贡贸易因此受到人力、物力的限制。此时，商品贸易是以物物交换与货币支付方式互为补充、同时并存的。

丝路贸易的发展给西方带去了中国古代的先进技术，也把沿线国家的生物品种和手工业技术带到了中国，丰富了中国的农业、手工业生产体系。外商在促进中西商品交流的同时还带来了其国家多样的艺术文化，使之后中国的建筑、音乐、绘画、舞蹈、宗教元素融入多方风格，对中国文化产生了深远的影响。

然而，尽管中西方人民有着经济文化交流的强烈需求，这条连接着古代亚欧大陆的大动脉却受到多种因素的制约。虽然西亚和中亚地区地处丝绸之路咽喉要带，但在绝大部分时期处于政权分散的状态，小国林立、政局不稳。位于东西方两端的中国与古罗马之间的经济交流常常受到这些中间国家的制约。由于这些中间国家利用转手贸易牟取巨额利润，当中国的

---

① 过所：古代用于通过关隘的交通证明文书。

手工艺品最终到达罗马时，价格已经是原来的数倍。丝绸之路沿线国家的盘剥既增加了贸易成本又制约了东西方贸易规模。尽管中国与罗马帝国曾试图建立直接贸易关系，却因这些国家的极力阻挠而以失败告终。此外，从公元前 92 年开始，东罗马帝国与波斯萨珊王朝进行了长达 7 个世纪的战争，使丝绸之路经常因受到战争威胁而中断。

公元 751 年，唐王朝与阿拉伯在中亚怛罗斯爆发激战，以唐朝惨败告终。此战之后，唐朝在中亚的势力开始丧失。随后国内又发生安史之乱，唐朝将中亚驻军撤回中原，自此失去对中亚的控制。从此以后，中亚地区陷入长期民族纷争，丝绸之路受到阻塞①，陆上丝路自此日渐萧条，中国的对外贸易重心也开始转移到海上丝绸之路。

四、海上丝绸之路的兴起与繁荣

海上丝绸之路发端于秦汉时期，几乎与陆上丝绸之路同时形成。唐朝以前，陆上丝绸之路始终占据着中国对外贸易的主导地位，海上丝绸之路作为陆上丝绸之路的延伸一直在发展壮大，到隋唐时期才逐渐进入兴盛状态。唐代以后，海上丝绸之路取代陆上贸易，成为我国宋元时期和明朝前期的主要贸易通道。

隋唐时期，由于航海技术的发展和运输规模的提高，经常通过船运的方式运送大批丝绸。由于海运安全，不易损坏货物，随后也经常用于运输瓷器、玻璃制品等进出口商品。这一时期的海上丝绸之路逐渐形成了东海丝路和南海丝路两条线路。东海丝路以中国东北沿海为起点，经过渤海或黄海、东海到达朝鲜，再渡朝鲜海峡，最终抵达日本；南海丝路从中国东南沿海出发，经南海、印度洋至西亚、非洲 。南海丝路承担了绝大部分对外贸易货运量。

两宋在唐代经济发展基础之上又有了新的进步，是中国封建时代经济、文化与科技发展最鼎盛的时期。在农业方面，小农经济较以前更为发

---

① 孙玉琴. 汉唐时期丝绸之路贸易的历史经验及其现实启示[J]. 国际贸易，2014(8)：16－20.

达，在种植作物、产量上均有巨大进步。除丝麻棉、粮食以外，茶叶日益成为占据消费市场的一大主体。在手工业和工商业方面，其商品货币经济发展体现为手工业技术进步和商品生产的迅速发展。与前代贸易商品相比，宋代进出口商品种类更多、数量更大。据《诸蕃志》记载，宋朝出口商品主要为各类纺织品、瓷器、日用器皿、书籍、纸张、伞等大批量生产的手工艺品，是海外贸易的物质基础，另外还有中国香料、酒、农产品等，商品出口结构向日用消费品转变。进口商品以西方特产奢侈品和马匹、香料等为主。中国的进出口商品结构反映出宋朝经济文化水平和社会生产力高于贸易伙伴国，贸易双方商品互补，促成贸易持续繁荣①。

宋代一改“重农抑商”的思想，重视发展经济。除传统朝贡贸易与官方贸易之外，同样注重民间贸易发展，使私商贸易成为海外贸易主流。宋朝沿袭唐以来鼓励贸易的政策，积极吸引外商并对来华进行大宗贸易的商人予以鼓励。同时积极鼓励中国商人出海贸易，甚至采取强制措施。在这种形势下，中国海商逐渐壮大，打破了外国商人主导的局面。宋代政府鼓励对外贸易的另一个目的还在于从中获取财政收入。政府通过扩大贸易规模和控制进口与国内销售来获得对外贸易的利益，依然掌握着海上贸易的控制权。此外，唐朝建立的市舶制度在宋朝得到了系统的发展，设立了市舶司、市舶务、市舶场等机构负责组织管理海上贸易活动，以及征收关税、管理藩商等事务。市舶机构带来的收入是政府财政收入非常重要的一部分。宋朝政府还通过颁布海外贸易管理法规《元丰市舶条》，保障民间贸易的合法性并进一步加强了中央对外贸的管理，这个法规也是中国对外贸易立法的开始。

海上贸易的繁盛带动了一批东南沿海港口的发展，如广州、泉州、明州（今宁波）、杭州四大港口城市。广州港地理位置优越，是中国通往西南亚、南亚、东亚几条主要海上航线的始发港，是中国古代最大的港口。广州市舶司带给政府的收入数以万计，占当时全国市舶收入的绝大部分。

① 霍建国，等. 中国对外贸易史：上卷[M]. 北京：中国商务出版社，2015.

泉州港自唐代开始崛起，到两宋时期由于其优越的港口条件和政府的支持，逐渐取得重要地位，与广州港不相上下，到南宋时期甚至超过广州港成为全国最大的港口。杭州港与明州港地处物产丰富的长江入海口附近，交通便利，位于东洋、南洋航线的分界处，是古代与东洋国家贸易的中心。明州随着东洋航线的开拓逐渐成为中国与朝鲜半岛和日本官方贸易的唯一通道，以及民间交流往来的主要接口。在港口城市，对外贸易促进了当地手工业和商业的发展，并在一定程度上影响了当地社会文化。

到元朝，蒙古政权统一中国后又实现了疆域的大范围扩张，国家实力空前强大，统治范围一度达到西亚、中亚、伊朗、阿富汗等地。蒙古政权扩张不仅加强了中国各民族的紧密联系，也是中外政治经济交流的推动力量。

元朝的社会经济与前代相比有很大的不同，“既有奴隶买卖，又经营高利贷，更利用富商大贾参与政治经济生活，重视国际交通和贸易[①]”。一方面，统治者重视发展农业使得战后农业经济得到较好的恢复，巩固了王朝统治的基础；另一方面，其商业自由，手工业又在宋朝的基础上得到发展，丝织品、瓷器等中国传统手工业品产量大增。

由于元代版图扩张，其通往西域的陆上丝绸之路再次畅通，与西域、阿拉伯、波斯、欧洲的沟通有了新进展，西域商人往来不绝，中西陆路贸易十分频繁。各国商队来华采购各类丝织品、茶叶、瓷器及药材等，中国也从来自中亚、西亚、欧洲甚至北欧的商队获取了金银珠宝、奇珍异兽、香料、药材等货物。陆路贸易的复兴使得沿线国家的城镇成为国际商品贸易中心，如讨来思（今伊朗西北部大不里士）、玉龙杰赤（今土库曼斯坦的库尼亚乌尔根奇）等。元大都（今北京）商业贸易也是一派繁荣景象，中外商人汇集于此，百货云集。西北地区如甘州、肃州、巩昌、河州等沿线城市也成为中西商人互市中心。

虽然元代恢复了陆上贸易的繁荣，然而其主要贸易仍以水路为主。元

---

① 朱伯康，施正康. 中国经济史：下卷[M]. 上海：复旦大学出版社，2005.

代时期，不仅国内河运重整，海外贸易路线也获得了大规模发展，在航运速度、运载量、航海水平上均取得了进步。海上贸易中，中国的交往范围更大、贸易国家更多，与东亚、南亚、阿拉伯、地中海以及非洲地区贸易频繁，贸易伙伴国一度达到 140 多个。元代贸易商品种类丰富，出口以丝织品、瓷器为主的手工业品以及植物和家禽等，还大量输出中国书籍；进口香料药物、手工业原料、手工业品及各类奢侈品和金银等。

元朝政府奉行积极的对外贸易政策。首先，注重对外商的保护。统治者对外商多加礼遇并保护他们的权益，其贸易往来不受干涉，有时还会予以经济救济。其次，政府对本国舶商亦有优惠政策。具体措施包括减轻中外商人税负、给予贸易保护、在民间主持祭祀活动、祈求海上贸易顺利。最后，元代积极发展官方贸易。除传统的朝贡贸易外，政府还积极促进官方势力进入海上贸易业务，或派使臣直接到境外采购，或官商合营从事海外贸易分享利润。这些积极的政策和措施极大地推动了对外贸易的发展。

元朝的对外贸易是自汉唐以来最繁盛的时期。海外贸易带来的巨额财富促进了中国工商业的发展。中国产品远销海外，在很大的范围内影响了当时世界的经济、文化和技术进步，促进了世界文明的交流与进步，推动了中外人民的友好往来。意大利旅行家马可·波罗在中国旅居 17 年回国后，从中国带去了大量先进技术，如丝绸生产技术、产煤、造纸及印刷术、食品制作工艺以及建筑艺术等，大大促进了欧洲人地理知识和生产技术的进步。

宋元时期繁荣的海上贸易一直持续到明朝前期。明朝建立之初，面对海外势力的威胁，统治者为巩固政权开始实行“海禁”政策和“朝贡”贸易，对外政策日趋封闭。朝贡贸易是当时的主要外交手段，与明朝开展朝贡的国家多达 148 个 。同隋唐一样，给前来朝贡国家的巨额回礼成了明政府的财政负担，自洪武年间开始，朝贡贸易也受到很大的限制，此时中国几乎断绝了对外联系。然而随着生产力水平的提高和商品经济的发展，甚至出现了资本主义萌芽，对海外市场的需求逐渐扩大，再加上蒙元参与势力阻挡在陆上丝绸之路上，明政府不得不开发海上贸易。明成祖即位后，在维持“海禁”政策的同时开始积极推行“朝贡贸易”。明成祖派遣郑和出使西洋，寻求恢复朝贡贸易的机会，宣扬明朝的国际形象，并为国内商品寻找出路，再次参与到国际贸易中。此时的西方社会也开始向近代资本主义社会转换，迎来了航海大时代。

郑和下西洋是世界航海史上的创举。从公元 1405 年到公元 1433 年，郑和七下西洋，历时 28 年，先后前往东南亚、南亚、西亚和东非 30 多个国家和地区，开展了广泛的政治、经济、文化交流。郑和下西洋期间，仍以“朝贡”为主要形式，大规模开展海外贸易。郑和的船队满载货物和金银用于到各国贸易和赏赐，用瓷器、丝绸、漆器、麝香、樟脑、干鲜果品等特产换取象牙、香料、硫黄以及药品、五金等西洋特产，中国朝贡贸易发展到鼎盛时期。

郑和下西洋对明代及整个世界都产生了深远的影响。首先，郑和下西洋充分展示了中国的实力，扩大了中国的世界影响力，促使海外各国到明朝朝贡。其次，郑和带回的商品给政府带来了可观的经济收入。最后，加强了中国与亚非各国的政治经济联系。然而，明成祖去世后郑和时代也随之结束。中国逐渐放弃了其在欧亚大陆甚至世界上的主导权，之后便是西方殖民者大肆海外掠夺、扩张的时期，中国也逐渐丧失了世界领先地位。因此，郑和下西洋可以视为中国从开放走向封闭的转折点，也是中国从先进到落后、在世界体系中国际地位日渐衰落的一大转折点。

综上所述，从张骞出使西域到郑和下西洋这 1000 多年的时间里，亚欧非大陆和海洋上活跃的多条贸易路线反映了古代中国的开放历程和东西方文明交流融合的盛况。自秦汉以来，海路与陆路同时存在、互为补充、相互更替，以中国为起点，形成了联系东西方文明的纽带。在这个成熟、复杂的贸易网中，中国始终占据主导地位，众多国家和民族在其中起到了重要的推动作用，它们各尽其能、各取所需，形成了长期紧密的经济联系。尽管其间各个文明更替与大国兴衰，丝绸之路也从未间断，在促进东西交流的同时为世界体系的形成创造了条件。但是后来的中国没能抓住这一机遇继续参与到世界飞速发展的进程中，而是进行了 300 多年的闭关自守，被西方人逐渐壮大的海上霸权紧紧制约。

第二节　走向封闭与古丝绸之路衰落

15—17 世纪，西欧各国为掠夺资源、获取奢侈品与财富开始了征服海洋的冒险。西欧各国派出航海家开辟新的环球航线，寻找贸易线路和贸易伙伴。西欧的海洋探险取得了丰硕的成果，扩大了国际贸易，促进了世界市场的形成，也把欧洲新生的资本主义传向世界。与此同时，中国正在经历明清时期的闭关锁国，错失了吸收世界先进技术与思想的机会，世界经济文化强国地位逐渐被西欧国家取代。随着中国陆、海上丝绸之路相继衰落，中国对外贸易也从主动、主导、中心的角色，转向被逐渐强大起来的西方国家推动着参与到世界市场中来。

一、明代对外贸易的转折点

由于中国古代长期以来处于以小农经济为主体的自然经济中，农业向来备受重视。明朝前期，统治者颁布了一系列奖励农耕的政策，兴建水利、鼓励垦荒，经济作物种植广泛传播，在提升农产品产量的同时其商品化程度日益加深，农业水平也得到了一定程度的提升。明代手工业生产也取得了明显进步，民营手工业逐渐取代官营手工业的主导地位，社会分工更精细，产品质量、生产效率和制造工艺不断改良，大量商品涌入市场，商品流通程度进一步提高，在一些地区还出现了资本主义萌芽。农业和工商业的发展加上唐宋以来积累的先进航海技术和经验，为海外贸易提供了良好的物质基础，但是由于复杂的外部环境使统治者的对外贸易政策发生了转变，从开放走向了封闭。

明朝初期和中后期实行了严格的“海禁”政策，只在中期有短暂的放松。明朝之初的“海禁”政策，禁止私人华商或外商从事进出口贸易，剿灭一些大型海商，规定“片板不许下海”，并“禁民间用番香番货”，从源头上切断了私人贸易，对私人贸易管制的严厉程度可见一斑。明成祖即位后曾大力恢复发展朝贡贸易，并组织了郑和下西洋广泛到各国开展贸易。之后，隆庆年间（1567—1572 年）有限制地开放部分海禁，允许私商在福建漳州的月港出海贸易，外国商人也被允许到广州进行贸易。随着私人贸易合法化，明朝海外贸易取得了蓬勃发展。然而，漳州月港吞吐量小，基础设施薄弱，而且不是贸易最发达的地区，所能通商的国家数量也远不能与宋元鼎盛时期相比，海外贸易规模受到限制。之后，海疆环境因倭寇侵扰而不稳定，政府又再度厉行“海禁”，极力阻隔民间海外贸易活动。仅仅持续了不到50 年的开海政策并没有从实质上改变中国对外政策走向封闭的趋势，中国海外贸易日渐萧条。

虽然对私商贸易行为有着严格的限制，但出于宣扬“天朝上国”的政治目的，明统治者积极鼓励朝贡贸易以维持“万国来朝”的盛况。在政府大力推崇与郑和下西洋的创举推动下，朝贡贸易在明朝发展到了鼎盛时期。朝贡贸易不以追求经济利益为目的，以国家之间互赠礼物为商品交换方式，明统治者又秉持“厚往薄来”的思想，给国家带来了很大的财政负担。自洪武五年（1372 年）起，明朝政府又对各国朝贡次数、品种和数量作出限制，尔后开始实行勘合制度①，对来朝国家和朝贡货物进行严格检验。永乐年间（1403—1424 年），明成祖重设市舶司以便朝贡贸易，派遣郑和七下西洋前往东南亚、南亚、西亚和东非开展朝贡，在很大程度上推动了朝贡及中外贸易活动的开展。与此同时，朝贡贸易也在中国与中亚、西亚间经贸往来中起到了重要作用，中原与西域联系的再次加强推动着民间商贸活动发展，西北丝绸之路上的私人贸易也再次活跃起来。但此时陆上线路的贸易规模与中西经济联系程度已经远不能和汉、唐、宋、元时期相比，丝绸之路亦不再有往日的繁荣。到郑和时代终结后，明政府对外政策又转向消极，朝贡贸易日渐衰落。到 14 世纪末，仅有朝鲜、琉球、安南

---

① 勘合：由政府制定的朝贡贸易的凭证，一份为勘合，发给前来朝贡的国家，一份留作底簿。各国入贡时，入港后要由中国政府检验两相符合后才允许登岸入贡，否则便被拒绝入贡。霍建国，等. 中国对外贸易史：上卷[M]. 北京：中国商务出版社，2015.

等少数国家仍与中国保持着朝贡贸易关系。

虽然明政府厉行海禁，但沿海城市百姓长期以来以从事海外贸易为生，仍有不同程度的私人贸易暗中开展。明初海禁政策严格，私商为巨额利润冒风险“往往私下诸番，贸易番货”，小规模地暗中进行贸易，各国贡使和沿海官员也会利用职务之便携带私货进行贸易。永乐年间，统治者实行较为宽松的海禁政策，私人海上贸易得到一定程度的发展并逐渐兴盛起来，沿海商人开始积极地出海贸易。《明孝宗实录》记载：“广东沿海地方多通番舶，络绎不绝。”正德、嘉靖年间，私人海商活动更趋活跃，海商利用一些小型港口从事贸易，沿海的一些大商贾也为海上贸易投入大量资金。此时，私人海商规模壮大，形成了一些大型海上贸易集团，这些集团一般都拥有独立武装，能够与朝廷的“缉私”力量对抗。隆庆年间，私人海商取得了合法的贸易地位，活动范围更加广阔，成为明代海外贸易的主流。虽然私人海商在一定程度上促进了对外贸易的发展，但由于种种禁锢制约了其发展，最终没有对明代的对外贸易形成大的影响①。

明代中国的主要贸易伙伴是东亚和东南亚国家。中国与朝鲜有规模很大的“绢马贸易”。据记载，洪武二十六年（1392 年），明朝廷“进马九千八百余匹，命运纻丝、绢布一万九千七百余匹酬之”。中日两国由于倭寇问题关系非常紧张，商品贸易时断时续，但朝贡贸易给两国带来的经济利益驱使着贸易在困境中艰难发展。从关于明代中日朝贡贸易的记载中可以得出，中国对日本回赐最多的物品以及日本使团来华采购最多的物品是丝织品、瓷器、白糖等物。明代也与琉球保持着密切的经贸关系。琉球是重要的转口贸易基地，从东南亚购买香料朝贡给中国，将中国回赐的产品转口卖给日本、东南亚等国，在其中牟取巨额利润。此外，明朝中国还与暹罗、爪哇，以及马六甲、菲律宾群岛的国家建立了友好关系。

16 世纪前后，随着新航路的开辟和欧洲殖民者的海外扩张活动，中国也被迫卷入世界市场中。正德十二年（1517 年），葡萄牙人抵达广州后，

---

① 尹晓盛. 明代私人海上贸易研究[D]. 济南：山东大学，2007.

欧洲各国商人也相继来到中国。欧洲商人在中国从事着野蛮、暴力的掠夺活动，遭到中国政府与民众的顽强抗击，但他们以各种贿赂、武力的方式占据了中国领土，发展对华贸易基地。以葡萄牙、西班牙、荷兰和英国为代表的西方国家觊觎中国市场和丰富的物产，利用其逐渐壮大的海上霸权垄断了中国与欧洲之间的商品贸易，将中国的丝绸、瓷器和漆器等特产运往拉丁美洲国家换取当地的白银，从中获取暴利，到明朝末年甚至还控制了大部分与日本的贸易。西方殖民者对中国对外贸易的控制权造成了极大的负面影响，其对华贸易具有明显的殖民掠夺特点。另外，欧洲商人的介入使中国被迫扩大对外贸易规模，与更多国家形成了直接或间接的贸易关系，促进了中国商品经济发展，为中国带来了大量白银流入，并且还以这种方式沟通了亚、欧、美洲大陆，促进了世界市场的形成，也加速了欧洲的资本主义进程。

欧洲人的到来促使中国的贸易伙伴发展到欧洲和美洲各地，其对中国商品供需的不同也使得中国商品的进出口结构出现了较大变化。丝绸和瓷器依然以其做工精良、种类丰富在中国出口商品中占主流地位。棉织品、茶叶也日渐受到欧洲人的欢迎，英国人的饮茶之风带动了茶叶的大规模出口。除了此前的西方奢侈品，中国的进口产品也逐渐接近百姓日常消费品，如香料等，中国也开始进口西洋机巧如欧洲枪炮火器、钟表、呢绒、玻璃制品等物品，但进口规模都较小。明后期私人贸易得到了一定的发展，再加上中国商品质量上乘和工艺精美，在各国市场备受欢迎，大规模出口给明政府带来了大量白银流入。

二、清前期的对外贸易

清朝前期，西方资本主义国家正在发生巨大变革，西方列强为争夺市场、掠夺财富，加紧了世界范围内殖民扩张的步伐。中国地域辽阔、物产丰富、人口众多，且长期受封建思想的影响，逐渐落后于一些欧洲国家，成为西方列强渴望的殖民侵略的对象。清朝闭关锁国的程度虽然不如明朝，但统治者延续了明代严格控制海外贸易的做法，只留“朝贡”作为唯一官方许可的对外贸易形式，其开放程度远远赶不上西方列强。最终，中国没能抓住最后紧跟世界发展的机会，依旧故步自封，严守“天朝上国”思想，国内科技文化、经济发展日渐与西方拉开差距，曾经强盛的中国也不得不被西方列强势力制约。

清朝开国之初没有设置禁令，实行过开海贸易政策，但短暂的开放最终因台湾郑成功的抗清势力而中断。从顺治十二年（1655 年）起，清政府颁布了较为严格的禁海闭关政策，严令禁止华商或外商从事进出口贸易。为了严格执行私商出海的禁令，清政府先后在 1660 年、1662 年和 1678 年三次颁布迁海令迫使沿海居民内迁，并严格禁止民间租赁和制造船只，从根本上断绝私人出海的可能性。康熙十九年（1680 年），清政府开放澳门，允许中外商人前往澳门交易，之后的海上贸易政策向有限制的开海贸易变化。到康熙二十四年（1685 年），又开放了江南云台山（今江苏连云港）、浙江宁波、福建厦门、广东广州为贸易港口，并先后设置海关负责管理沿海地区对外贸易。而在此之前，西方殖民主义国家已经在广州、福建暗中或公开进行贸易，但是它们并不满足于这几个港口，而是进一步开拓中国贸易据点，这一行为引起了清廷的警惕，政府给开海令又附加了许多限制。随着西方列强侵略日益频繁，清王朝为巩固统治与维护海上安全，从乾隆二十二年到道光二十二年（1757—1842 年），清廷下令关闭广州以外的各港口，只允许西洋商人到广州贸易，且由十三行垄断贸易。之后对外商活动也实施了更多限制，对外贸易政策更趋封闭。

清朝对外贸易的封闭与限制性还体现在对外贸易的管理上。江、浙、闽、粤四大海关统一管理本省各口岸对外贸易，贯彻了严格管理海外贸易的政策。海关的职能之一是监管进出口商人、商船以及货物，贯彻政府对商人出海贸易的限制、对通商口岸的停闭和限制、对出口商品的禁止和限制的各项政策法规。另外，海关还承担了征收关税的任务，包括船舶税、货税和附加税。各类附加税项目繁多、税额高昂，成为贸易规模扩大的一个阻碍。1758—1837 年，广州海关的关税增长指数远远快于贸易额的增长指数（见表 2 - 1）。

表 2-1　粤海关贸易总值统计表

年　代	关税（两）	指数	贸易总值（两）	指数
乾隆二十三年至三十二年（1758—1767 年）	4560913	100	288045650	100
乾隆三十三年至四十二年（1768—1777 年）	4655717	102	232785850	81
乾隆四十三年至五十二年（1778—1787 年）	7118031	156	355901050	124
乾隆五十三年至嘉庆二年（1788—1797 年）	10258066	225	512903300	178
嘉庆三年至十二年（1798—1807 年）	14510196	318	725509800	252
嘉庆十三年至二十二年（1808—1817 年）	13322172	282	666108600	231
嘉庆二十三年至道光七年（1818—1827 年）	14421003	316	721050150	259
道光八年至十七年（1828—1837 年）	15697281	344	784864050	272
合　计	84543379		4227168950	

资料来源：黄启臣．清代前期海外贸易的发展［J］．历史研究，1986（4）．

清朝贸易政策的封闭性还体现在对外国商人和本国商人的限制上。政府对外国商队、商船和商人作出的限制表现为：限制停泊港口、停泊距港口的距离以及停泊船只数量，对外国商人停留的时间和活动范围严格限制等。同时还有针对外商与国内交易对象的限制，外国商人只能与中国官方指定商人进行贸易，即专门从事对外贸易的行商组织，并且坚决禁止外商与内地商人有直接或间接的联系，也不允许外商和中国商人发生资金借贷关系。对国内商人海外贸易活动也有种种规定，如限制国内商人出海贸易，对其贸易资格进行严格审核，获取执照后商人才能出海，对出海船只、货物量、出海时间都有着严格标准。另外，则是对出口商品的品种和数量的限制。为加强对海外贸易的管理，清政府于 1686 年将商行分为“金丝行”和“洋货行”，后者是获得政府进出口经营许可的垄断商人，统称“十三行”。政府赋予了商行相当一部分权力，因此带有官商性质。商行具有代纳关税、代购代销、代办交涉、监督外商的职能，一方面充当了中外商人之间的媒介，联系着中外市场；另一方面也因其垄断性质阻碍了自由贸易。

清朝前期，中国与主要的陆路贸易对象——沙俄的贸易关系也是几经周折。沙俄东扩一方面给清朝带来了外部威胁，另一方面也使中俄两国发展成为邻国，边境贸易逐渐开展起来。1689 年，沙俄在黑龙江的扩张受到抵抗后，中俄签订了《尼布楚条约》，两国贸易合法化，规定两国人民持有护照即可贸易互市，中俄贸易日益繁荣，中俄贸易以边境贸易和俄国商队赴京互市为主要形式。到1728年两国签订《恰克图条约》，边境贸易逐渐取代俄国商队赴京成为主要贸易形式，中俄之间的贸易活动得到进一步发展。但之后两国的一系列冲突又导致清政府对沙俄贸易政策转向严格。

历史上，长期与中国关系友好的东亚、东南亚国家，如日本、朝鲜、暹罗、越南、缅甸、菲律宾等国，一直以来同中国的贸易发展顺利，贸易往来较为频繁。

随着中国和周边国家经济的发展以及世界大环境的变化，贸易商品结构、贸易形式也发生了较大变化。清王朝对出口商品有了更多的禁止和限制条令。中国出口商品主要有纺织品、生丝、陶瓷、茶叶、中草药、烟草、日用品、工艺品、景泰蓝、象牙、漆器、农具、食糖、金银、矿产品等①。对关乎政治利益的商品进行严格的出口管制，如火炮军器及其制造原料硫黄、焰硝和生铁，甚至颁布了“尺铁不准出洋”的禁令。其他限禁出口的商品还有粮食和金、银、铜、铅等金属，对这些商品的管控是出于政治因素的考虑，后来也成为对付西方殖民者的重要武器②。清政府对出口商品的管制如此严格，对进口却几乎没有限制，进口商品数量和种类繁多。也正是在这一时期，中国进口了大量的鸦片。鸦片战争前，英国是对华贸易总值最多的国家。英国社会对中国茶叶、纺织品的喜爱使英国大量的白银源源不断地流入中国，而中国国内经济建立在长期自给自足的基础之上，对进口消费品的购买力不足，使得中国处于出超地位。为扭转劣势，英国商人把鸦片带进中国荼毒百姓，给清政府带来了巨大的负面影响，也成为后来鸦片战争的导火索。随着鸦片进口的剧增，加上中国传统出口商品生产制造技术停滞不前，中国对外贸易也从出超逐渐转变为入超。鸦片的大量输入也是中国对外贸易逐渐没落的一个重要原因。

---

① 霍建国，等. 中国对外贸易史：上卷［M］. 北京：中国商务出版社，2015.

② 汪敬虞. 论清代前期的禁海闭关［J］. 中国社会经济史研究，1983（2）：4－16.

欧洲人越来越深入地影响着世界传统贸易格局，一方面严重破坏了中国正常的海外贸易秩序，另一方面也在清政府限制性的政策下在很大程度上推动了中国对外贸易规模和贸易商品总值的增长。雍正七年到乾隆二十一年（1729—1756 年）江、浙、闽、粤四海关的贸易商品流通量显示，除了江海关只有两年的数字，表现下降外，其他三海关贸易总值均呈增长趋势。以乾隆二十一年（1756 年）各海关的贸易总值为例，粤海关比雍正七年（1729 年）增长了 44%；闽海关比乾隆五年（1740 年）增长了 29%；浙海关比乾隆元年（1736 年）增长了 22%。尽管乾隆二十二年（1757 年）关闭广州以外各港口对海外贸易发展有阻碍作用，但中国海外贸易增长劲头也并未停滞，粤海关贸易规模不断扩大，海外贸易总额甚至超过了四海关同时开放的时期。从黄启臣整理的数据来看，乾隆二十三年（1758 年）到道光十七年（1837 年），粤海关贸易总额一直保持增长状态，贸易总值达到白银 42271868950 两，远远超过前代。

从抵御外敌的角度来看，明清时期的禁海闭关政策是有一定必要性的。在西方殖民者越来越嚣张的侵略行径下，对海外贸易的严格限制和管理有助于维护国家主权、巩固封建统治，对遏制殖民主义者的侵略扩张也有一定的约束效果。但是，从结果来看，一系列针对贸易的限制措施无法阻挡西方列强以种种不法行为推动世界经济联系日趋紧密的脚步。中国的封建统治者却持有保守思想，靠单纯的闭关策略拒侵略者于国门之外，而不是设法通过学习西方先进的科学文化思想以抵御外敌，最终导致中国无力抵抗西方列强的“坚船利炮”。

总体而言，古丝路的衰落是国家内部与外部政治经济因素相互影响、共同作用的结果。在我国封建经济与西方新兴资本主义经济的剧烈冲击下，中国未能摆脱经济发展的历史规律，持续领先于世界的大国地位遭到动摇，也在很长一段时间内丧失了与世界经济文化交流的主动权。经历了海上丝绸之路的低迷发展阶段之后，古丝绸之路终于走向终结，中国转而开始了一段屈辱的对外交往历史。鸦片战争后，西方列强用鸦片和大炮打开了中国的大门，中国逐渐沦为半殖民地半封建社会，对外贸易性质也发生了根本改变。活跃了2000年的丝绸之路最终走向衰落，作为丝绸之路贸易网的发源地，中国也不复往日荣光。在中外经济、政治形势等各种因素的作用下，中外外交关系、中国国际地位的发展随之发生了很大的改变。

第三节　鸦片战争后的中国与世界

随着陆上丝绸之路、海上丝绸之路相继衰落，取而代之的是由西方海上强国发起的一条自西向东的海上贸易航线，这条贸易通道给之后的中国社会、经济、文化以及世界格局演变带来了巨大的影响。

英国是世界上最早开始工业化的国家。18世纪后期，英国已经取得了显著的工业化进展。生产力的发展使英国急需扩大海外市场和获取工业原材料，以地大物博、物产丰富著称的中国成为英国最期待的合作伙伴。然而，虽然此时英国是中国最大的贸易对象，但是中国长期以来自给自足的自然经济加上传统出口商品依然具有极强的竞争力，英国工业品在中国的需求并不高，在两国的贸易关系中中国长期处于出超地位，扩大对华商品输出是英国的迫切需要。在试图以鸦片贸易扭转其劣势地位但被清朝政府抵制后，为了打开中国国门，英国最终发动了鸦片战争。自此以后，中国经历了100多年的半殖民地半封建社会，中国经济在极大程度上受西方资本主义国家的控制，中国同其他国家的经济联系也发生了巨大变化。

一、鸦片战争至甲午战争时期

1840年鸦片战争后，中国被迫与西方列强签下了一系列不平等条约，在西方列强的军事侵略和武力威胁下，清政府沦为其攫取政治、经济特权的统治工具。中英签下近代史上第一个不平等条约——《南京条约》后，德、俄、法、美、日、意、奥等国也趁机侵犯中国，迫使中国先后签下《天津条约》《北京条约》《马关条约》《辛丑条约》等不平等条约，西方列强得以在中国享受条约特权，开展经济活动。这些不平等规定具体体现在强迫中国开放通商口岸、中外协定关税制度、外籍税务司制度，以及领事裁判权制度等。

鸦片战争之前，中国只有广州一处通商口岸，这远不能满足西方列强的扩张需求，于是就产生了在不平等条约规定下被迫开放的通商口岸。第一次鸦片战争后中英签下《南京条约》，规定中国开放广州、福州、厦门、宁波、上海五处港口。第二次鸦片战争后，中国同英、法签下《天津条约》，又增开牛庄（后改为营口）、登州（后改为烟台）、台湾（台南）、淡水、潮州（后改为汕头）、琼州，及沿江的汉口、九江、南京、镇江为通商口岸。1860 年《北京条约》新增天津为开放商埠，1876 年中英《烟台条约》规定开设宜昌、芜湖、温州、北海四处通商口岸，1890 年中英《新订烟台条约续增专条》又开放了重庆。中国被迫开放的地区从东南沿海扩展到北部沿海、内陆沿江地区。此外，还有一些条约规定开放中国内陆边疆口岸，如广西龙州、云南蒙自、西藏亚东、伊犁、塔尔巴哈台（今新疆塔城）、喀什噶尔（今新疆喀什）、库伦（今蒙古国乌兰巴托）、吐鲁番、哈密、乌鲁木齐、古城、乌里雅苏台（今蒙古国布哈兰图）和肃州（今甘肃嘉峪关）。到甲午战争之前，中国被迫开放商埠 35 处，遍布沿海、沿江、内陆城镇，分布在全国 18 个省份，中国地域开放自主权被极大剥夺。另外，西方列强还在这些通商口岸或其他地区划出一部分土地直接管理，并且享有行政、司法权，完全脱离中国政府的控制①。

不平等条约中的协定关税制度和外籍税务司制度进一步剥夺了中国进出口管理的自主权。协定关税制度是针对中国的片面协定，即中国关税税率多少、如何修订关税、关税支配权、减免税商品范围等都需经过与外商协商，而中国在其他国家却不享有同样的特权。通过剥夺中国关税自主权，西方列强得以进一步打开中国市场，中国关税逐渐丧失了其保护本国经济的作用，同时也损失了大量经济利益。外籍税务司制度将中国的海关行政、任职任免、业务管理等海关行政管理权赋予外国人所有，中国海关

① 霍建国，等. 中国对外贸易史：中卷[M]. 北京：中国商务出版社，2015.

行政主权被剥夺。西方列强通过制定有利于各自国家的一系列政策，使中国对外贸易沦为适应西方列强经济发展需要的工具。

西方列强在华的领事裁判权规定外国商人可以不受中国法律约束，破坏了中国的司法权。由于西方商人在华的行为可以受到保护，使得他们更加肆无忌惮地从事违法贸易活动，使中国商品、中国商人在市场中处于不平等地位，给中国社会经济发展带来了极大的不利影响。

上述种种不平等规定使中国的对外贸易被纳入世界资本主义体系之中，受西方国家的利益主导，对外贸易呈现出半殖民地性质。通商口岸和租界制度使中国国家主权和领土完整遭到严重破坏，列强势力进一步扩张到中国社会经济，操纵中国的对外贸易。

在列强的武力威慑下，清朝统治者也不得不改变以往严格限制的对外贸易政策。鸦片战争后，外商获得了在华通商口岸自由贸易的权利，又有以上不平等条款的限制，中国政府无法管理和控制外国商人、商品、商品价格和贸易方式，极大地便利了西方在华商品输入，中国成为西方人倾销商品的市场。同时，外商走私、非法投资等违法犯罪行为一度猖獗，鸦片贸易也终于合法化，中国传统的社会经济受到极大冲击。

面对严峻的民族危机形势，中国的一些先进知识分子意识到了中国与西方在思想、军事、经济、科技等方面存在的差距，他们秉持“中学为体，西学为用”的思想，试图通过学习西方先进科学技术达到“自强”“求富”的目的，开启了近代中国的洋务运动。洋务运动通过利用外资、引进西方先进技术等方式兴办了一批民族企业，促进中国民族资本主义的产生与发展，在一定程度上起到了阻碍西方资本主义入侵的作用。另外，洋务运动也启发了中国思想文化变革，国人开创报刊、创办新式学堂、政府选派留学生赴西方学习，为中国自然科学、社会科学和人文科学发展起到了推动作用。

随着西方列强在中国逐渐获取更多的经济特权，他们可以更便利地开拓中国市场和掠夺资源，西方资本主义对中国对外贸易控制程度进一步加深并逐步开始了对华投资。首先，外国资本在华设立的洋行承担着中国进出口商业的业务，其势力得到迅速增长。早期洋行主要从事的是商业活动，鸦片战争后西方商人在华活动更加不受清政府控制，洋行的数量增多，规模逐渐扩大，其经营领域也发展到金融保险、交通运输、共用事业、房地产及工矿企业等各个领域①。与此同时，外国银行纷纷在华设立分支机构甚至把总行设立在中国，给中国金融业带来了重大影响。他们在华发行纸币、控制白银汇率、向中国政府贷款，操纵了中国的金融和外汇市场，谋取更大的在华利益，甚至控制了中国的经济命脉。其次，为了便利商业侵略活动，西方列强的势力深入运输、工矿、电信等部门，主要集中在航运、船舶修造、出口加工等行业②。外商纷纷在华开设纺织厂、卷烟厂、船厂、制糖等与进出口贸易息息相关的工业企业，还长期控制中国的煤矿生产权，是中国民族资本主义发展进程中的一大阻力。西方列强还控制了中国的陆路交通命脉，垄断了多条铁路的筑路权和经营权，中国铁路发展受到阻碍，也损失了大量铁路运营的利益。外国资本在华势力扩张使其对中国经济的影响逐渐加深，也保证了中国对外贸易及其相关行业受其操纵、为西方资本主义发展服务。

鸦片战争后，伴随着西方对中国控制程度的逐渐加深和国内外政治经济局势的变化，中国的进出口也发生了很大改变。一方面，中国被动地卷入世界资本主义市场，中外经济联系逐渐加强，西方逐步扩展其在华势力，进一步控制中国对外贸易，使中国处于不利地位。另一方面，中国商品价格渐渐融入国际商品价格体系中，对外贸易价格不再由国内供求状况决定，列强各国对中国对外贸易的控制促使中国贸易规模迅速增长。随着西方资本主义生产力的大大提高，其出口工业品价格逐年下跌，竞争力渐渐增强，中国传统手工业逐渐失去优势，对外贸易平衡状况发生逆转，国际收支状况转向贸易逆差，且逆差规模不断扩大。此时中国的主要贸易对象为英、美两国，与其他国家的贸易规模较小。

---

① 霍建国，等. 中国对外贸易史：中卷[M]. 北京：中国商务出版社，2015.

② 刘克祥，吴太昌. 中国近代经济史（1927—1937）[M]. 北京：人民出版社，2010.

中国进出口商品结构也发生了变化。从进口商品来看，19 世纪后半叶西方资本主义国家经历了新技术革命之后不仅使生产力大幅增加，其工业品也更加丰富多样，我国进口商品日益多样化。据海关统计，19 世纪 70 年代中期，上海口岸进口洋货达 180 多种，到 1894 年已增加至 580 多种，其他口岸这一时期进口商品品种也有较大幅度的增加。越来越多的西方日用品进入中国，如洋油、火柴、洋伞、肥皂、面粉、食糖、卷烟、蜡烛、纸张、染料等，反映出贸易领域和市场不断扩大①。在种类丰富的进口品中，鸦片和棉纺织品一直占主导地位。1884 年以前鸦片进口占中国进口总额的 1/3 ~ 1/2，之后棉纺织品超过鸦片成为中国第一大进口商品。此后，棉纺织品和鸦片在进口商品中的比重逐渐下降，但依旧占据中国进口总量的一半以上，其次是煤油、火柴、金属及矿砂、糖、米、面粉等产品。

中国的出口商品结构表现出工业品减少、农副产品和原材料增加的特点。西方生产力水平发展使其工业品在市场上更具有优势，中国传统手工业和加工制造业生产技术逐渐落后，以往中国最重要的出口产品如丝织品和茶叶的国际地位日渐衰落。此时，中国的主要出口商品以农副产品和原料为主，包括豆类、皮制品、毛类、猪鬃、蛋品、籽仁及油、烟叶等。这一时期的进出口产品结构反映出中国在世界贸易体系中的地位日渐衰落。

二、甲午战争以后（1895—1911 年）

中日甲午战争以中国失败而告终。中国与西方列强又签订了《马关条约》等一系列不平等条约，内容包括增开通商口岸、扩充租界建立殖民统治、扩大片面最惠国待遇、扩大外籍税务司权力，以及进一步侵夺中国内河航行权等，对中国主权和对外贸易的威胁再度加深。甲午战败引发了一系列国内政治和经济动荡，推动着中国近代化在复杂的国内外环境下艰难发展。西方资本主义的冲击加速了我国自然经济的解体，也使近代资本主义和工商业得到发展，为进出口贸易提供了市场和物质基础。另外，中国

---

① 刘克祥，吴太昌. 中国近代经济史（1927—1937）[M]. 北京：人民出版社，2010.

的自然经济根深蒂固，拖缓了贸易发展的进程。

《马关条约》使外商在华投资获得合法权，此后列强在华投资飞速增长。1902 年各国对华投资 15 亿美元，比战前增加了 3 ~6. 5 倍，直接投资所占比重达 65. 1% ，是这一时期外国在华主要投资方式①。西方列强在华投资领域甚广，凭借其侵略特权掠夺和经营工矿、运输业，并广泛投资于金融、贸易及其他工业行业。随着外国资本大规模进入并深入内地，中国自然经济加速解体，西方出口商品在华市场更为广阔，中国对外贸易规模迅速扩大，贸易额增长迅速。洋行势力越来越强大，中国进出口业务几乎被各大洋行垄断，对外贸易完全被西方列强控制。在西方列强的操纵下，我国商品进口增速远高于出口增速，对外贸易条件极其不利，到第一次世界大战前，中国贸易逆差规模一直保持扩大态势，国际收支状况持续恶化。

我国的进出口商品种类也更加丰富。主要进口商品仍然是消费品，最大宗的进口品是棉织品、鸦片、棉纱，以及其他杂项进口商品，进口量急速增长。生产资料占进口商品比重逐渐增加，但消费资料仍然占 80% 以上。出口商品结构基本维持在战前状态，传统大宗出口商品如丝织品、茶叶等在国际市场中的地位逐年下降，其他原料性农矿产品出口比重逐渐增加。中国的民族企业受到外商的极大制约，中国工业产品所占出口比重极小。

甲午战争之后，美、德、日等国实力日渐增长，与英国开展了对中国市场的激烈争夺，英国对中国市场的垄断地位逐渐被兴起的美、日取代。同时，中国对外贸易地区也从高度集中的华中、华南地区逐渐扩展到华北、东北，列强侵略中国的范围越来越广阔。

外族侵略让中国人意识到富强必须建立在经济和工商业基础之上，因此，清政府转变了中国自古以来“重农轻商”的思想，颁布了一系列鼓励工商与对外经贸的政策。首先，外商在华投资设厂及中外商品竞争实力差距逐渐拉大刺激了民间资本“振兴实业”与外商竞争。其次，在国内经济

① 霍建国，等. 中国对外贸易史：中卷[M]. 北京：中国商务出版社，2015.

实力不足的情况下，开始积极利用外资发展铁路、矿业、合资建厂等，学习西方先进的生产及管理技术。同时，一些有识之士也认识到开放的重要性，在他们的鼓动下，中国开始主动增开商埠、积极开放、鼓励出口贸易，对我国工商业和对外贸易发展起到了积极作用。

三、北洋政府时期（1912—1927 年）

1914 年第一次世界大战爆发后世界各国关系急剧恶化，世界贸易情况不容乐观。随着各国经济实力发展分化，世界经济格局也出现了巨大改变。欧洲资本主义国家经济遭到重创，美国和日本由于远离战场其经济得到进一步发展，国际地位日渐提高。

此时的中国结束了 2000 多年的封建帝制，加上欧洲列强暂时放松了对华侵略，给中国民族经济发展创造了有利空间，中国资本主义发展进入黄金时期。这一时期中国的统治机构为北洋政府。政府颁布了一系列有助工商业发展的政策措施，如“利用外资，振兴实业”、继续在内地增开商埠、鼓励进口替代和发展出口贸易，并积极争取关税自主、收回租界、废除领事裁判权。以上政策方针的实施推动了中国工业化进程，民族企业得到鼓励和发展，促进扩大了对外贸易规模，同时也削弱了列强对中国经贸的控制，为中国民族经济和对外贸易自主发展赢得了机会。

在北洋政府的政策鼓励下，外国在华投资进一步增长。一战期间欧洲国家暂时减缓了对华投资，英国虽仍是对华投资第一大来源国，但投资总额大大减少，取而代之的是经济实力日渐增强的日本和美国。1917 年和 1918 年，日本仅给北洋段祺瑞政府的“西原借款”就达到 1. 45 亿日元。1920 年，日本在华投资额已增长至 35190 万美元，成为第二大对华投资国家，同时，美国对华投资也增长到 9000 万美元①。另外，“利用外资、振兴实业”的政策鼓励使一大批中外合资企业兴起并得到迅速发展。

在政策环境、工业发展和欧洲列强放缓掠夺脚步等国内外因素的影响

① 霍建国，等. 中国对外贸易史：中卷[M]. 北京：中国商务出版社，2015.

下，中国对外贸易取得进一步发展。其一，贸易规模不断扩大，进出口总值从1912年的84362.2万关两[①]迅速扩大到1926年的198851.6万关两。其二，虽然此时国际收支仍处于逆差状态，但逆差额在一战时比前期已经大大降低。其三，随着中国轻工业的发展，进出口商品结构也发生了显著变化。在进口商品种类更加丰富的同时，进口消费品比重下降，生产资料进口比重加速上升。出口方面，一些中国工业制成品如棉织品、毛呢、水泥、面粉、电灯、纯碱、地毯等产品开始少量出口，但农矿产品仍占主导地位。

四、民国时期（1928—1949年）

（一）抗日战争之前的中国与世界

1929—1933年，资本主义世界正处于空前严重的大萧条时期，各主要资本主义国家经济遭到严重破坏，国际贸易普遍萎缩。西方资本主义国家一边想方设法把商品倾销到海外，争夺国际市场，一边提高贸易壁垒，实行贸易保护政策，经济危机波及更大的范围，使落后的殖民地、半殖民地国家对外贸易遭到重创。在此情形下，1931年日本帝国主义发动“九一八事变”，中国社会安全与民族企业发展再受冲击，经济出现衰退，对外贸易状况不容乐观。

在国内，国民政府重新统一中国后逐渐加强了对金融业、工矿企业和基础产业的控制。国家资本垄断不断强化，一方面有利于集中资源发展关系国民经济命脉的行业；另一方面也制约了民营企业的发展空间。总的来说，经历了四五十年的工业化之后，近代中国工业已有所发展。1894—1936年，工业资本从4954万元增长到246502万元，增加了241248万元，年均增长率为9.75%[②]。不过与同期其他国家相比还有很大差距，中国工业基础仍十分薄弱，工业化水平极低且轻工业产值在工业总产值中占很大比重。

---

① 海关两（关平两），清朝中后期海关使用的一种记账货币单位。

② 刘克祥，吴太昌．中国近代经济史（1927—1937）［M］．北京：人民出版社，2010.

对外，中国人民进行着顽强的反帝和争取独立自主权斗争。经过国民政府的长期不懈努力，中国逐渐恢复了关税自主权和海关行政管理权，并取消了外国领事裁判权和治外法权，大大削弱了列强对中国经贸的控制。国民政府实行的国定关税政策，对本国进出口贸易起到了积极作用，但由于受到列强势力的很大制约，对民族企业的保护作用收效甚微。与此同时，国民政府还设立工商访问局、国际贸易局、进出口商品检验局等涉及对外贸易的行政管理机构，并制定了一系列抵制洋货倾销和鼓励民族企业发展的法律法规，积极推动对外贸易和国民经济发展。

虽然此时我国恢复了一定的对外贸易主权，但受到世界经济危机和日本侵略的影响，进出口贸易均受到不利影响。据统计，1929—1936 年，中国出口量年均下降 2.4%，进口量年均下降 8%①。受进口税率提高的影响，此时中国进口商品中消费品比重逐渐下降，而工业化的推进使工业品进口逐渐增加。出口方面，丝及茶叶受到日本、印度等国强有力的竞争，出口量大幅下降，此时日本已经超过中国成为世界最大的生丝出口国，豆油类产品成为中国最主要的出口产品。另外，一些来料加工贸易也有所发展。总体来看，这一时期中国各进出口商品比重有所变动，工业品出口有所起色，但仍保持以往的进口消费品、出口原料性产品的状况。此时，中国的对外贸易伙伴以日本、美国、英国、德国为主。

中国国际贸易逆差规模继续扩大。1932 年贸易逆差突破 4 亿关两，1933 年逆差达 4.596 亿关两，之后仍在继续扩大。据统计，1895—1936 年我国累计逆差约有 70 亿关两。海外华侨汇款成为弥补这一巨额逆差的主要来源，但华侨汇款受多方因素的影响，具有不稳定性和脆弱性②。此外，受世界经济危机影响，这一时期外国在华投资规模大幅下降，且中国还欠下大量战争赔款，国际收支状况十分严峻。

---

① 霍建国，等. 中国对外贸易史：中卷[M]. 北京：中国商务出版社，2015.

② 刘克祥，吴太昌. 中国近代经济史（1927—1937）[M]. 北京：人民出版社，2010.

（二）抗日战争时期

1937 年日本发动全面侵华战争后，社会经济发展与对外贸易再次受到严重打击。中日战争中，华北、华东、华中、华南相继沦陷，国民政府统治区域缩小至西南、西北及华中、华南部分地区，这些地区普遍工业基础薄弱、经济落后，不利于发展对外贸易。日本控制范围逐渐扩大至过去西方列强的半殖民地，并控制了大量民营企业、外国投资企业，包括沦陷区的对外贸易。

抗战时期，国民政府在其统治区域实行战时对外贸易统制，加强对国民经济的垄断。统制政策包括：垄断农副矿产品及军需物资进出口，同时允许私营商人经营非统制商品；开展易货偿债贸易；实行外汇和商品管制。统制政策对抗战起到很大的支援作用，并在一定程度上促进了国内进出口贸易的开展。

受国内外战争摧残的影响，抗战时期中国经济发展受到严重阻碍，对外贸易规模急剧萎缩，出口商品数量和种类大量减少。1938—1941 年，出口额从 5925 万美元持续减少到 1997 万美元，直到太平洋战争后出口额才有所回升。由于国统区生产规模远小于需求，进口额扩大且远远超过出口额，1936—1941 年一直保持巨额逆差并日渐增长。日军占领的沦陷区贸易额远超国统区，约占中国对外贸易的 1/4。然而受到日本的掠夺，经济衰退严重，沿海贸易发达的地区此时贸易量大大降低。沦陷区贸易也呈连年逆差状态，1938 年贸易逆差额 7653 万美元，1941 年已增长至 3. 3 亿美元。太平洋战争后沦陷区进出口贸易均大幅下降，但仍然维持逆差局面。

抗战时期中国进出口商品结构发生显著变化。进口商品中制成品比重下降，生产原材料进口大量增加。出口品中工业制成品出口比重上升，原料性商品比重有所下降，但依然是主要出口商品。这一时期，中国的主要贸易对象是苏联、美国、英国、德国。

（三）抗日战争胜利后

抗日战争结束后中国又爆发了全面内战，给饱受摧残的国内经济再次重击，对外贸易发展遭到进一步破坏。

抗战后国民政府依旧实行贸易管制。国家垄断行业范围进一步扩大，除有关国民经济命脉的行业之外，还涉及机械、电子、建筑材料、化工、糖、纸业、纺织业等行业，民营企业在这种环境下难以生存。同时，继续实施商品及外汇管制政策，制约民族经济发展。另外，国民政府的垄断说明中国对外贸易受外国势力控制的境况有极大改善，有利于恢复国民经济。

此时的商品进出口结构发生了很大改变。联合国善后救济总署和美国对华援助了大量救济物资，主要是生活必需品和工农业生产原料和设备，在中国进口贸易中占1/3左右。在商业性进口商品中，制成品占进口总额比重回升，占有绝对优势。同时，制成品在出口贸易中的份额也迅速增长，原料性商品出口大幅下降。

二战后，美国凭借其经济实力和先进生产力，以各种名义向中国倾销商品，控制了中国市场，同时，中国商品对美国出口增长明显，美国成为我国最大的贸易伙伴。另外，东南亚和中国香港也逐渐成为中国对外贸易的主要对象。

总体来看，中国近代对外经贸发生了根本性变化。一是贸易性质。中国古代海外贸易是政治外交和经济交往相结合的和平、友善、互利的交流活动，为东西方文化交流和人类文明进步做出了卓越贡献。而近代贸易则是中国被动卷入世界资本主义市场，西方资本主义或帝国主义对华的资本输入和经济掠夺，是带有浓厚殖民性质的对外贸易。中国近代经济和对外交往发展以西方国家需求为导向，在列强的控制下曲折发展。二是对外贸易主动权。古时朝代更迭，对外经贸活动发展时有变化，但主动权牢牢掌握在统治者手中。然而西方列强的暴力行径严重侵犯了中国主权，中国国民经济与对外贸易发展备受摧残。三是贸易形式。近代以前中外贸易以高附加值的手工业品和特色农产品为主，中国最具有竞争优势的大宗出口产品为丝织品、茶叶和瓷器。随着世界工业化的发展，进出口商品种类更丰富、规模更大，且出现了外国在华投资，对外经贸活动对国民经济的影响范围逐步扩大，与国家安全和人民生活息息相关。四是贸易结果。近代以来，中国落后于西方科技、制度、文化等方面，也促使中国传统出口商品在国际市场上的竞争力减弱，对西方工业品需求增加，一改近代以前的贸易顺差局势。五是贸易地理方向。丝绸之路时期我国主要与中亚、南亚、东南亚、日本、朝鲜半岛进行经贸往来，并同欧洲开展间接贸易。近代则是西方列强主导下的贸易，其中，英、日、美在中国对外贸易中占据主导地位。

近代中国在世界体系中长期处于被殖民、被剥削的地位，这一状况一直到新中国成立才终结。尽管如此，这一时期的中国以及其他一些被殖民国家无疑是资本主义国家工业化进程中的重要推动力量，对世界发展起到的积极作用不可忽视。与此同时，我国得以接受西方先进技术、思想，促进了中国近代化进程。另外，长期以来被压迫的苦难给予了我们警示，经济上受剥削、国家主权和领土完整受侵犯无不提醒国人自立自强。国家强大不止于自给自足，以开放的心态面向世界、以和平的方式共同发展才是促进中国乃至整个世界进步的最终途径。

第三章　20 世纪后半叶的中国与世界

第一节　社会主义计划经济时期的中国与世界

1949—1978 年，是我国实行计划经济的时期。新中国成立初期，中苏友好是这一时期中国与世界联系的主要特征。然而，20 世纪 60 年代中苏关系恶化，西方国家对我国进行经济封锁和外交孤立，迫使中国选择内向型经济发展战略。中国与世界基本上处于隔绝状态，对外贸易由中央政府统一管理，对外贸易量极小。贸易以引进机械设备等生产资料为主，目的是建立工业体系，替代进口，即实施进口替代战略。

一、中苏关系

新中国成立之时，国际社会已经形成了美苏两大阵营，中国选择了“一边倒”向苏联的外交政策。中国与苏联签署了为期 30 年的《中苏友好互助同盟条约》等多项协定，由此开创了中苏两国在政治、经济、军事上全面合作的新时期。

苏联通过提供低息贷款、援建重点项目、发展双边贸易、开办合股公司、提供技术资料、派遣苏联专家、培养中国专家和协助编制经济计划等方式和途径对新中国进行援助。在苏联专家的指导下，新中国建立了计划经济体制。为帮助中国发展工业，苏联向中国提供了 3 亿美元的低息贷款，以购买苏联的机械设备。在新疆地区，两国共同建立了中苏石油股份公司和有色金属股份公司，为两国经济发展提供能源和基础矿产品。为发展我国航空业，中苏签订了共同创办民用航空公司的协定，开通了从北京到苏联多个城市的航线，在促进我国航空事业发展的同时，便利了两国经济文化交流。在接受了苏联大量无私、系统的财力、物力和技术援助后，我国的国民经济和生产生活获得了快速恢复，继而建立起了高度集中的计划经济体制和比较完整的工业体系，为国家日后大规模的经济文化建设打下了良好的基础。

1957 年之后，苏联大国沙文主义和民族利己主义日益膨胀，试图强迫中国将自己的外交政策纳入苏联全球战略的蓝图之下，开始不断对中国施加政治、经济、军事等方面的压力。其结果直接导致中苏两国在意识形态方面产生的分歧越来越大，并引起国际共产主义运动大论战，双方最终走向决裂。1960 年 7 月，苏联政府突然照会中国政府，决定召回全部在华专家，废除两国经济技术合作的各项协议，受其影响，部分东欧社会主义国家也停止了对中国的成套技术设备的供应。在此情况下，中国政府开始把引进成套技术设备的来源地转向西方发达国家。

中苏双边贸易随着中苏关系的变化呈现出前高后低的趋势（见图 3－1）。从 1950 年开始，中苏贸易额开始逐渐上升，到 1959 年达到峰值。1960 年和 1961 年，双边贸易额急剧下降，恢复到 1950 年的水平。在双边贸易中，中国的进口额高于出口额，体现了从苏联引进技术设备等进口需求以及我国出口能力不足的特征。

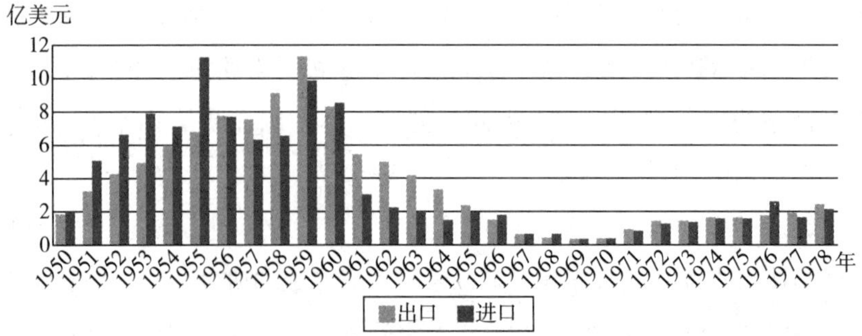

图 3－1　计划经济时期中国与苏联贸易额

资料来源：国家统计局。

二、中美关系

新中国成立后，美国对华采取孤立、封锁、包围的敌视政策，中美两个大国之间长期处于相互敌对的非正常状态，并一度在朝鲜兵戎相见，在越南间接作战，在台湾海峡武装对峙。事实证明，中美之间长期对抗，不仅不利于中美两国人民的根本利益，而且有害于世界和平与地区稳定。

中美关系解冻始于 20 世纪 60 年代末期。60 年代，中苏冲突的发展为中美和解提供了历史契机。从 1965 年起，中苏边界问题日显突出，使中国对苏联扩张野心的担忧大大增加，也使美国进一步认识到同中国改善关系的现实可能性大大增加。中美两国最高领导人几乎同时意识到，为了对付苏联的威胁，需要借助对方的力量。

1969 年，尼克松入主白宫，开始调整对华政策，并采取了一系列积极行动。2 月 1 日，尼克松在给新任国家安全事务助理基辛格的备忘录中说："我认为，我们应该对下述态度给予一切鼓励，即本政府正在试探重新与中国人接触的可能性。" 12 月起，尼克松下令美国第七舰队减少在台湾海峡的活动。1970 年 2 月，尼克松在外交政策年度报告中公开表示了同中国"改善关系的愿望"。接下来，美国采取了一系列行动，逐渐放宽去中国旅行的限制，放宽对华贸易管制，不再反对中国加入联合国，取消禁止在国外的美国石油公司给装载非战略物资运往或运出中国的船只加油的禁令。为了与中国政府建立直接联系，美国通过巴基斯坦转告中国，美国认为美中和解"十分重要"，美国绝不会与苏联合谋反对中国，并愿派高级使节秘密访问北京。

美国对华政策的调整，促使中国领导人重新考虑对外战略布局。尼克松入主白宫前，曾于 1967 年在《外交》季刊上发表《越南战争后的亚洲》一文，毛泽东即意识到尼克松上台后有可能会改变对华政策。尼克松大选获胜后，中美双方即开始恢复唯一的沟通渠道——大使级会谈。随着中苏关系的紧张和"珍宝岛事件"的爆发，我国加紧研究对美战略问题。最终形成的结论是尽快打破中美之间的僵局，恢复中美会谈。1970 年 1 月，中美大使级会谈在华沙恢复。

1971 年是中美关系实现历史性突破的一年。2 月 25 日，尼克松在他的第二份外交政策年度报告中指出，美国将“准备同北京认真对话”。他在报告中使用了“中华人民共和国”的提法，这是美国第一次在官方文件中使用这一名称，意味着美国开始正视中华人民共和国的存在。3 月 15 日，美国国务院取消对持有美国护照去华旅行的一切限制。4 月，美国乒乓球队应邀访华，受到中国政府和中国人民的热烈欢迎。这一被毛泽东称为“小球转动大球”的重大事件，在国际上引起轰动，极大地推动了正在发生重大变化的中美关系，周恩来总理称赞它“打开了中美两国人民友好往来的大门”。4 月 16 日，尼克松发表演讲称：“本届政府和下届政府的长远目标必须做两件事：一、使美国政府和中华人民共和国政府之间的关系正常化；二、使大陆中国与世界隔绝的状态结束。”

形势的发展表明，中美两国高级领导人直接会晤商谈的时机已经成熟。1971 年 4 月，周恩来邀请尼克松访华。5 月，尼克松表示接受邀请，并安排美国国家安全事务助理基辛格 7 月访华。基辛格 10 月第二次访华，为尼克松访华作具体安排。

1972 年 2 月 9 日，在尼克松访华前，美国政府又发表了第三份外交政策年度报告，宣称美国同中国的任务是“寻求能开始建设美中分歧的途径”“改善两国之间的关系”。2 月 14 日，美国进一步放宽对华贸易管制，规定所有可向苏联和东欧国家出售的商品同样可向中国出售，从而使美中贸易取得了与美苏贸易同等的待遇。2 月 21 日，尼克松抵达北京，对中国进行了为期一周的访问，这是历史上第一位美国现职总统访问中国。访问期间，尼克松会见了毛泽东并同中国领导人就中美关系正常化和双方共同关心的国际问题交换了意见。2 月 28 日，双方发表了著名的《上海联合公报》。双方在公报中声明：“任何一方都不应该在亚洲太平洋地区谋求霸权，每一方都反对任何其他国家或国家集团建立这种霸权的努力。”这一声明表明了中美两国反对其他国家推行扩张主义的共同立场，正是这种共同立场为当时中美两国实现和解以及后来中美关系的继续发展奠定了基础。

尼克松访华后，中美双边关系取得了一系列新的进展。两国经贸、文化、科技往来有了增长。两国通过纽约中国驻联合国代表团的直接接触也增加了。1973 年 2 月，基辛格第五次访华，双方就中美关系以及越南战争后的国际形势交换了意见，并达成了在对方首都互设联络处的协议。

尼克松之后，美国继任总统福特表示要继续执行尼克松的对华政策，并在自己任期内实现美中关系正常化。1974 年 11 月，福特派遣基辛格访华，此次访华的主要任务是讨论台湾问题。在台湾问题上，中国坚持中美关系正常化要以“三原则”为前提，即美国必须同台湾当局断绝“外交关系”，废除同台湾所谓的“共同防御条约”和从台湾撤出一切军事力量。但由于美国不能同意“三原则”，中美关系正常化无法实现。

1977 年，卡特入主白宫，就任美国第 39 届总统。此时中国已结束“文化大革命”，开始重提“四个现代化”的战略目标，准备大量引进西方的先进技术和设备，这对美国无疑具有极大的吸引力，美国决心通过实现美中关系正常化来打开中国巨大的市场。1977 年 8 月，美国国务卿万斯访华，继续讨论台湾问题，中国仍然坚持“三原则”，谈判不能达成一致意见。

1978 年，中美关系正常化出现了新的转机。由于苏联势力在第三世界的渗透不断加强，迫使美国调整政策，中国因素在美国对外战略中的地位开始上升。美国商界也开始意识到中国市场的重要性，纷纷要求政府加快美中关系正常化的步伐。1978 年 4 月，卡特宣布，美国承认“一个中国”的概念，同中国建立正式外交关系符合美国的最大利益。5 月，美国总统国家安全事务助理布热津斯基访华。此次访华，美方表示接受中国的“三原则”，并建议双方立即开始正常化问题的谈判。这样，中美之间的“台湾问题”就解决了，中国随即表示同意开始中美关系正常化的谈判。12 月 15 日，中美双方同时发表联合公报，宣布自 1979 年 1 月 1 日起互相承认并建立外交关系。至此，长达近 10 年的中美关系正常化进程终于画上了句号。

1979 年，时任副总理的邓小平应邀对美国进行了正式友好访问。这是中华人民共和国成立后中国领导人第一次访美，受到美国政府和各界人士的隆重接待。总统卡特破例以接待国家元首的礼仪规格接待了邓小平。出访前夕，邓小平会见了来访的 27 位美国记者，阐述了他即将访美的目的。他说，“为了实现‘四个现代化’，我们愿意同科学技术、工农业比较发达的国家进行合作”，“我们同美国达成协议，实现两国外交关系正常化，双方都是从全球角度上来考虑问题的”，“这次去美国访问，这是我至少几年来的愿望。我去的目的是要了解美国，向美国的一切先进东西学习，去同美国政治家，特别是同卡特总统，就我们双方关心的一切问题交换意见”。

访问期间，邓小平在华盛顿同卡特总统举行了会谈，还同美国国会议员、州长、市长，以及经济、工业、商业、文化、教育等各界人士进行了广泛的接触，参观了福特汽车公司的装配厂、林登·约翰逊航天中心、波音飞机公司装配厂等，并接受了费城坦普尔大学名誉法学博士学位。访问期间，中美双方签订了一系列协议，包括科技合作和文化协定，教育、商业合作协议，建立领事关系的协议等，这是中美关系正常化后两国友好合作取得的第一批成果。

邓小平的这次访美对中国经济具有重大的意义，为我国争取了 30 年友好稳定的外部环境，使得中国经济实现了腾飞。

三、进口替代战略

我国虽从未明确提出过实行进口替代或出口导向的外贸战略，但从实际情况来看，我国从新中国成立到改革开放前基本上是实行了进口替代的外贸战略（或工业化战略），替代了许多工业品的进口，建立起以重化工业为骨干的较为完整的工业体系，这一战略的实施在奠定我国国民经济基础方面起到过巨大作用。

进口替代的原本定义是一国通过建立和发展本国工业，以本国生产的产品替代国内市场上的进口商品，其经济发展和工业化进程主要是由国内市场来推动的经济发展战略模式。潘恩琦（1986）进一步剖析了进口替代的内涵。他指出，那种把进口替代仅仅理解为“用本国生产的工业制成品代替同类进口商品”的认识，只注意了商品生产对商品流通的作用，而忽视了商品流通对商品生产能动的反作用，因而在理论上是片面的。在马克思关于流通过程对社会经济发展的巨大推动作用的基本原理指导下，进口替代的具体化是指，根据比较利益原则，通过进口引进新产品（包括技术、附加设备及消费品），使我们的生产在较高的起点上前进，从而不仅提高这种产品的生产能力，而且提高其生产的技术水平。随着生产水平的提高，一方面原有旧产品被新产品所代替，另一方面这种新产品的进口逐步减少。

计划经济时期的进口替代战略主要表现为实行统制对外贸易。统制对外贸易，是指对外贸易由国家统一管理、控制和调节。对外经营的进口经营权被授予十几个国家级的外贸专业总公司及所属口岸分公司。对内经营则实行出口收购制和进口调拨制，即出口由外贸企业向出口商品的生产者用买断的方式洽购出口商品，再由外贸企业转售给国外客户的出口贸易方式。进口调拨制，即由外贸部门进口商品，由政府统一调拨，大部分商品的调拨价不仅低于进口价格，甚至低于国内议价，盈亏由国家统负。

这一时期的进口替代战略具有以下几个特点：①缺乏国内市场机制。过分依赖行政措施和指令性办法来实行进口替代，压缩进口，抑制国内需求，需求减少使得部分替代免除，同时也抑制了需求对供给的促进作用，这种办法实际上并不能完全替代进口。②缺乏国际市场竞争机制。限制进口而国内生产又尚未发展起来，形成市场空缺，替代品没有国际竞争的压力，因而其有一种惰性，始终无法超越被替代品的“生命发展阶段”。这导致出口品没有国际竞争力，创汇困难。而进口机械设备又需要巨额外汇，因此经常出现外汇短缺。

在外汇短缺的情况下，为维持经济的增长和进口替代战略的实施，吸引外国直接投资和借用国外贷款是最为常用的手段。但是，实施进口替代战略，本国币值高估，对出口不利，为了鼓励出口，政府进行财政补贴，结果形成：一方面，在外汇短缺的情况下，为维持经济增长，大量吸引外资，造成外债偿还负担重，更加剧了外汇短缺的矛盾；另一方面，外债的增多，迫使政府鼓励出口，换取偿债所需外汇，财政补贴因此大量增加，赤字财政不可避免，多发货币又造成通货膨胀。结果，既破坏了经济的正常运转，最终抑制了经济的增长，又阻碍了出口的增加。这一相叠的内外恶性循环，就是“进口替代陷阱”造成的最终经济状况。

在进口替代战略的指引下，这一时期我国对外贸易的原则是“调节余缺，互通有无”，即把外贸仅仅看作流通领域里相互调剂余缺的手段，忽略了对外贸易在整个国民经济发展中的促进作用。中国产品远销国际市场的能力十分有限，由于进口替代产品主要供应国内市场，就不能更多地获得参加国际分工和国际交换所带来的“乘数效应”，使国民经济难以走向循环。结果导致：①外汇短缺越来越严重；②生产力水平与发达国家的差距越来越大。

与进口替代相适应，我国产业结构的显著特征是跨过劳动密集型轻纺出口替代直接进入资本密集型全面重化进口替代。这种结构呈现出一种封闭式、内向型的产业结构。结构置换表现出一种缓慢、渐变、相对超稳定的态势。它以农、轻、重为序，在国民经济体系内自我服务，各自实现产品价值，以保持结构的独立完整。实际上，是要建立一个以自给自足为主导方向的封闭结构。它首先考虑的是如何不受或少受外界因素的干扰，形成自我循环。至于如何参与国际分工并利用这一分工的好处则被放在附属地位，人为地割断了我国经济与世界经济体系的自然联系，以致难以适应国际市场的需要，难以充分发挥我国劳动力资源丰富的优势。

四、计划经济时期的对外贸易

图3－2显示了计划经济时期我国的对外贸易额。新中国成立之初（1950年），我国的进出口总额为11.3亿美元。之后缓慢增长，到1972年贸易总额达到62亿美元。贸易的发展远远落后于经济增长，1950—1972年贸易占国内生产总值的比重从10%降至5%。1972年，美国总统尼克松

访华，中美贸易恢复，中国的对外贸易额开始大幅上升。1973 年，我国贸易总额达到 109.8 亿美元，增长了近 1 倍。随后一直保持增长态势，到 1978 年，我国贸易总额达到 206.4 亿美元。这一时期的前 5 年，进口额大于出口额，以贸易逆差为主，之后大部分时间保持顺差状态。1972 年后，随着贸易总额的大幅增加，贸易差额亦逐渐增大，1978 年贸易逆差为 11.4 亿美元。总体而言，这一时期的贸易额不大，增长缓慢，在国内生产总值中的比重也从未超过 10%（见图 3－2）。

计划经济时期我国进口商品结构充分体现了优先发展重工业的产业政策（见表 3－1）。按照生产资料和生活资料分类的进口产品中，生产资料在进口额中占有绝对优势地位，1953 年占比为 92.1%，1959 年为 95.7%，之后下降到 60% 以上，1972 年后又恢复到 80% 左右。在生产资料内部，机械设备为主要进口商品，20 世纪 50 年代一直占 50% 以上的份额，之后下降到 20%～30%。与机械设备相对应，生产原料所占比例不断上升，从 35% 上升到 60%。进口生产原料以工业原料为主，农业生产物资所占份额一直在 10% 以下。由此可见，我国计划经济时期的进出口贸易以引进机械设备为主，同时配合进口工业原料，这两项构成了我国贸易的主体（见表 3－1）。

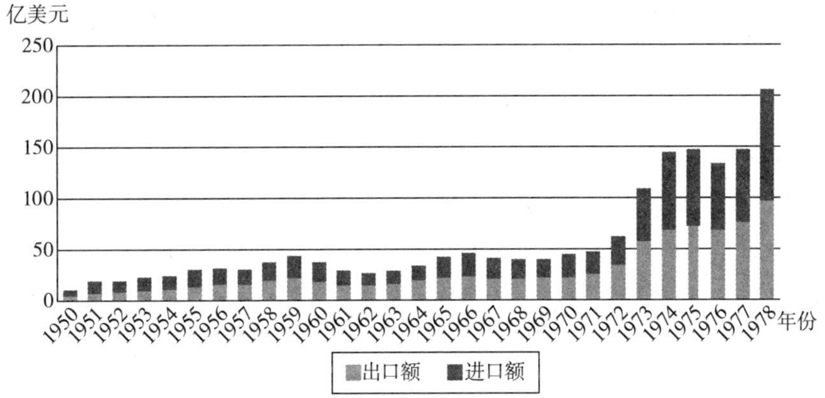

图 3－2　计划经济时期的贸易额

资料来源：国家统计局。

表 3－1　计划经济时期中国进口商品结构

单位：亿美元

年份	进口总额	生产资料								生活资料	
		金额	比重（%）	机械设备		生产原料				金额	比重（%）
				金额	比重（%）	工业原料		农业生产物资			
						金额	比重（%）	金额	比重（%）		
1953	13.46	12.4	92.1	7.62	56.6	4.53	33.7	0.25	1.8	1.06	7.9
1959	21.2	20.3	95.7	11.2	52.8	8.1	38.2	1	4.7	0.9	4.3
1961	14.45	8.95	61.9	3.3	22.8	4.98	34.5	0.67	4.6	5.5	38.1
1965	20.17	13.42	66.5	3.58	17.6	8.08	40.1	1.76	8.8	6.75	33.5
1972	28.58	22.7	79.4	5.57	19.5	14.62	51.1	2.51	8.8	5.88	20.6
1975	74.87	63.93	85.4	24.06	32.1	34.17	45.7	5.7	7.6	10.94	14.6

资料来源：《1984—1990 年中国对外经济贸易年鉴》。

总的来讲，1949—1978 年，我们与世界的联系前期以中苏关系为主，后期以中美关系为重。整体上对贸易的重要性认识不足，仅把它作为国民经济发展中调剂余缺的手段，奉行进口替代战略，倡导自力更生、坚持不依赖世界其他国家而独立发展的内向型发展战略。

第二节　改革开放后中国参与国际分工体系

从 1978 年开始，中国开始了波澜壮阔的改革开放实践，对内改革，对外开放，中国经济开启了高速增长模式。贸易政策由偏向保守的进口替代战略转为出口导向型战略，鼓励出口，重视出口对经济的拉动作用，我国对外贸易获得了飞速发展。在比较优势理论的指导下，通过发展加工贸易，发挥我国劳动力和土地资源的优势，逐渐参与到东亚和国际分工体系中。

一、改革开放后中国贸易政策的转变

改革开放前，中国的外贸政策以进口替代战略为主。改革开放伊始，

依然有支持进口替代战略的声音。然而，已经有学者注意到外贸对经济的重要性，提出在进行价值互换的过程中，要对对外贸易在其中的作用给予足够的重视，对外贸的理解需要从国民经济盈利性角度出发，不能将“调剂余缺，互通有无”的思想作为外贸的关键功能来看。

学术界从贸易理论中寻找对外开放的新思路，围绕“比较成本论”和“国际分工论”是否可以成为指导我国对外贸易实践的标准进行探索研究。针对当时有关社会制度姓“资”和姓“社”的大讨论，支持者认为比较成本理论并不是单纯为帝国主义服务，因此也就不能将此理论认定为是和我国社会主义制度不相容的。国际分工是经济发展的必然结果，是比较成本理论的核心，对于国际分工协作，社会主义国家也要正确对待。反对者提出，比较成本论和国际分工是与社会主义国家反剥削、反压迫的核心价值相违背的，与我国创建完整的国民经济体制的目标不相容。

20 世纪 80 年代中后期，人们将对外贸易发展战略与经济发展战略研究进行结合。从 1979 年开始，我国相继在深圳、珠海、厦门、汕头、海南、大连、秦皇岛、天津、烟台、青岛、连云港、南通、上海、宁波、温州、福州、广州、湛江、北海等地设立经济特区。1990 年，开始开发与开放上海浦东新区，对外开放迅速在全国推广。此时，全国范围内，外向型经济已经成为主导，出口导向型战略不断发展。自 1992 年党的十四大宣布我国要建立社会主义市场经济起，我国开始积极削减进口关税。1992 年年初，我国的平均进口关税为 42%；到 1994 年乌拉圭回合谈判期间，关税降到了 35%；在接下来的 3 年里，我国进口关税又减低了一半左右，到 1997 年年底，简单平均进口关税已降到 17% 左右。自此，我国开启了以关税减免为主要内容的贸易自由化进程。

90 年代后期，学界对外贸作用的认识更加深入，也更加科学。落后国家的外贸目标不能仅仅是取得比较利益，而是要注重“后发优势”，运用外贸促进本国工业体系的建设和技术进口。政府部门提出了“大经贸战略”，即以进出口贸易为基础，多种因素相互交流渗透、相互协调，以提高综合国力。面对亚洲经济危机的影响和波及，我国亟须对自身的经济结构进行调整，完成从劳动密集型产品到高新技术产品出口的转变。为完成这一目标，加快中国的经济建设，中国采取了“科技兴贸”这一战略方针。

二、改革开放后加工贸易的起步

1978年，党中央、国务院在分析了国内和国际形势后，大力鼓励发展“两头在外”“大进大出”的加工贸易，以充分发挥我国劳动力成本低的比较优势。深圳等经济特区成立之初强调引入来料加工、来件装配、来样加工和补偿贸易企业（“三来一补”），发展出口型加工工艺。中国以加工贸易方式使本国的加工能力和比较优势进入了全球专业分工的价值链，使得出口产品结构中的工业制成品占比不断提升。

事实上，中国有超过16种类型的加工贸易，其中最重要的两类是来料加工和进料加工。加工贸易都强调“大进大出、两头在外”，但来料加工要求“从哪里来、到哪里去”，即加工企业需要将所有产品出售给提供中间品的外国企业。从事进料加工的企业则可将最终产品出售给其他外国公司。中国加工贸易从开始的加工装配为主到来料加工和进料加工并重，再到以外商投资为主的进料加工，扮演着“世界加工厂”的角色，处在全球产业链的下游。

伴随着我国对外开放度的加大和外贸体制改革的深化，加工贸易业务从小到大，由食品、纺织品等少数简单品种发展到高技术、高附加值的电子、化工、机械等深加工产品。从事加工贸易的省份从广东、福建沿海扩大到内陆。业务往来从中国港澳地区发展到日本、西欧、北美地区。加工贸易的迅速崛起，大大丰富了我国对外经济交往的内容和形式，促进了经济发展。据统计，1980年，中国加工贸易进出口额只有16.7亿美元，占中国外贸商品进出口总额的比重仅为4.4%。20世纪80年代中后期开始，加工贸易的地位日益上升，到1999年，加工贸易额达1844.6亿美元，占外贸总额的51.1%（见图3－3）。

就我国而言，加工贸易的迅速发展过程也正是崛起为“世界工厂”的过程。一般认为，我国加工贸易的迅速发展主要得益于大量廉价的劳动力优势，这也体现出产品内分工条件下具有劳动密集型特征的加工制造环节的区位选择要求。数据表明，与西方发达国家相比，我国不仅劳动力价格低廉，而且土地等自然资源的价格也相当低，特别是各开发区在引资浪潮中竞相压价，进一步降低了外商实际支付的土地价格。

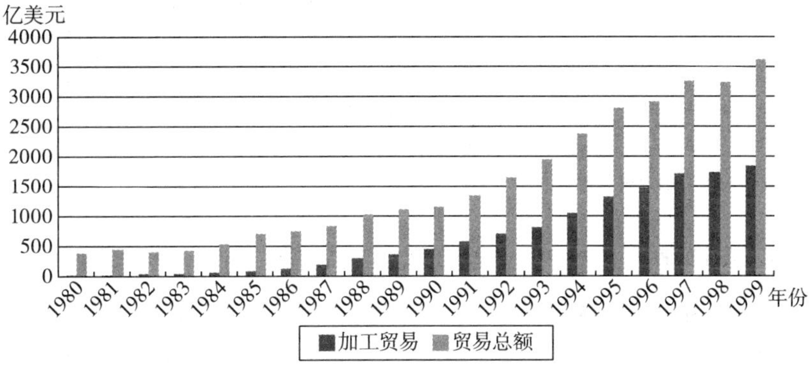

图 3－3　1980—1999 年中国的加工贸易

资料来源：国家统计局。

三、改革开放后中国对外贸易取得的进展

随着改革开放后我国贸易政策从进口替代逐渐转向出口导向型，我国贸易额开始呈现出逐年上升趋势（见图 3－4）。在改革开放前 10 年，进出口额增长缓慢。1980—1989 年，进出口总额从 381.4 亿美元增长至 1116.8 亿美元。1989 年后，进出口增长速度明显提升，出口增长尤为迅速。出口额从 1989 年的 525 亿美元增长到 1999 年的 1949 亿美元，10 年间增长了将近 4 倍。进口与出口同时起步，从 1989 年开始快速增长。1989—1994 年，进出口增长速度持平。1994 年之后，进口增长速度稍微落后于出口增速，进口曲线与出口曲线相分离。到 1999 年，进口额达到 1657 亿美元，进出口总额达到 3606 亿美元（见图 3－4）。

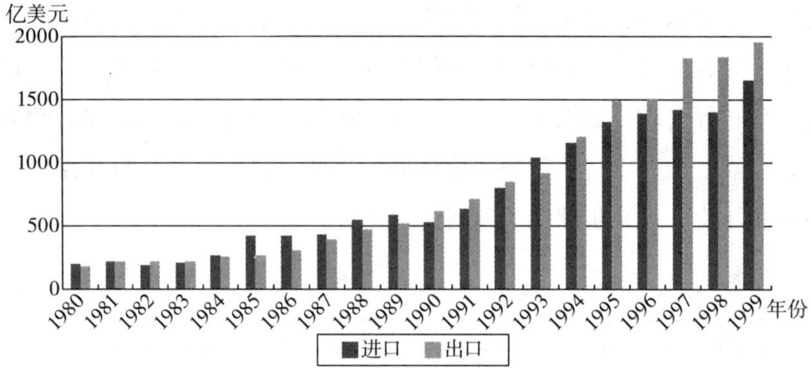

图3－4　改革开放后中国的进出口额

资料来源：国家统计局。

我国进口产品结构中，工业制成品从20世纪80年代初开始就超过了初级产品，随后差距越拉越大，主要因为初级产品的进口增长非常缓慢，而制成品进口在改革开放20年内持续增长，在进口总额中占有主导地位（见图3－5）。相较于进口，出口产品中制成品与初级产品拉开距离的时间要晚一些。1980—1985年，初级产品和制成品的出口额都很小，两者没有明显差别。从80年代中期开始，制成品的出口大幅上涨，一直持续到1999年，而初级产品的出口几乎没有增长。因此，20世纪80—90年代，我国出口和进口产品结构均呈现出初级产品所占比重下降、制成品所占比重上升的趋势（见图3－5）。

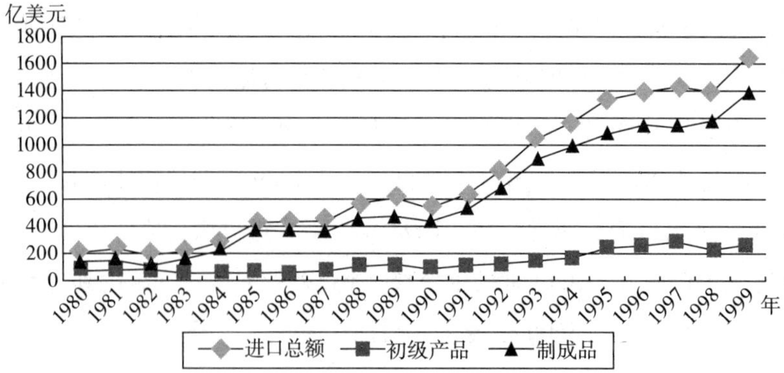

图3－5　改革开放后中国的进口产品结构

资料来源：国家统计局。

图 3 -6 显示了改革开放后我国的出口产品结构。20 世纪 80 年代，我国初级产品出口主要是石油和农副产品，石油出口额曾一度占出口总额的 1/4，是我国获取外汇的主要来源之一。1981—1989 年，我国原油及油品累计出口达 403. 41 亿美元。1990 年和 1991 年，随着国际油价的下跌，以及国内对石油和石化产品需求的增长，我国石油出口量略有下降，同时原油开始进口，并大力进口石化产品。我国制成品出口主要有三大类，即机电、纺织、轻工。尽管在这些出口产品中技术附加值高的产品不多，但它们在出口商品贸易中所占的比重却越来越大。其中机电产品“七五”（1986—1990 年）以来的年均增长速度达到 49. 2%，是机电、纺织、轻工三大出口创汇行业中出口增长最快的行业，大大超过了我国外贸出口总量年增长 17. 7% 的速度。1990 年，机电产品出口总额达到 120 亿美元，出口额在全国出口总额中所占比重达到 17%。此外，纺织行业也是我国主要的出口行业，1978—1989 年，纺织品出口总额由 24. 3 亿美元增加到 131. 1 亿美元，年平均增长率达到 16. 6%，超过同一时期全国外贸出口年均 16. 5% 的增长率。纺织品出口创汇总额在全国各类商品中名列第一，占全国总出口额的 1/4。这一时期我国成为世界十大纺织品出口国之一。轻工产品是我国外贸出口中重要的制成品。1978—1989 年，我国轻工产品的出口总额由 21. 64 亿美元增长到 91. 21 亿美元，平均每年增长 14%，其中“七五”期间的年增长率达到了 24%。轻工产品出口额占全国出口总额的比重也从 1985 年的 14% 上升到 1989 年的 17%（见图 3 -6）。

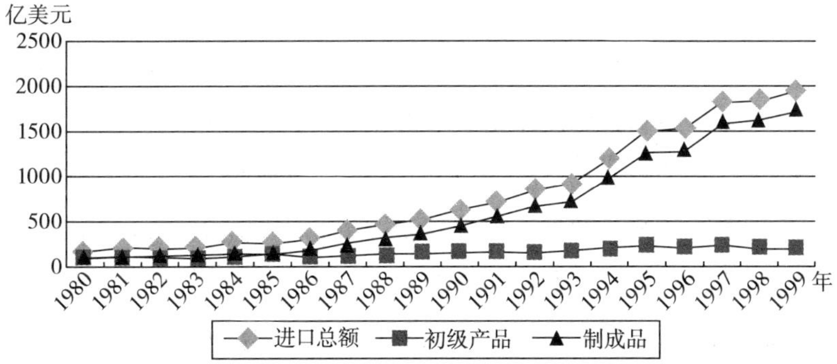

图 3 -6　改革开放后中国的出口产品结构

资料来源：国家统计局。

机电、纺织和轻工产品是改革开放后带动我国出口增长的第一批产品。以对日本的出口为例，在1991年的中日贸易中，我国对日本的制成品出口比重越来越大。据日本贸易振兴会统计，1991年日本从中国进口的金额比上年增加18%，达到142.2亿美元。在日本从中国进口的商品中，衣服、杂货和电机等增长34.8%，占整个进口金额的58%。粮食、饲料和蔬菜的进口也比上年增长27.1%，但是石油的进口却比上年减少18.4%。

20世纪80年代以后，我国基本实现了出口产品结构由初级产品为主向以工业制成品为主的转变，到1995年，工业制成品比重已占到出口总额的85%以上，初级产品与工业制成品的出口比已接近1∶6，与改革开放初期的1∶0.85相比，有了明显的改善，出口商品结构在一定程度上得到了优化。这种变化与我国实行经济体制改革、外贸体制改革和对外开放政策、调整产业结构以及积极参加国际分工和国际合作有着密切关系。但在制成品出口结构中，绝大部分是加工程度浅、产品档次低、用料多而附加值不高的劳动密集型产品。

四、通过加工贸易参与国际分工的深圳经验

深圳作为改革开放的“桥头堡”，通过发展加工贸易进入国际分工体系，其在促进传统加工贸易升级换代和实现国内产业配套方面积累了有益经验。

20世纪90年代中后期，深圳高新技术产业加工贸易取得突飞猛进的发展，加工出口高新技术产品份额大幅度上升，加工贸易产品增加价值明显上升。1998年高新技术产品出口额占加工贸易出口额的37.2%，占全市高新技术产品出口总额的95%以上，增值率达到54.95%。根据1999年1—7月深圳海关的统计数据，深圳高新技术产业加工贸易出口集中在计算机及其相关产品、信息通信、广播视听产品、光学仪器四个领域，四类产品的出口总额占高新技术产业加工贸易出口总额的96.25%，出口主要集中在美国、欧洲、中国香港、日本、新加坡等国家和地区。深圳已成为世界IT产业的一个加工基地，成为欧、美大公司高新技术产品配套生产的

场所。

深圳的企业通过发展加工贸易实现产业升级换代，探索出了一条对当今社会仍有借鉴意义的路径。以深圳开发科技股份有限公司为例，公司成立之初，外方以其技术和国际市场包销入股，其股权占 34%，从事硬盘磁头等高科技产品开发生产。企业采用加工贸易方式，外方负责提供开发磁头的国际先进技术，并承担外销全部产品。经过几年的发展，深圳开发科技公司的中方人员逐步渗透到技术开发与市场营销领域，在国际技术市场和销售市场上建立起自己的关系网络，进而着手成立自己的产品研究开发部门。目前，在磁头技术开发领域，公司已完全不受外方控制，并用了一批国外的高科技人才为其服务。同时，产品通过自己的销售网络已占据 20% 以上的国际市场份额，完成了公司业务的升级换代，实现了产业链的转移。

为克服传统交易中贸易零部件供应过度依赖国际市场的弊端，增加高新技术产品的加工深度，提高整机装配能力，深圳发展了一批为高新技术产品加工出口提供零部件的企业，其中包括相互配套的外商投资企业。随着深圳发展高新技术产业政策环境、市场环境的不断完善，20 世纪末，深圳已经形成计算机及其软件、通信、微电子等高新技术产业群，并呈现出很强的产业配套优势。以计算机为例，深圳有 1500 多家配套工厂，生产除芯片以外的从机箱、板卡、接插件、显示器到磁头、硬盘驱动器等几乎所有的计算机部件，年配套能力在 2000 万台左右。深圳高新技术产业配套能力已成为吸引跨国公司投资深圳高新技术产业的重要动力。IBM、康柏等跨国公司投资深圳的一个重要原因，便是看重了深圳计算机工业日益强化的产业配套优势。

在我国商品缺乏高质量、高信誉度等的情况下，加工贸易的产生和发展对促进我国经济和对外贸易的快速增长起到了十分重要的推动作用，在加速融入世界国际分工体系等方面具有不可替代的作用。此外，发展加工贸易还有利于吸引外资。改革开放以来至 2000 年，我国实际吸引外资 3400 多亿美元，其中港、澳、台三地投资约占 60%，而三地在大陆投资的

90%集中在加工贸易领域。2002 年和 2003 年上半年，港、澳、台三地集中在加工贸易方面的投资已分别占我国外资的 75.7%和 78.2%。发展加工贸易亦有利于引进先进技术设备和先进管理方法，实现产业的升级换代。

五、中国参与东亚“雁行分工”

20 世纪 60—80 年代，以日本为首的东亚产业转移，在东亚地区形成了依各国比较优势进行生产分工的模式，日本经济学家小岛清将这一产业转移总结为“雁行模式”，即区域内的发达国家通过直接投资将成熟或具有潜在劣势的产业转移到具有比较优势的新兴工业国，待到这些产业在新兴工业国逐渐丧失比较优势，新兴工业国又将这些产业转移至具备比较优势的发展中国家，而发达国家又向新兴工业国投资，建立相对高级的产业。这样最终形成了以垂直型国际分工为特征，以比较优势为产业转移标准和依据的具有梯次差异性的“雁行分工”模式。

第一次产业转移发生在 20 世纪 60 年代，日本的工业化水平有了极大的发展，并开始致力于发展出口导向型的资本密集型产业，推动进口替代型资本密集和高附加值技术密集工业的发展，把大量劳动密集型工业向发展中国家转移。“亚洲四小龙”（韩国、中国台湾、中国香港、新加坡）凭借人口素质高、人力成本低、地理优势等诸多因素，主动把握机遇，承接了这一产业大转移。

20 世纪 70 年代，两次石油危机给日本的重化工业造成了沉重的打击。为了摆脱重工业的影响，日本开始发展技术密集型产业，转移资本密集型产业。“亚洲四小龙”经过 10 多年的发展，一方面，工业化水平有了一定程度的提高，人才素质也有了很大的提高；另一方面，劳动力成本不断上涨，廉价劳动力的优势越来越小。在这种情况下，“亚洲四小龙”急切地希望将劳动密集型产业转移出去，承接日本的资本密集型产业。劳动密集型产业被转移到泰国、马来西亚、菲律宾、印度尼西亚等东南亚国家。

20 世纪 80 年代中后期，受日元升值等因素的影响，日本对外贸易环境恶化，日本开始了新一轮的产业结构转移和调整，把劳动密集型和资本密集型产业，甚至一些低附加值和实现了技术标准化的电子产业转移到了亚洲四小龙、东南亚和中国等国家和地区，日本本土主要发展知识技术密集型产业，以微电子技术改造和升级作为主要的保留产业。“亚洲四小龙”主要接受日本转移过来的高附加值产业和电子技术密集型产业，同时将劳动密集型产业再一次加大力度转移给东南亚国家和中国大陆。在这一次产业转移中，中国迎着对外开放的好政策，开放了东部沿海地区，承接了劳动密集型和部分资本密集型产业。

中国自 20 世纪 80 年代开始融入东亚生产分工体系之中，80 年代在传统“雁行分工”模式下取得了经济的初步发展。由于中国人工成本低，改革开放初期，发达国家向中国转移制造业主要以劳动密集型产业为重点，如纺织品和服装等。随着经济全球化进程的不断发展和国际产业转移规模的不断扩大，中国承接国际产业转移也由以劳动密集型产业为主转变为劳动密集型、资本密集型和技术密集型产业兼收并蓄，并且资本密集型和低技术密集型产业向中国转移的趋势在不断扩大。其结果是使中国工业制成品的生产和出口能力不断提高（见图 3 - 6）。从按技术密集度划分的中国制成品出口商品结构来看，中国的资源密集型产品和低技术密集型产品所占比重都普遍下降，分别从 1987 年的 37% 和 46% 下降到 1992 年的 31% 和 44%，以及 2002 年的 14% 和 38%（见表 3 - 2）。与此同时，中技术密集型产品和高技术密集型产品所占比重上升。但是，低技术密集型产品所占比重还大大高于世界平均水平，而中技术密集产品还远远没有达到世界平均水平。

表 3 - 2　按技术密集度划分的中国出口商品结构

(%)

出口商品		1987	1992	1997	2002
资源密集型产品	中国	37	31	19	14
	世界	34	32	28	27
低技术密集型产品	中国	46	44	47	38
	世界	22	22	22	20

续表

出口商品		1987	1992	1997	2002
中技术密集型产品	中国	15	22	23	30
	世界	36	36	38	39
高技术密集型产品	中国	2	3	11	18
	世界	8	9	13	14

资料来源：李坤望（2007）。

从以上分析中可以看出，中国加入东亚区域生产分工以来，并没有遵循传统的发展模式，即先利用廉价的劳动力优势生产并出口劳动密集型产业，等发展到一定阶段再进行产业结构的升级。相反，中国在利用劳动力优势的同时，积极发展资本和技术密集型产业，跳跃式地推动中国产业的升级。

表 3－3　中国对外贸易中的中间品贸易

单位：亿美元

贸易伙伴	1995			2006		
	中间品贸易	贸易总量	中间品贸易占比（%）	中间品贸易	贸易总量	中间品贸易占比（%）
东亚	828	1521	54.4	4537	7749	60.9
东亚以外地区	450	1263	35.6	3782	9888	38.2
美国	120	407	29.3	894	2624	34.1

资料来源：陈维涛（2011）。

20 世纪 90 年代以来，中国融入东亚生产分工体系中的步伐加快，积极参与了东亚区域生产网络分工体系的形成和发展过程，中国在东亚的国际分工地位不断提升。1995 年，日本对东亚制造业的转移投资分布为：中国 27 亿美元，东南亚国家 24 亿美元，“亚洲四小龙” 11 亿美元。随着产业转移，日本从东亚各国的制成品进口不断增长。以机械产品为例，日本对中国进出口额的百分比（进口额/出口额）从 1985 年的 0.3% 上升至 1995 年的 43.6%，超越了韩国、中国台湾、新加坡等地，说明中国正日益成为日本重要的供应商。

我国日益深入地参与到东亚国际分工中表现为中间品贸易比重的不断

上升。由表 3－3 可知，1995 年，中国与东亚地区的中间品贸易量为 828 亿美元，为东亚以外地区的近 2 倍，在贸易总量中占比为 54.4%。而在对美国的贸易中，中间品贸易占比不足 30%，说明我国在东亚地区参与了广泛的生产分工，而美国则主要是我国最终品的出口市场。我国在东亚地区参与国际分工的程度在此之后不断上升，到 2006 年，我国对东亚的中间品贸易占总贸易量的比例上升到 60.9%。而在东亚以外地区和美国的贸易中，中间品贸易所占比例不到 40%。可见，中国更侧重于东亚区域内的分工合作，且合作程度日渐深化，地理上的邻接性使其更易于融入东亚生产网络。而中国与东亚以外地区的生产合作相对松散，最终制成品贸易占比较高，更多的是作为相互的产品销售市场而存在。因此，中国的贸易格局是从东亚进口，向美国、欧盟出口，是典型的东亚生产聚合地和三角贸易的枢纽。

随着参与东亚国际分工的程度不断加深，中国逐渐成为东亚贸易的“发动机”。1990—2005 年中国对东亚区域内出口的增长贡献不断提高，1990—1995 年，中国对东亚区域内出口增长贡献为 8.3%，1995—2000 年迅速增长至 15.9%，到 2000—2005 年达到 27.9%，远远超过美国的 13.6% 和日本的 6.3% 的贡献。随着生产分割的进一步发展，中国在东亚分工体系中的地位越来越重要。

中国在承接发达经济体转移过来的产业的同时，也实现了产业升级和经济快速发展，因此，中国是东亚“雁行模式”的受益者。“雁行模式”在推动东亚经济发展上功不可没，它促进了东亚产业结构调整和升级，形成了东亚国家依次起飞和整体发展的良好局面。

总体而言，改革开放后中国经历了对外贸易政策的探索和转变，由保守的进口替代战略转向积极的出口导向战略。我国的对外贸易量也随之转变，从 20 世纪 80 年代中后期开始发力，实现快速发展。与之同时转变的还包括贸易结构，从以初级产品为主迅速转变为以制成品为主。在确定发挥比较优势、发展劳动密集型出口产业的目标后，我国的加工贸易迅速崛起，成为对外贸易的主要方式。我国以加工贸易的方式融入国际分工体系，在此过程中，我国企业逐渐掌握了核心技术和市场，将生产链的核心环节从国外转移到国内，实现了产业升级换代。得益于东亚“雁行”分工体系，中国不断融入东亚生产网络并发展为一支主导力量，实现了产业升级和经济快速发展。

第三节 改革开放后中国回归国际经济治理

新中国成立后，在国际上势单力薄，国内各业待兴的局面使其不得不接受大国霸权的事实，无条件“遵从”西方发达国家建立的以霸权为特征的国际经济秩序。同时，中国被西方国家孤立，被排除于国际经济治理体系之外。改革开放后，中国逐渐回归美国主导的国际经济治理体系。

一、美国主导的资本主义国际经济治理体系

二战之后，美国迅速崛起，取代英国成为世界经济的新霸主。战争给美国经济带来了繁荣，使美国成了在战争中经济仍在调整发展的唯一的帝国主义国家。在二战爆发之前，美国就已经是资本主义世界的第一经济大国，经过战争，更是把其他帝国主义国家远远抛在了后面。当时美国的工业生产已经占据整个资本主义工业生产的一半以上。在国际贸易方面，美国已经占据 1/3；在国际金融方面，美国已经拥有 3/4 的世界黄金储备总量。1946 年美国的经济规模超过所有其他国家的总和，尤其是在世界贸易、金融与投资等领域的地位，无出其右。[①] 美国利用其强大的世界霸主地位，主导了以关税及贸易总协定（GATT，后来被世界贸易组织代替）、国际货币基金组织（IMF）、世界银行集团（WB）为三大支柱的国际经济治理体系的形成。

---

① ［美］杰弗里·弗里登.20 世纪全球资本主义的兴衰［M］.杨宇光，等，译.上海：上海人民出版社，2009：240.

(一) 布雷顿森林体系

国际上最早的统一的货币制度是金本位制度。第一次世界大战期间，由于各国对黄金输出实行严格管制，金本位制名存实亡。“大萧条”之后，1936 年国际金本位制全面瓦解。取而代之的区域性货币集团在第二次世界大战结束之前也宣告瓦解。二战后，为了避免国际货币制度的继续混乱，各国纷纷倡议建立一种新的国际货币体系。英、美两国分别从自身利益出发，提出了“凯恩斯计划”和“怀特计划”。“凯恩斯计划”的核心是建立一个世界性的中央银行——国际清算联盟（International Clearing Union），由该联盟发行不兑现纸币“班柯尔”（Bancor）作为清算单位，通过“班柯尔”存款账户来清算各国官方的债权债务。[①]“怀特计划”的核心是发行一种与美元发生联系的国际货币单位，各国货币单位与该国际货币单位保持固定汇率。因为当时美国拥有全世界 70% 的金融资产，主宰着世界工业生产，是西方资本主义世界的中央银行家和无可争议的盟主，[②] 其经济实力大大超过英国，所以 1944 年 7 月，在美国布雷顿森林召开的联合国货币金融会议上，通过了以“怀特计划”为基础的《国际复兴开发银行协定》和《国际货币基金协定》，总称《布雷顿森林协定》，布雷顿森林体系的主要内容为：

（1）美元是主要的国际储备货币，等同于黄金。

（2）美元与黄金以固定比率兑换，其他货币和美元以固定比率兑换。

该体系意味着美元与其他货币的固定汇率和美元与黄金的自由兑换，使美元成为可以代替黄金的支付手段，从而确立了美元在国际金融领域的绝对优势地位，形成了以美元为中心的国际货币体系（布雷顿森林体系）。一年以后，以《布雷顿森林协定》中的规划纲要为基础成立的世界银行集团（WB）和国际货币基金组织（IMF），标志着在货币金融领域国际经济治理体系的形成。

---

① 贺瑛. 国际金融学[M]. 上海：复旦大学出版社，2006：124.

② 周荣坤. 跨世纪的世界经济[M]. 北京：时事出版社，1998：32.

（二）关税及贸易总协定（GATT）

20世纪初，资本主义由自由竞争时期进入垄断时期，贸易保护主义的思想逐渐席卷各主要资本主义国家。二战后，美国成为新的经济强国，但由于各国政府制定的关税壁垒，严重妨碍了经济大国特别是美国的对外贸易扩张。于是，美国最先提出“贸易自由化”的主张，倡导建立一个专门的国际贸易组织。当时各国在对外政策方面的分歧以及一些国家政府在批准条约时所遇到的法律困难，使国际贸易宪章在短期内通过成为不可能的事。[①] 因此，1947年美国联合23个国家在瑞士日内瓦签订了《关税与贸易总协定》（GATT，以下简称“关贸总协定”），其宗旨是“消除关税和非关税壁垒，实现贸易自由化，促进世界经济增长”。其主要职能包括：

（1）组织各国进行多边贸易谈判，消除贸易壁垒；

（2）协调各国间的贸易往来关系，致力于解决国际贸易纠纷；

（3）随着国际贸易的发展及时修改或制定国际贸易的章程。

虽然关贸总协定只是一个带有临时性质的各国间的贸易公约，并不是一个国际贸易组织，但其制定的国际贸易的各项原则和规章被世界上大多数国家承认和执行，所以被称为“经济联合国”，是世界贸易组织（WTO）成立前国际贸易领域中最重要的治理机制，在战后的国际贸易中发挥了重要作用。

至此，美国主导构建了以资本自由化、外汇自由化、贸易自由化为核心的资本主义国际经济体系。在该体系下，以国际货币基金组织（IMF）、世界银行集团（WB）、关贸总协定（GATT）为三大支柱性治理机制，形成了美国主导的国际经济治理体系。

（三）世界贸易组织（WTO）的成立

世界贸易组织（WTO）的成立不仅仅是西方资本主义发达国家的需要，也是发展中国家的需要。在西方，随着英美主导的“新自由主义”的

---

① 全林远.20世纪的世界经济[M].北京:新时代出版社,1998:110.

盛行和“华盛顿共识”的达成，发达国家纷纷主张放松国家间的经济管制；而发展中国家也积极实行对外开放的发展战略。之前的国际贸易领域的治理机制——关税总协定（GATT），已经不能适应这种经济全球化的发展，经过多次国际谈判，终于达成《关于建立世界贸易组织的协定》。1995 年 1 月 1 日，世界贸易组织（WTO）宣布成立，成为取代关贸总协定（GATT）的新的国际贸易治理机制。WTO 的基本原则有：非歧视原则、关税保护原则、取消数量限制原则、透明度原则、公平贸易原则、互惠原则、对发展中国家的特别优惠的原则等。其中对发展中国家的特别优惠，主要是基于发展中国家和发达国家之间经济发展显著的差异，对发展中国家经济发展公平性而设定的规则。而且随着发展中国家的经济实力日益增强，逐渐成为国际经济治理规则制定中不可忽视的对象，以美国为首的发达国家在谈判中会受到新兴经济力量的挑战。2001 年，中国正式加入世界贸易组织后，显著改变了谈判的力量对比，成为多边谈判的重要平衡力量。①

但这种经济治理机制的本质还是在美国主导的资本主义经济治理体系下衍生出来的，所以还是经常会出现以美国为首的西方发达国家操纵决策议程的现象。2001 年，在出人意料的 WTO 谈判坎昆回合破裂后，劳里·瓦莱希（Lori Wallach）在《外交政策》（*Foreign Policy*）中谈道：“发展中国家总是被要求对外国投资者提供更多的特权。它们的国家政策总是屈服于 WTO 的原则，把增加进口置于本国的政策目标之上，并采取千篇一律的竞争政策，使来自外国的大公司集团在发展中国家进一步巩固市场。”② 2005 年 5 月，来自法国的欧盟委员会委员帕斯卡尔·拉米（在竞选 WTO 总干事时自称是“穷人的朋友”）因有欧美支持而最终击败了 3 位真正的“穷人的朋友”（来自发展中国家的巴西时任常驻 WTO 大使路易斯·科雷亚、毛里求斯时任外交和贸易部部长贾亚·库塔里和乌拉圭原驻

---

① 池元吉，李晓. 世界经济概论[M]. 北京：高等教育出版社，2013：208.

② 劳里·瓦莱希是美国消费者维权团体“公共市民”的分部——“全球贸易观察”的创始人和董事长。

WTO大使卡洛斯·卡斯蒂洛），而成为WTO的新任掌门人，于2005年9月1日正式上任。而且随着WTO成员方的增多，WTO协商一致的决策机制和“一揽子”模式的治理机制越来越难以取得圆满的结果。

其实除了WTO机制存在问题，IMF、WB等治理机制也存在着同样的问题。长期以来，在IMF的投票权分配等问题上都存在欧美把控的倾向，该组织的有效性和合法性被严重破坏，特别体现为该组织的任何重大决定没有美国的同意都无法实施。WB的发展援助机制也存在非常大的缺陷，其政策制定在很大程度上也体现出了以美国为首的西方发达国家的利益取向。这说明，新世纪之交的国际经济治理的特点之一是美国主导。要让这种国际经济治理体系朝着公平、更有序、更有规则、更有效率的方向发展，就要改善这种美国主导的以“一揽子”的协商一致为特点的治理机制。

二、恢复国际合法席位

中国参与国际经济治理的转机归因于中美关系的缓和与正常化。20世纪60年代，中苏关系破裂，中美邦交逐渐步入正轨，中国开始融入美国领导的国际经济治理体系。具有标志性意义的事件是中国恢复在联合国、国际货币基金组织（IMF）和世界银行（WB）的合法席位，开始在国际事务中发表中国意见。

1971年，中国恢复了在联合国的合法席位，这是新中国参与国际治理迈出的第一步，具有破冰意义。然而，在当时的历史背景下，我国的“复联之路”异常艰难。新中国成立伊始，我国就开始准备“复联”。毛泽东、周恩来等国家领导人制定了复联的原则立场，即恢复中华人民共和国在联合国的一切合法权利，就必须承认中华人民共和国的代表是中国驻联合国的唯一合法代表，承认中华人民共和国是安理会5个常任理事国之一，并立即把蒋介石集团的代表从联合国及其一切机构中驱逐出去。然而由于当时美国的操纵和反对，以及朝鲜战争的爆发，中国恢复联合国合法席位的机会渺茫。

进入 20 世纪 60 年代，世界各地民族解放运动风起云涌，独立的国家越来越多，联合国会员国增加了 40 多个。西方一些国家陆续与中国建交，中国的发展也使自身的国际声望和地位不断提高，越来越多的国家，尤其是第三世界的国家开始在联合国支持中国。1961 年第 16 届联大总务委员会同意讨论我国在联合国席位的议题，这是对美国多年用“延期讨论”手段阻挠恢复我国在联合国合法席位的重大打击。然而，美国改变了手法，利用联合国宪章第十八条关于“重要问题”的规定，把本不属于“重要问题”的中国代表权问题定为必须由到会及投票会员国 2/3 多数决定的“重要问题”。1964 年中法建交，对联合国中华人民共和国代表权问题产生了明显影响。1965 年第 20 届联大会议上，在就阿尔巴尼亚等国提出的要求联大“恢复中华人民共和国的一切合法权利并承认它是中国唯一合法代表”提案进行表决时，赞成票和反对票相等，均为 47 票。在 1970 年第 25 届联大上，这一提案赞成票 51 票，超过反对票 47 票。

此时，美国也预感到自己阻挠中华人民共和国复联的企图将走到尽头，于是改变了战略，提出了联大“两个中国”的方案。1971 年第 26 届联大前，美国代表致函联合国秘书长，声称“美国政府承认中国在联合国拥有代表权”。与此同时，“中华民国”的代表权也不应被剥夺。从 10 月 18 日开始，联大关于中华人民共和国代表权的辩论持续了整整一周，约 80 个会员国代表发了言，许多发展中国家代表批评美国长期以来的反华政策，反对在联合国制造“两个中国”。在第 26 届大会上，提交讨论的提案有三个：第一个是由阿尔巴尼亚、阿尔及利亚等国提出的恢复中华人民共和国在联合国的一切合法权利，并立即把台湾“中华民国”驱逐出去的提案（“两阿提案”）；第二个是由美、日等国提出的所谓“重要问题”提案；第三个是由美、日等国提出的“双重代表权案”，即接纳中华人民共和国加入联合国，但“确认‘中华民国’继续拥有代表权”。10 月 25 日，大会先表决美、日等国的所谓“重要问题”提案，结果以 59 票反对、55 票赞成、15 票弃权被否决。接着开始表决“两阿提案”，结果以 76 票赞成、35 票反对、17 票弃权的压倒性多数通过。我国正式恢复了在联合国的合法席位。

复联后，中国代表团开始出席历届联合国会议，积极参与联合国的各项事务，并发挥了举足轻重的作用。1974 年 4 月，邓小平在联合国第六届特别会议上发言，分析了国际形势，阐述了毛泽东关于划分“三个世界”的主张，引起了世界各国的高度关注，特别是引起了第三世界国家的强烈反响和热烈欢迎。中国在联合国合法席位的恢复，是中国外交工作的一次重大突破，对世界和平进步事业的发展产生了极为深远的影响。

此后，随着 1972 年尼克松总统访华，中美关系缓和，中国接连恢复了在 IMF 和世界银行的合法席位。1980 年 4 月，中国在国际货币基金组织的合法席位得到恢复，按照特别提款权作为计算单位，我国在 IMF 的份额为 23 亿美元，占第 8 位。1980 年下半年，由于沙特阿拉伯在份额上的调整，我国退居第 9 位，并维持了相当长的一段时间。

中国在恢复了 IMF 合法席位后，除了得到国际金融体系的承认，还得到了国际信托基金等金融机构的资金支持。中国从 IMF 获得的资金，支持了整个改革开放事业。此外，IMF 还为我国的经济金融数据统计和研究工作等软件建设提供支持。从 20 世纪 90 年代开始，中国不再使用 IMF 的资金，反而通过 IMF 及《马尼拉框架协议》，为解救亚洲金融危机做出了一些贡献。

与 IMF 同时恢复席位的，还有世界银行。1980 年，中国恢复世界银行集团的合法席位，成为集团下三大机构——国际复兴开发银行、国际开发协会和国际金融公司的成员方。截至 2011 财年年底，国际复兴开发银行对华承诺贷款累计达到 392 亿美元。在国际开发协会中，中国投票权占 2.22%。1999 年前，国际开发协会共向中国提供了约 102 亿美元的软贷款。1999 年后，国际开发协会停止对中国提供贷款，我国开始向国际开发协会捐款。同时，我国也从国际金融公司获得了大量的资金支持，自 1985 年国际金融公司批准第一个对华项目起至 2011 财年年底，国际金融公司在中国共投资了 218 个项目，并为这些项目提供了 54.3 亿美元的资金。

通过恢复在联合国、IMF 和世界银行的合法席位，中国获得了国际地位和实惠，但应注意的是，中国的投票权所占比重低，在国际经济治理中的参与更多地停留于表面，缺乏实质性的话语权。因此，中国在此阶段处于被动参与全球经济治理的处境，能够在全球经济治理中真正发挥作用的仍是以美国为首的西方发达国家。

三、从复关到加入世界贸易组织

20 世纪 80 年代初期我国恢复了在世界银行、国际货币基金组织的地位，然而，布雷顿森林体系下的第三大机构，即关贸总协定，我国还没有恢复地位。关贸总协定成员方间的贸易额占世界贸易总额的 85%，而中国与关贸总协定成员方的贸易占中国总贸易额的 85%，因此，关贸总协定对我国的影响是巨大的。

1981 年，中国第一次申请关贸总协定的观察员地位并如愿以偿。1982 年中国批准设立了对外贸易经济合作部，并对它旋即提出的复关报告给予了肯定。同年，中国第一次派代表团列席关贸缔约国大会，开始就复关问题与关贸进行接触。1986 年 7 月 11 日，中国正式递交恢复缔约国地位申请。当时确定的三项原则是：第一，恢复原则，而非重新加入；第二，以发展中国家地位享受相应的待遇，并承担与我国经济和贸易发展水平相适应的义务；第三，以关税减让作为承诺条件，而非承担具体进口义务。

1986 年秋天，乌拉圭回合谈判开始，中国作为完全参加方全面参加乌拉圭回合所有议题的谈判。此时，中国可以发表意见，但是没有最终修改规则的表决权。在国内，中国在准备《外贸制度备忘录》，向关贸总协定解释自己“神秘”的经济环境。1987 年 2 月，中国向关贸总协定递交了《中国对外贸易制度备忘录》，同年 3 月，总协定成立中国问题工作组，开始进行恢复中国的总协定缔约国地位的谈判。由于西方国家对中国“复关”要价过高，直至 1994 年 12 月举行的工作组第 19 次会议，仍然没能达成中国“复关”的协议。

1995 年世界贸易组织成立之后，中国原先的“复关”转变为“入世”问题，1996 年 3 月，中国开始正式就“入世”展开谈判。1997 年新西兰成为第一个就中国“入世”问题与中国达成双边协议的国家，紧接着韩国、匈牙利、捷克也与中国签署了协议。同一年，中国一次性降低将近5000个税号的税率，平均进口关税由23%降到17%。1998年，中国代表团向WTO递交了一份有将近6000个税号的关税减让表，标志着中国的“入世”谈判有了非常有意义的进展。1999年，为与美国达成双边协议，我国同意美国7个州的小麦和4个州的柑橘出口中国，同时在农业、电信、金融领域作出巨大让步。然而，直到2001年中美才就中国入世达成全面共识。2001年，WTO中国工作组第18次会议通过了中国入世的所有法律文件，长达15年的入世谈判画上圆满的句号。2001年12月，中国正式成为WTO的成员。

加入WTO标志着中国全部加入了布雷顿森林体系下的三大国际经济机构，中国自改革开放以来融入全球经济治理体系进程的主体部分“结项”，已经基本告别游离于当今全球治理主流秩序的历史。

中国在获得国际组织中的合法地位后，逐步参与组织中各项工作并逐渐扩大发言权和决策权。中国放弃了“局外者”和“旁观者”的身份，成为多个全球治理机制的参与者、建设者和改革者。中国外交与经济发展结合得更加紧密，目标设定更加务实，利用外资、对外投资，实现从无到有、从稀缺到充盈。短缺的外汇储备逐渐增加，外交战略与中国改革开放的大政方针相吻合。

四、参与区域性经济组织

随着20世纪90年代“冷战”和两极格局的终结，中国参与全球治理的外部环境发生了极大变化，1992年后也开启了新一轮更大力度的对内改革和对外开放。除继续保持同联合国及布雷顿森林体系下各个多边机构的合作外，中国还着重参与了周边区域的治理。1991年12月，中国加入当时由美、日等发达国家主导的亚太经济合作组织（APEC），这也是中国参与的第一个地区性多边国际机构，中国将其视为1992年开启新一轮对外开放的机会之窗。中国加入APEC比加入WTO早了10年。

改革开放后，外贸和外资是中国经济发展的重要助力，但在没有恢复关贸总协定缔约国地位之前，中国发展对外贸易比较艰难。在此情形下，加入 APEC 对中国显然具有重要的意义，毕竟中国外贸的 3/4 和外资的 80% 集中在亚太地区。1994 年，APEC 提出了旨在促进贸易投资自由化的茂物目标，中国加入 APEC 有助于营造一个更加稳定和开放的外部环境，有助于中国经济的持续健康发展，有助于与世界经济接轨。除便利中国与 APEC 成员之间的贸易和投资之外，中国还积极参与 APEC 商务旅行卡计划，大幅简化商务人员的出入境程序，为中外商务人员的旅行提供方便快捷的服务。

中国需要 APCE，APEC 同样也需要中国。在 1993 年西雅图第一次领导人非正式会议上，中国提出了 APEC 自主自愿、协商一致的合作方式和相互尊重、平等互利、彼此开放、共同繁荣的主张，成为指导 APEC 合作的重要原则。中国积极支持茂物目标并付诸行动，多次在 APEC 框架内采取行动，大幅降低关税水平，推动区域贸易投资自由化和便利化水平，推动 APEC 为加强全球多边贸易体制做出贡献，受到各方欢迎。中国广泛深入参与 APEC 各领域合作，特别是针对 APEC 成员多样性的特点和发展中经济体的需求，积极推进经济技术合作和能力建设。10 年间，中国共主持了 200 多个经济技术合作项目，涉及区域经济一体化、互联互通、基础设施建设、人力资源开发、科技、环境、中小企业等多个领域，受到 APEC 成员特别是发展中经济体的高度赞赏。

1997 年亚洲金融危机后，中国开始积极参与亚洲地区的金融稳定活动，积极参与亚洲经济建设，逐渐成为亚洲经济治理的核心国家。2000 年 5 月，东盟与中、日、韩签署了具有亚洲经济合作里程碑性质的“清迈倡议”，从此建立起区域性双边货币互换机制。

“清迈倡议”的核心目标是解决本区域短期流动性困难，弥补现有国际金融安排，主要是由于 IMF 的现有设施不足。然而，短期资本在 2008 年金融危机后迅速退出新兴经济体，要求获得流动资金的成员并没有使用“清迈倡议”。韩国和新加坡从美联储银行借款，印度尼西亚通过世界银行牵头的财团保障了金融稳定。

作为回应，“清迈倡议”在2009年实行“多边化”。早在2003年，中国就提出了“清迈倡议多边化”的提议，目的是增强区域危机自救能力，最终在2008年金融危机的推动下开始实行。“清迈倡议多边化”已经被公认为是由单一合同下的自我管理的储备安排。“清迈倡议”多边化后，中国和日本出资比例最高，为32%，东盟国家出资20%，韩国出资16%。2010年，“清迈倡议多边化协议”总规模达1200亿美元，截至2012年，规模翻了一番。

“清迈倡议”是中国—东盟自由贸易区区域宏观金融合作的起点，这种双边货币互换机制不仅是对IMF援助的一个补充，也大大防范了金融风险，维护了中国与东盟地区的金融稳定，促进了东亚地区的金融繁荣。

五、中国参与国际经济治理的成效

通过参与经济全球化进程、融入全球经济体系，中国获得了巨大的经济利益。例如，中国在改革开放过程中得到了世界银行最直接的经济援助。截至2012年，世界银行共向中国提供贷款近385亿美元，贷款总额在所有借款国中名列第一。其中，硬贷款（低息贷款）283亿美元，软贷款（无息贷款）102亿美元，支持了260个项目。又如，中国加入世贸组织的10年是中国和全球分享繁荣和实现共赢的10年。在这10年里，中国出口规模增长了4.9倍，进口规模增长了4.7倍，国民生产总值增长了2倍多，这一时期是中国发展最快最好的时期之一，老百姓的收入也得到显著增长。中国企业开始走向世界，开展对外投资。这些经济利益已经将中国与世界经济紧密联系在一起，使中国对世界经济体系产生了高度的利益认同。

从制度层面来看，中国在国际组织中的话语权有所扩大，参与创设国际机制的能力也在提高。中国在现有全球治理体系中的活跃程度和影响力都有增加的趋势。中国在加入IMF、世界银行和WTO等主要国际经济组织后，积极参与制定和改进相关的经济规则。

在IMF，中国不失时机地开展工作，促使其相关规则更加反映发展中国家的利益。例如，在汇率监管方面，中国推动监管改革强化了对发达国家的汇率监管。国际金融危机在发达国家发生之后，中国适时推动各方反思 IMF 监督不力、预警不及时的教训，促成 IMF 于 2009 年对《2007 年决定》的操作指引进行了修订，取消了给会员国贴标签的做法。2011 年，在中国的推动下，IMF 执行董事会决定对监督的法律框架进行调整，重写了一个整合多边和双边监督、更广泛地覆盖全球稳定的新监督决定。

在世界银行，中国也为其自身的制度建设及其在国际发展领域更好地制定政策和规则做出了贡献。在中国的推动下，2010 年 4 月，WB/IMF 发展委员会部长级会议通过了投票权改革方案，使得中国在 WB 的投票权上升了 1.65 个百分点，达到 4.42%，排位也从第 6 位上升至第 3 位。此外，中国还积极配合世界银行将中国的减贫经验制度化、标准化，为世界银行的全球减贫安排提供智力与规则支持。2012 年，世界银行与中国财政部签署协议成立“世界银行—中国发展实践知识中心”，这意味着世界银行正在把研究和推广中国经验的努力提升到前所未有的高度。

中国参与 WTO 的规则制定和修改的能力也有所提升。WTO 多哈回合谈判虽仍陷入停滞，但中国自加入 WTO 起就全面参加谈判，为推进多哈回合谈判做出了自己的贡献。2005 年中国承办了 WTO 小型部长会议，尽力弥合成员之间的分歧。2008 年 7 月，中国首次成为多哈谈判的 7 个核心成员之一，标志着中国已经进入制定多边贸易规则的核心决策圈。

通过参与国际多边组织活动，中国学会了利用国际组织和全球治理“游戏规则”，深入了解全球经济体系和治理机制运作，来维护和拓展自身利益。进入国际经济治理的第三阶段，即二十国集团治理机制，中国已经参与到全球经济治理的核心议题，真正发挥着“治理者”的作用。中国正成为影响全球治理共识复兴和决定全球治理体系停滞与发展的一支关键力量。

第三篇

新世纪初中国深度参与全球化

第四章　新生产方式下中国跻身东亚分工重要地位

第一节　模块网络化生产方式兴起

20 世纪后半期，随着信息时代的到来，消费者的选择更趋差异化、多样化，这给追求标准化、规模化生产的厂商带来了巨大挑战。与此同时，模块分解、网络联结的生产方式兴起，它从企业内部模块部门分解开始，最终转变为企业外部的模块厂商的并立运作。由于东亚独特的地理、资源禀赋及政策环境等条件，模块网络化生产方式率先在东亚转变为现实。

一、模块网络化成为新兴生产方式

20 世纪后半期，伴随着新一轮科技产业革命，生产分工加速细化的模块网络化发展机制孕育兴起。[①]

（1）规模经济和范围经济交互作用使厂商倾向于应对异质产品的大规模需求。Dixit 和 Stiglitz（1977）将收益递增纳入形式化分析，论证了规模经济与多样化消费之间的均衡问题，垄断竞争厂商共同构成异质产品的规模性消费市场[②]；迄今为止，从斯密、马歇尔到罗默等，西方学者的研究

① 马莉莉. 网络化时代的公共服务模块化供给机制[J]. 中国工业经济,2013(9):95 - 107.

② Dixit, A. K. , Stiglitz, J. E. , Monopolistic Competition and Optimum Product Diversity[J]. *American Economic Review*, Vol. 67, No. 3,1977(6).

至少涉及 12 项规模经济[①]。为实现收益递增效应，厂商趋向于寻求规模扩张；在生产和经销过程中，另一类要素投入开始增加，特别是如投资、管理等服务投入，它们不仅可用于一种产品的生产，还对其他产品生产有帮助，即其规模经济性还体现为所生产和经销产品的范围扩张，也就是兼具范围经济效应[②]；异质产品作为有诸多相似性的差异产品，成为厂商在实现管理等投入的规模经济效应时的首选市场目标。由此，应对异质产品的大规模需求，渐趋成为垄断竞争厂商的现实挑战。

（2）在大规模定制发展过程中，模块化技术趋于成型。大规模定制可以以规模化生产的成本实现产品的多样化、个性化。在将相似产品进行重新组合后，产品多变性和零部件标准化有效结合的模块化技术出现，该技术同时实现了零部件生产的规模经济和零部件不同组合的范围经济[③]。青木昌彦进一步指出，“模块”是半自律性的子系统，它和其他同样的子系统按照一定的规则相互联系而构成更加复杂的系统或过程；鲍德温则给出了“分离”“替代”“增加”“去除”“归纳”和“改变”这六种“模块化操作”[④]。昝廷全认为，在模块化技术基础上，生产是由“（{模块}，{模块之间的关系}）”构成的完整系统，它们有机联结，使垄断竞争厂商得以实现大规模定制式生产，模块化技术也渐趋成熟[⑤]。

（3）市场响应要求促使模块化组织走向分立，并联结为网络组织。有学者认为，模块化技术并不一定会导致组织和市场的模块化[⑥]；还有从资产专用性和交易成本的互动中解释企业模块化的边界[⑦]；但更多学者认同，

---

① 改编自 Kilkenny 2006；引自：世界银行．2009 年世界发展报告：重塑世界经济地理［M］．北京：清华大学出版社，2009.

② Panzar，J. C.，Willig，R. D. Economics of Scope［J］. *American Economic Review*，1982（2）.

③ Pine II B. J.，*Mass Customization*：*The New Frontier in Business Competition*［M］. Boston：Harvard Business School Press，1992.

④ ［日］青木昌彦，安藤晴彦．模块时代：新产业结构的本质［M］．周国荣，译．上海：上海远东出版社，2003.

⑤ 昝廷全，著．系统经济：新经济的本质——兼论模块化理论［J］．中国工业经济，2003（9）.

⑥ Chesbrough H. Making Sense of Corporate Venture Capital［J］. *Harvard Business Review*，2002，80（3）.

⑦ 胡晓鹏．模块化：经济分析新视角［M］．北京：人民出版社，2009.

复杂而强大的市场响应压力，以及快速的技术创新使垄断竞争厂商趋向于选择外包化（Nelson，Winter，1982；周鹏，2004；曹虹剑，2010）[①]。模块化技术的应用使厂商由具有不同规模经济特征的模块联结而成，面对不确定的市场需求和强大的成本压力，厂商难以同时实现各模块的规模经济并保持供应弹性。这一矛盾在敏捷化和延迟生产过程中更趋尖锐，最终迫使厂商将难以实现规模经济的模块外包，以强化自身的核心竞争力和巩固市场地位[②]。模块企业间的内在联结性，使彼此形成灵活虚拟的网络组织[③]，这种由模块化到形成网络组织的过程即模块网络化。

（4）模块化网络组织的运作使企业趋向异质化，并形成更大规模的异质产品需求。模块化网络组织的运作，一方面使不同模块企业在“信息包裹”中走向不同的技术累积和规模发展道路，进而更加专业化；另一方面也使同一模块的不同企业在“背对背”的“淘汰赛”中呈现出差异化，以及模块化组织方式使各差异企业得以不受牵制，实现自行演化（青木昌彦、安藤晴彦，2003；Baldwin，Clark，1997，2000）[④]，由此，这一过程也是企业走向异质化的过程（曹虹剑，2010）。在反应敏捷、富于弹性的网络组织中，趋于异质化的企业面临更加严峻的市场挑战，除必须加强专业化外，还需要具备高水平的柔性和弹性，由此，异质企业趋向收窄生产经营范围、强化核心竞争力，这使异质企业一方面对所投入生产要素的要求不断提高，另一方面又越来越无力靠自身来满足对初始生产要素甚至对中间产品的需求，继而异质企业越来越趋向于从外部获得各类生产要素以及中间产品，也就是异质企业的发展产生更大规模的异质要素，继而异质

---

① Nelson, R. R. , Winter, S. G. *An Evolutionary Theory of Economic Change*[M]. Cambridge: Harvard University Press,1982;周鹏,著. DIY:企业组织分析的另一个视角[J]. 中国工业经济,2004(2);曹虹剑. 网络经济时代模块化组织治理机制研究[M]. 北京:经济科学出版社,2010.

② 刘文涛. 基于大规模定制的重调度[M]. 北京:社会科学文献出版社,2007.

③ Gereffi, G. et al. The Value of Value Chains: Spreading the Gains from Globalization[J]. *IDS Bulletin* 32,2001:3.

④ Baldwin, C. Y. , Clark, K. B. Managing in an Age of Modularity[J]. *Harvard Business Review*, 1997, 75(5);Baldwin, C. Y. , Clark, K. B. *Design Rules: The Power of Modularity*Cambridge[J]. *MA: MIT Press*, 2000.

产品需求，这成为经济系统中大规模异质产品需求的强劲来源。

（5）生产过程被模块化方式打开，模块网络化成为自我累积强化的发展机制。生产分散化使网络成员面临供给必须与异质产品需求相连接、各模块必须紧密联结的硬约束，任何脱节都可能导致所有网络成员被市场淘汰。不同于普通的企业联盟，网络组织将时间串联的生产流程通过空间并立的方式相互联结，在分享异质产品需求信息后，网络成员并行运作，大大提高了对市场的响应能力和敏捷程度，网络成员间相互协作以实现协同效应成为必然选择①。胡晓鹏指出，不同于斯密所分析的专业化劳动分工，通过模块化分解复杂系统后得到的模块本身仍然是复杂的系统。由此，当模块化网络组织一是衍生出异质企业，继而是更大规模的异质产品需求，二是形成对市场的敏捷响应能力，继而产生对要素供给的更高时间要求时，模块化网络组织将面临更趋异质和快速变化的市场需求，并最终传导至子模块，使其面临同样的模块化分解过程，新一轮生产分散化，即模块网络化开始。因此，模块网络化产生时间压缩、生产分散和各模块之间及与异质需求间强化联结的内生循环机制，从而成为自我累积强化的发展机制（见图4－1）。

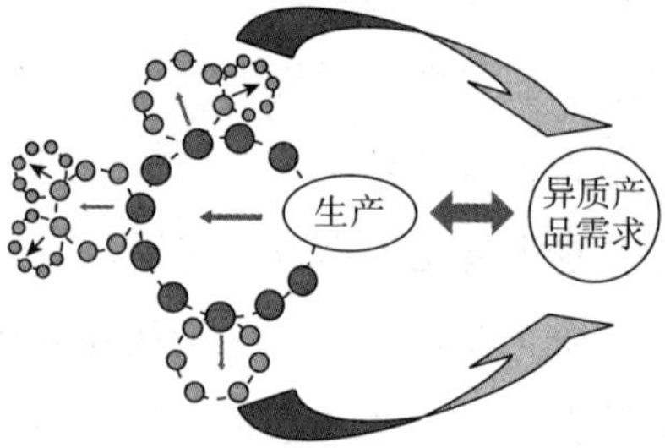

图4－1　模块网络化机制的累积循环发展

总体来说，模块网络化是利用各模块的规模经济效应和模块间的协同效应来提高效率、深化分工的发展机制。与此同时，为发挥各模块的规模经济效应，模块网络化也会产生聚集异质产品需求、扩大市场范围、促进

① ［英］克里斯托弗．物流与供应链管理：第3版［M］．何明珂，等，译．北京：电子工业出版社，2006.

市场一体化乃至全球化的内生动力；反过来，市场通达程度的限制也会极大地制约模块网络化的发展潜力和空间。

二、模块网络化率先在东亚转变为现实的动因

东亚，既是一个地理称谓，又是一个政治经济概念，世界银行在1993年的《东亚奇迹》和2008年的《东亚复兴》中指出，东亚包括东盟成员国文莱、柬埔寨、印度尼西亚、老挝、马来西亚、缅甸、菲律宾、新加坡、泰国和越南，加上中国、中国香港、日本、韩国、蒙古国和中国台湾等国家和地区。新兴东亚地区是指除日本外的上述国家和地区；发展中东亚地区是指除去中国香港、韩国、新加坡和中国台湾的新兴东亚地区①。

产品内分工从跨国公司全球布局演化为现实的国家间产业分工格局，是以20世纪90年代后形成东亚区域生产网络为起点的。多重因素相互作用促使这一新型国际分工格局崛起。

（1）技术进步为东亚产品内分工形成创造了现实条件。首先，信息通信技术创新大幅降低了信息交流成本，为生产分散化和远程控制提供了技术条件。20世纪90年代以来兴起的美国新经济虽然以网络泡沫破灭暂告一段落，但其最重要的贡献在于，促使现代信息技术创新并被广泛应用于生产经营与社会生活。依托数字化通信原理，借助光纤、卫星、计算机等新兴技术，互联网、移动电话等新通信手段与电话、电视等相互渗透融合，造成距离远近对通信成本影响趋于消失的“距离死亡”②。在信息通信技术创新与应用基础上，国际商务合作的交易成本被大幅降低，跨国界生产的组织和协调更为便利，跨国公司趋向于在更为广阔的市场范围内展开全球资源配置。其次，运输技术发展与普及降低了要素及商品运输成本，为生产分散化提供了现实基础。在远洋运输领域，20世纪六七十年代兴起

① ［美］印德尔米特·吉尔，霍米·卡拉斯．东亚复兴：关于经济增长的观点［M］．北京：中信出版社，2008：39.

② Cairncross, Frances. *The Death of Distance: How the Communication Revolution will Change Our Lives*[M]. Harvard Business School Press, 1997.

的集装箱化运输大大提高了远洋运输效率，随着大型、巨型远洋轮船的研制与应用，大宗货物运输费用和运输时间被大幅节省。在航空运输领域，规模经济的实现降低了航空运输成本，为人员、商品快速高效流动提供了条件。在铁路、公路领域，高速公路、高速铁路的建设与发展大大加速了要素、商品的流动和国内市场整合。20 世纪八九十年代，亚洲国家经济建设与发展使现代交通运输技术得以日益广泛地普及与应用，大大压缩了亚洲国家内部、相互之间以及与世界市场之间的时空距离和运输成本。

（2）雁形分工格局发展为东亚产品内分工形成奠定了经济基础。“雁形模式”最早由日本学者小岛清于 20 世纪 30 年代提出，以描述日本棉纺织品经历“进口—生产—出口”的“V”形发展过程，后来被用于说明一国国内产业结构演进升级的动态变化。20 世纪 60 年代，日本由轻工业朝重化工业方向升级，随即通过直接投资向韩国、新加坡、中国香港、中国台湾等“亚洲四小龙”地区转移纺织等轻工业；随着“亚洲四小龙”的轻工业趋于饱和，再向东盟、中国转移。这种产业梯度转移此后还相继出现在化学、钢铁、汽车、电子等工业，后起国或地区在接受产业转移过程中实现了经济起飞。由此，以日本为“领头雁”、以“亚洲四不龙”为两翼，以东盟和中国为尾雁的“雁形”图景在东亚展开①。20 世纪 90 年代，日本经济低迷，韩国、新加坡、中国台湾加速技术升级，中国香港转向经济服务化，以及中国在欧美直接投资大量进入背景下竞争力快速上升，这使原来梯度分布相对稳定的“雁形模型”趋于解体。

东亚国家在雁形分工格局下的工业化发展，成为新型分工格局形成的重要经济基础。首先，在产业梯度转移过程中，像韩国、新加坡、中国台湾等后起国或地区实现了经济与技术积累，从参与垂直分工开始跻身水平分工，成为资本技术密集型产品的生产与输出方，推动东亚多边垂直专业化分工格局的形成。其次，通过承接产业转移，东亚国家的工业基础与经济发展水平普遍提高，为进一步融入区域生产分工奠定了基础。最后，经

① 王峰. 东亚区域内贸易扩张研究[M]. 北京：经济科学出版社，2009：130 - 131.

过雁形分工格局的发展，东亚国家在要素禀赋特征上呈现出多层次分布格局，如日本是区域内科技水平最高的发达国家；韩国、新加坡、中国台湾等在不同领域掌握了先进科技；中国的廉价劳动资源最为丰富，但在部分行业，资本、技术优势正在形成；印度尼西亚、马来西亚等自然资源较为丰富等，这为东亚国家在差异化要素禀赋基础上展开生产工序的垂直专业化分工提供了条件。

（3）出口导向型政策和贸易自由化改革创造了有利的制度环境。二战后，为扶持本国工业起步，东亚国家不同程度地实行了进口替代等贸易保护政策。20 世纪六七十年代，这些政策逐渐被出口导向政策所取代，贸易自由化程度有所提高，如 1965 年中国台湾率先建立了出口加工区，韩国于 1970 年 1 月制定了出口贸易区条例，建立了马山自由贸易区，并给予出口工业在国内和外国贷款中以较高的优先权；马来西亚于 1971 年制定了"自由贸易区法"，次年在槟城设立了第一个自由贸易区；中国于 20 世纪 80 年代末设立了深圳、珠海等经济特区，开放范围不断扩大①。

20 世纪 90 年代新自由主义浪潮席卷新兴国家，韩国、泰国、印度尼西亚、新加坡等亚洲国家纷纷推进经济自由化和开放化，中国则加速了市场经济改革。东亚国家大幅开放贸易、资本市场在一定程度上为亚洲金融危机爆发埋下隐患，但也为进一步融入全球分工体系创造了条件。

亚洲金融危机之后，东亚国家在加强合作、有序开放过程中继续推进贸易自由化与投资便利化。2001 年，随着中国加入世界贸易组织，以及 3 个"10 + 1"、CEPA、APEC 等区域性合作框架与机制的启动，东亚区域内商品、要素流动的关税、非关税壁垒不断下降，要素可流动性得以提高。

（4）跨国公司是东亚产品内分工形成的主要推动力。在国际经济体系中，跨国公司一直扮演着全球生产与组织重要载体的角色，跨国公司控制着全球生产总值的 40% 左右、国际贸易的 50% ~60% 、国际技术贸易的

---

① 卢锋. 产品内分工：一个分析框架[R]. 北京大学中国经济研究中心讨论稿，2004. No. C200405.

60% ~70%、工艺研制的 80% ~90%，以及国际投资的 90% 左右[①]。跨国公司在发展过程中，一直存在“生产一体化”与“生产非一体化”的生产模式选择，基于不同历史阶段时代背景和世界经济形势发展需要，跨国公司通过交替实施多元化战略与专业化战略，不断扩充生产规模和竞争实力。20 世纪 80 年代初，世界经济出现衰退，发达国家普遍进入低速发展时期，国际竞争的加剧促使跨国公司加快了资源的全球优化配置以提升竞争力。随着模块化生产技术、大规模定制、柔性生产技术等的创新，跨国公司一方面通过对外直接投资收获新兴市场高成长性收益，另一方面加速非核心生产模块和业务流程的外包，专注于提升核心竞争力。

在跨国公司海外布局中，亚洲地区成为重要的投资目的地，1980 年，中国、中国香港、印度尼西亚、日本、马来西亚、菲律宾、韩国、新加坡、泰国等东亚 9 个主要国家和地区共接受对外直接投资 36 亿美元，2004 年增长至 1334 亿美元，2007 年达 2206 亿美元[②]。其中，美国跨国公司主要将东亚作为生产平台，不仅投资最终产品生产，而且对新技术研发、产品销售和售后服务均进行投资，形成投资系列化。而日本主要将东亚作为生产和出口平台，即将自己的生产能力转移到东亚，带动自身零部件出口，并利用东亚的资产和产能，满足全球市场的需求。

跨国公司的全球采购、外包和生产布局分散化对于东亚区域生产网络的形成产生了巨大的推动作用。

（5）亚洲金融危机等事件为新型空间集聚格局形成提供了机会之窗。亚洲金融危机的爆发以及印度尼西亚等国引发的政治骚乱使中国成为相对安全的投资目的地，1997 年之后，不少欧美、东南亚投资转向中国，或者通过中国香港间接投资于中国，1998 年，中国和中国香港在东亚 9 个国家和地区接受对外直接投资总额中所占比重分别比上年增长 3 个和 4.5 个百分点。2001 年，中国加入世贸组织，中国吸引对外直接投资的比重又大幅

---

① 朱文晖. 走向竞合——珠三角与长三角经济发展比较[M]. 北京：清华大学出版社，2003：5.

② 数据来源：UNCTAD Database。

上升，1998—1999 年，中国吸收外资占东亚 9 个国家和地区吸收外资比重平均为 32.3%，2001 年上升为 48.3%，2002 年攀升至 61%，中国成为东亚吸收外资的最主要地区①。外资流向的变动使东亚区域生产格局发生了变化，由于收益递增使产业集聚产生了自我强化的循环累积效应，并促使新的分工格局形成，由此亚洲金融危机等偶发性事件成为改变旧路径依赖、形成新路径依赖和产业集聚分工的助推力。

在新生产技术使生产分散化成为可能、通信运输技术发展降低运输成本、制度环境优化提高要素可流动性程度及减少交易费用等条件下，东亚各国基于既有优势，在跨国公司投资选择和偶发性事件影响下，形成新的产业集聚格局，由此在收益递增的循环累积效应作用下演化出现实的产品内国际分工格局。

第二节　中国跻身东亚生产网络枢纽地位

21 世纪之初，中国积极发展出口贸易，大力引进 FDI，以开放的姿态深度参与经济全球化。在跨国公司的扩张和生产环节外包的促使下，中国迅速参与国际分工并跻身东亚生产网络的枢纽地位，成为东亚生产网络的出口平台，也使东亚成为全球的生产制造中心。本节利用联合国商品贸易统计数据库（UN COMTRADE）提供的相对系统完整的数据资料，按照 BEC 五阶段分类方法，对东亚地区贸易规模及影响力较大的 10 个国家和地区（中国、中国香港、印度尼西亚、日本、马来西亚、菲律宾、韩国、新加坡、泰国和越南）进行统计研究，结果表明，随着中国融入东亚生产网络，中国的生产和贸易能力迅速扩张，在东亚地区扮演着越来越重要的角色。

① 资料来源：UNCTAD Database。

一、东亚区域内进出口贸易量不断增长

进入21世纪以来，东亚区域内各经济体之间的联系逐渐增多，奉行出口导向型发展战略的东亚各国从竞相向发达国家出口，逐步转向加大向区域内进出口，东亚区域内贸易迅速增长，贸易比重显著提高。

首先，东亚区域内贸易快速增长。1998—2008年，东亚10国和地区区域内贸易总额均呈上升趋势。其中，贸易总额增长幅度最大的就是中国，从1998年的1476.25亿美元增长至2008年的8833.85亿美元，年均复合增长率超过了20%，已经成为东亚地区区域内贸易总额最大的经济体（见图4-2）。

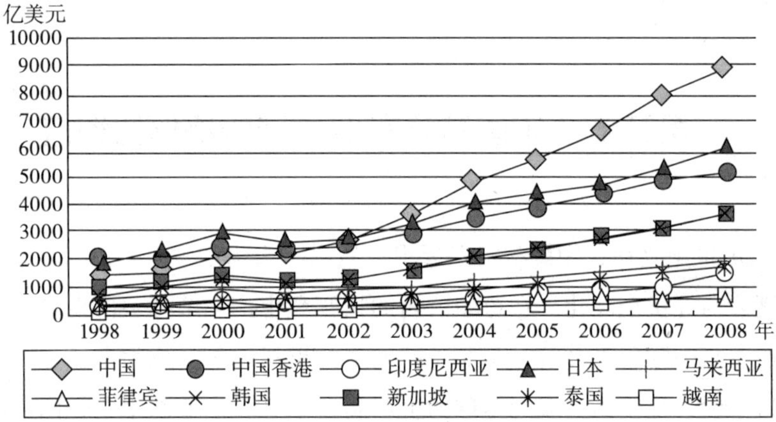

图4-2 1998—2008年东亚10国和地区区域内进出口总额走势

资料来源：根据UN COMTRADE BEC数据库绘制。

另外，1998年东亚10国和地区区域内出口总额为4564亿美元，2003年升至8263亿美元，2008年更是升至17549亿美元的高位，10年内的年均增速高达14.3%。同时，进口总额从4499亿美元上升至2003年的7891亿美元，而2008年又升至16324亿美元，1998—2008年从区域内进口的年均增速为13.5%。其中，除了越南因初始贸易规模很小，而使10年间的区域内出口增速高达27%、进口增速达到31.9%，中国向东亚出口的增速最快，1998—2008年平均增速为19.2%，印度尼西亚从东亚区域内

进口增速最快，为21.1%。此外，向东亚出口增长较快的另两个国家分别为韩国（15.4%）、新加坡（14.8%）；从东亚进口增速较快的是中国（20.2%）和韩国（19.0%）（见表4－1）。

表4－1　1998—2008年东亚10国和地区区域内进出口总额及其增长率

年份	中国	中国香港	印度尼西亚	日本	马来西亚	菲律宾	韩国	新加坡*	泰国	越南	东亚10国和地区
	向区域内出口总额/亿美元										
1998	852	803	245	1044	320	102	450	506	215	27	4564
2003	1854	1268	335	1831	534	189	870	921	379	83	8263
2008	4916	2249	770	3275	1068	277	1880	2027	839	246	17549
	向区域内出口年均复合增长率（%）										
1998—2008	19.2	10.8	12.2	12.1	12.8	10.5	15.4	14.8	14.6	27.0	14.3
	向区域内进口总额/亿美元										
1998	625	1265	115	895	313	161	314	569	206	37	4499
2003	1752	1682	165	1513	485	219	785	740	396	155	7891
2008	3917	2886	782	2762	882	321	1791	1570	881	531	16324
	向区域内进口年均复合增长率（%）										
1998—2008	20.2	8.6	21.1	11.9	10.9	7.2	19.0	10.6	15.7	31.9	13.5

注：*由于1998—2002年新加坡统计的对印度尼西亚进口和出口数据缺失，相应数据用印度尼西亚统计的对新加坡出口和进口数据作为替代，后续分析都作如此调整。

资料来源：UN COMTRADE BEC数据库。

其次，区域内贸易在东亚各经济体贸易中占据较大比重。相较于1998年，2008年东亚10国和地区中仅中国和越南向东亚出口占本国总出口的比重、中国和新加坡从东亚进口占本国总进口的比重出现下滑，其他国家和地区区域内贸易占本国贸易比重均有较大幅度提升。1998—2008年，向区域内出口比重上升最为显著的是菲律宾、日本和中国香港，分别上升21.9个、15.0个和14.8个百分点。而从区域内进口比重上升最快的是越南，上升了37.2个百分点，其次是印度尼西亚和韩国，分别为18.5个和7.5个百分点。从东亚10国和地区进出口比重的整体变化来看，中国的区域内贸易比重明显下滑，这也说明近些年中国更多地承担起东亚区域对外总出口和总进口的责任；越南加大了从区域内进口和对区域外的出口，区域内出口比重下滑；新加坡则增加了海外采购比重，区域内进口比重出现明显下滑；而菲律宾的区域内进出口份额均出现了大幅增长，这得益于其国内工业和服务业的快速发展。从东亚10国和地区区域内进出口与各国和地区总进出口的比较来看，1998年，东亚10国和地区向区域内出口占各国和地区总出口（12036亿美元）的比重为37.9%，2008年升至44.2%，上升了6.3个百分点；1998年，东亚10国和地区从区域内进口占各国和地区总进口（9733亿美元）的比重为46.2%，2003年曾升至49.2%的最高水平，之后逐渐下降，2008年为44.7%，即东亚10国和地区从区域外的进口有所上升（见表4-2）。

表4-2　1998—2008年东亚10国和地区区域内进出口占总进出口比重及其变动

年份	中国	中国香港	印度尼西亚	日本	马来西亚	菲律宾	韩国	新加坡*	泰国	越南	东亚10国和地区
	向东亚出口占总出口比重（%）										
1998	46.3	45.9	50.1	26.9	43.7	34.7	34.0	46.0	40.1	—	37.9
2003	42.3	55.5	54.8	38.8	50.8	52.1	44.9	56.7	47.2	41.1	46.0
2008	34.4	60.7	56.2	41.9	53.8	56.5	44.6	59.4	47.7	39.2	44.2
	向东亚出口占总出口比重增减（%）										
1998—2008	-12.0	14.8	6.1	15.0	10.1	21.9	10.5	13.4	7.6	-10.4*	6.3
	从东亚进口占总进口比重（%）										
1998	44.5	67.7	42.0	31.9	54.2	51.0	33.7	55.9	48.6	28.6	46.2
2003	42.4	72.1	50.8	39.4	58.6	51.3	44.1	54.1	52.2	61.4	49.2
2008	34.6	73.5	60.5	36.2	56.6	53.2	41.2	48.6	49.3	65.8	44.7
	从东亚进口占总进口比重增减（%）										
1998—2008	-10.0	5.7	18.5	4.3	2.4	2.2	7.5	-7.3	0.8	37.2	-1.5

注：越南为2000—2008年比重增减。

资料来源：UN COMTRADE BEC 数据库。

最后，东亚区域内贸易、东亚各国和地区贸易占世界贸易比重均有所上升。从东亚区域内、各国和地区及世界贸易的比较来看，东亚总进出口均超过世界贸易增长，且占世界贸易的份额持续攀升，东亚10国和地区总出口占世界出口比重由 1998 年的 21.7% 上升至 2003 年的 23.4% 和 2008 年的 24.2%；总进口比重则从 16.9% 升至 20.1% 和 21.6%。从东亚区域内贸易占世界贸易的比重来看，也有小幅上升，1998 年，东亚 10 国和地区区域内出口占世界总出口的 8.2%，2008 年升至 10.7%，10 年内缓慢增长了 2.5 个百分点；区域内进口所占比重由 7.9% 升至 9.6%，增长了 1.8 个百分点（见表 4－3）。

表 4－3　1998—2008 年东亚 10 国和地区贸易与世界贸易比较

（%）

年份	区域内出口总额占世界总出口	东亚国家总出口占世界总出口	区域内进口总额占世界总进口	东亚国家总进口占世界总进口
1998	8.2	21.7	7.9	16.9
2003	10.8	23.4	9.8	20.1
2008	10.7	24.2	9.6	21.6
1998—2008 比重变动	2.5	2.5	1.8	4.8

资料来源：UN COMTRADE BEC 数据库。

二、中国成为东亚区域的贸易核心

中国在融入东亚分工体系的进程中不断提升自身的国际影响力，东亚各经济体原有的分工位置因为中国的参与而发生改变，从东亚区域内贸易格局来看，中国正取代日本成为整个区域贸易的轴心，区域内各国和地区的经济联系也因中国的联结而更加密切。

首先，中国与东亚贸易总体上是一种进口贸易，且中国正取代日本成为东亚区域外贸易核心国。如图 4－3 所示，在对 2000—2008 年中国与东亚主要经济体的贸易差额进行计算时发现，除中国香港作为转口地明显表现为贸易顺差之外（中国香港总出口中二次出口所占的比重较大），中国与东亚其他经济体之间基本上都表现为贸易逆差，且其趋势在逐年扩大，即中国与东亚主要经济体之间的商品贸易总体上是进口贸易（见图 4－3）。

另外，1998 年，日本是东亚区域外贸易中最大的出口国和进口国，其对

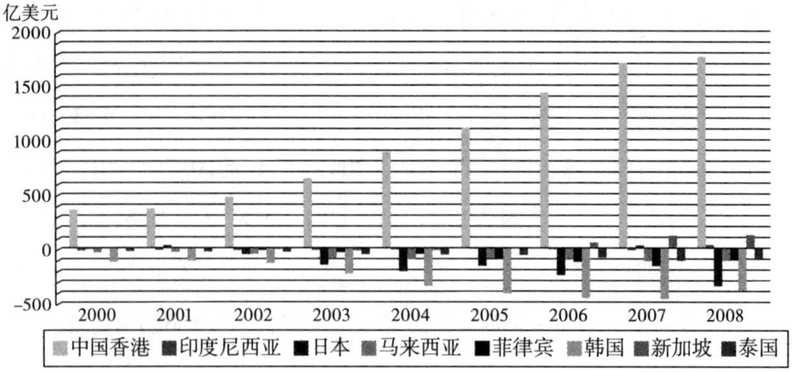

图 4-3　2000—2008 年中国与东亚主要国家/地区的贸易差额

资料来源：根据 UN COMTRADE BEC 数据库绘制。

区域外出口占到东亚 10 国和地区对区域外总出口的 38%，从区域外进口占东亚 10 国和地区区域外总进口比重为 36.5%；之后比重逐年下滑，2003 年分别降至 29.8% 和 28.5%，2008 年又下滑至东亚 10 国和地区的 20.5% 和 24.1%。而同期，中国对区域外出口占东亚 10 国和地区区域外总出口比重由 1998 年的 13.2% 快速升至 2003 年的 26.1%，2008 年为东亚 10 国和地区的 42.4%；而从区域外进口占东亚 10 国和地区区域外总进口的比重由 1998 年的 14.9% 升至 2003 年的 29.2% 和 2008 年的 36.7%。不难看出，中国正成为东亚对区域外进出口贸易的总枢纽（见表 4-4）。

表 4-4　1998—2008 年东亚各国和地区向区域外贸易占东亚 10 国和地区的比重

年份	中国	中国香港	印度尼西亚	日本	马来西亚	菲律宾	韩国	新加坡	泰国	越南	东亚 10 国和地区
	对区域外出口占东亚 10 国和地区区域外总出口比重（%）										
1998	13.2	12.6	3.3	38.0	5.5	2.6	11.7	7.9	4.3	1.0	100
2003	26.1	10.5	2.8	29.8	5.3	1.8	11.0	7.1	4.4	1.2	100
2008	42.4	6.6	2.7	20.5	4.1	1.0	10.6	6.2	4.2	1.7	100
	从区域外进口占东亚 10 国和地区区域外总进口比重（%）										
1998	14.9	11.5	3.0	36.5	5.0	3.0	11.8	8.6	4.2	1.6	100
2003	29.2	8.0	2.0	28.5	4.2	2.5	12.3	7.7	4.5	1.2	100
2008	36.7	5.2	2.5	24.1	3.4	1.4	12.7	8.1	4.5	1.4	100

资料来源：UN COMTRADE BEC 数据库。

其次，中国成为东亚各经济体主要的出口对象国。2000 年，多数东亚国家（地区）均将中国作为最主要的东亚地区出口市场，其中，中国香港向内地出口698 亿美元，占其向东亚 10 国和地区出口的 72.3%；然后是日本，出口 304 亿美元，占日本向东亚 10 国和地区出口的 19.4%；韩国向中国出口 185 美元，位居第三，占其向东亚出口的 26.6%；2008 年该三国和地区向中国出口比重继续上升，分别为 79.4%、38.1% 和 48.6%。总体来看，2008 年东亚 10 国和地区向中国出口 4830 亿美元，占东亚区域内出口总额的 21.8%。东亚区域内第二、第三大出口市场是中国香港和日本，2008 年，东亚 10 国和地区向其出口比重分别占到 17.9% 和 15.1%（见表 4－5、表 4－6）。

表 4－5　1998—2008 年东亚各国和地区向中国进出口占向东亚 10 国和地区整体的比重

（%）

年份	中国香港	印度尼西亚	日本	马来西亚	菲律宾	韩国	新加坡	泰国	越南
	各国向中国出口占向东亚 10 国和地区出口总额的比重（%）								
1998	74.5	7.5	19.2	6.2	3.4	24.3	8.0	8.2	3.9
1999	72.2	8.0	19.1	6.1	4.4	24.4	7.0	7.9	13.5
2000	72.3	8.2	19.4	6.2	4.3	26.6	7.5	9.5	21.4
2001	73.5	7.4	23.2	8.7	5.9	30.2	8.2	10.0	20.3
2002	74.2	9.7	26.7	11.0	8.5	35.4	9.9	11.5	21.9
2003	75.3	11.4	31.4	12.8	11.4	40.4	11.2	15.0	22.8
2004	74.8	11.6	32.7	13.2	12.2	43.9	13.6	15.2	26.3
2005	77.2	13.6	33.7	12.9	17.6	48.2	14.9	16.9	23.7
2006	78.5	14.5	36.3	14.4	17.9	47.4	16.6	18.9	21.2
2007	79.6	15.0	37.8	17.0	20.1	49.7	16.2	20.1	19.7
2008	79.4	15.1	38.1	17.7	19.7	48.6	15.5	19.1	19.7
	各国从中国进口占从东亚 10 国和地区进口总额的比重（%）								
1998	59.3	7.9	41.4	5.9	8.3	19.8	8.5	8.8	6.1
1999	62.1	11.9	40.5	5.9	6.7	19.3	9.1	10.0	9.1
2000	61.1	12.4	40.8	7.0	4.9	20.1	9.1	10.8	13.5
2001	61.9	12.8	44.8	9.6	6.3	23.5	11.3	12.7	15.6
2002	62.0	15.7	48.0	13.6	6.6	26.7	13.4	15.1	17.4

续表

年份	中国香港	印度尼西亚	日本	马来西亚	菲律宾	韩国	新加坡	泰国	越南
2003	60.1	17.9	49.9	15.1	8.9	27.8	15.0	15.3	20.2
2004	59.6	17.4	51.5	17.1	11.6	29.4	17.4	16.5	22.8
	各国从中国进口占从东亚10国和地区进口总额的比重（%）								
2005	61.4	18.4	53.1	19.9	12.4	33.8	19.7	18.0	24.8
2006	62.0	20.3	52.8	21.0	13.9	37.1	22.0	20.4	25.0
2007	62.3	21.1	53.1	22.3	13.8	41.1	23.5	22.3	30.5
2008	62.8	19.5	51.9	22.7	14.2	42.9	21.7	22.8	30.1

资料来源：UN COMTRADE BEC 数据库。

最后，中国是东亚各经济体主要的进口来源国。2000 年，中国香港从中国进口 445 亿美元，占其从东亚总进口的 42.4%，位居首位；日本和韩国分别从中国进口 417 亿美元和 113 亿美元，各占其从东亚进口的 32.2% 和 18.5%。而到了 2008 年，三地从中国进口比重均大幅上升，中国香港、日本和韩国的比重依次为 61.1%、44.3% 和 41.6%。2000 年，东亚 9 国和地区共从中国进口 1141 亿美元，占区域内进口总额的 17.7%；而 2008 年升至 4916 亿美元，占比为 28.3%，中国已经成为区域内第一大进口来源地。区域内第二大进口来源地是日本，2008 年东亚 9 国和地区从日本进口比重占到 18.8%。此外，韩国和新加坡也是区域内主要的进口市场，2008 年所占比重均为 10.8%。

表 4－6　2008 年东亚 10 国和地区区域内贸易矩阵

	出口方										
	中国	中国香港	印度尼西亚	日本	马来西亚	菲律宾	韩国	新加坡	泰国	越南	东亚10国和地区
进口方	出口额/亿美元										
中国		1786	116	1249	189	55	914	311	160	49	4829
中国香港	1907		18	403	85	50	198	351	99	9	3120
印度尼西亚	172	22		126	62	6	79	218	63	8	755

续表

	出口方										
	中国	中国香港	印度尼西亚	日本	马来西亚	菲律宾	韩国	新加坡	泰国	越南	东亚10国和地区
日本	1161	156	277		215	77	283	167	199	85	2620
马来西亚	215	35	64	164		20	58	409	98	20	1083
进口方	出口额/亿美元										
菲律宾	91	28	21	100	29		50	73	35	18	444
韩国	739	71	91	595	78	25		123	36	18	1776
新加坡	323	73	129	266	293	26	163		100	27	1399
泰国	156	47	37	294	95	15	58	132		13	847
越南	151	32	17	78	24	4	78	87	50		521
东亚10国和地区	4916	2249	770	3275	1071	277	1880	1870	839	246	17394
	出口地区分布（%）										
中国		79.4	15.1	38.1	17.7	19.7	48.6	16.6	19.1	19.7	27.8
中国香港	38.8		2.3	12.3	7.9	18.0	10.5	18.8	11.8	3.6	17.9
印度尼西亚	3.5	1.0		3.8	5.8	2.2	4.2	11.7	7.5	3.1	4.3
日本	23.6	6.9	36.0		20.1	27.8	15.0	8.9	23.7	34.4	15.1
马来西亚	4.4	1.6	8.4	5.0		7.1	3.1	21.9	11.7	8.3	6.2
菲律宾	1.9	1.2	2.7	3.0	2.7		2.7	3.9	4.1	7.4	2.6
韩国	15.0	3.2	11.8	18.2	7.2	9.1		6.6	4.3	7.3	10.2
新加坡	6.6	3.2	16.7	8.1	27.4	9.4	8.7		11.9	11.0	8.0
泰国	3.2	2.1	4.8	9.0	8.9	5.4	3.1	7.1		5.2	4.9
越南	3.1	1.4	2.2	2.4	2.3	1.4	4.2	4.7	5.9		3.0
东亚10国和地区	100.0	100.0	100.0	100.0	100.0	100.0	100.0	100.0	100.0	100.0	100.0
	进口来源地分布（%）										
中国		37.0	2.4	25.9	3.9	1.1	18.9	6.4	3.3	1.0	100.0
中国香港	61.1		0.6	12.9	2.7	1.6	6.3	11.3	3.2	0.3	100.0

续表

	出口方										
	中国	中国香港	印度尼西亚	日本	马来西亚	菲律宾	韩国	新加坡	泰国	越南	东亚10国和地区
印度尼西亚	22.8	2.9		16.7	8.2	0.8	10.5	28.9	8.3	1.0	100.0
日本	44.3	6.0	10.6		8.2	2.9	10.8	6.4	7.6	3.2	100.0
	进口来源地分布（%）										
马来西亚	19.8	3.2	5.9	15.2		1.8	5.4	37.8	9.0	1.9	100.0
菲律宾	20.5	6.2	4.6	22.4	6.6		11.3	16.4	7.8	4.1	100.0
韩国	41.6	4.0	5.1	33.5	4.4	1.4		6.9	2.0	1.0	100.0
新加坡	23.1	5.2	9.2	19.0	20.9	1.9	11.6		7.1	1.9	100.0
泰国	18.5	5.5	4.3	34.8	11.2	1.8	6.8	15.6		1.5	100.0
越南	29.0	6.2	3.2	15.0	4.6	0.7	15.0	16.7	9.5		100.0
东亚10国和地区	28.3	12.9	4.4	18.8	6.2	1.6	10.8	10.8	4.8	1.4	100.0

资料来源：UN COMTRADE BEC 数据库。

总的来说，中国目前正处在东亚区域进出口贸易的轴心地位，与东亚其他经济体在贸易和对外投资方面有着密切的合作，是东亚“新三角贸易格局”中必不可少的一环。中国参与东亚分工的范围、层次都在逐渐提高，东亚是中国参与国际贸易和国际分工最重要的平台。

三、中间产品贸易在东亚区域内贸易中占据主导地位

进入21世纪以来，建立在全球价值链和垂直专业化分工基础之上的中间产品贸易在东亚生产分工体系中扮演着越来越重要的角色。从东亚区域内贸易的发展趋势来看，以零部件为代表的中间产品占据主导地位，而中国已然成为东亚零部件贸易的枢纽。

第一，中间产品贸易呈快速增长趋势。从东亚10国和地区向区域内出口商品构成来看，2008年越南向区域内出口的38.3%为初级产品，渐次为印度尼西亚（29.7%）、马来西亚（10.6%）和泰国（8.4%），其他国家

和地区初级产品出口所占比重都极小。除中国、印度尼西亚、泰国和越南向区域内出口中间产品的比重低于60%（分别为50.4%、57.8%、58.1%和29.0%），其余东亚国家和地区的中间产品出口比重均在70%以上，其中新加坡出口比重最高，其向区域内出口的80.7%均为中间产品，其中，零部件出口占到44.8%，半成品出口占到35.8%。另外，中国香港和菲律宾的零部件出口比重均达到了50%以上，分别占本地出口比重的51.6%和51.8%。印度尼西亚、马来西亚、韩国和日本的半成品出口比重均处于高位，且为最大出口商品类别，分别为本国出口的50.4%、49.3%、46.1%和39.3%（见表4－7）。

表4－7 2008年东亚10国和地区向区域内出口商品的构成

	中国	中国香港	印度尼西亚	日本	马来西亚	菲律宾	韩国	新加坡	泰国	越南	东亚10国和地区
	2008年向区域内出口产品金额/亿美元										
初级产品	109	36	229	68	98	12	16	15	71	93	746
半成品	1285	493	388	1211	454	52	866	701	290	43	5785
零部件	1186	1159	57	981	198	144	576	876	197	27	5401
资本品	1326	332	40	612	101	52	342	224	137	14	3180
消费品	995	226	56	208	69	18	80	139	143	66	2001
总出口	4901	2247	770	3082	919	277	1880	1954	838	244	17114
	2008年向区域内出口产品构成（%）										
初级产品	2.2	1.6	29.7	2.2	10.6	4.2	0.8	0.7	8.4	38.3	4.4
半成品	26.2	21.9	50.4	39.3	49.3	18.8	46.1	35.8	34.6	17.8	33.8
零部件	24.2	51.6	7.4	31.8	21.6	51.8	30.6	44.8	23.5	11.2	31.6
中间产品	50.4	73.5	57.8	71.2	70.9	70.6	76.7	80.7	58.1	29.0	65.4
资本品	27.1	14.8	5.1	19.9	10.9	18.8	18.2	11.5	16.4	5.6	18.6
消费品	20.3	10.1	7.3	6.8	7.5	6.4	4.3	7.1	17.1	27.1	11.7
最终产品	47.4	24.9	12.5	26.6	18.5	25.2	22.4	18.6	33.4	32.7	30.3
总出口	100.0	100.0	100.0	100.0	100.0	100.0	100.0	100.0	100.0	100.0	100.0

资料来源：UN COMTRADE BEC 数据库。

此外，从东亚区域内出口商品整体构成来看，中间产品占比逐步提高，21世纪以来基本均保持在60%以上，而最终产品仅占东亚区域内贸易的三成左右。2008 年中间产品出口占到区域总出口的 65.4%，分别高于 1995 年的 59.3%、2002 年的 62.5% 和 2006 年 64% 的水平。其中，半成品出口所占份额持续提升，由 2002 年的 30.2% 提高到 2008 年的 33.8%；零部件出口比重由 2002 年的 32.3% 轻微下降至 2008 年的 31.6%。另外，资本品出口比重有所上升，从 2002 年的 16.7% 升至 2008 年的 18.6%；消费品比重则不断下滑，从 1995 年的 18.8% 下降至 2008 年的 11.7%（见图 4－4）。

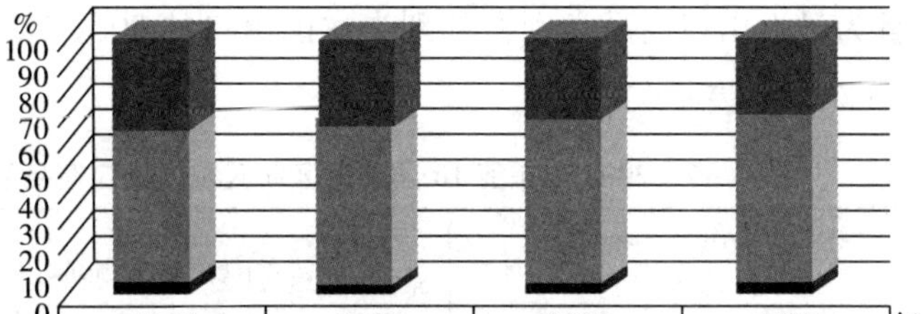

	1995	2002	2006	2008
■ 最终产品	36.4	33.8	32.0	30.3
■ 中间产品	59.3	62.5	64.0	65.4
■ 初级产品	4.4	3.7	4.0	4.4

年

图 4－4　1995—2008 年东亚 10 国和地区区域内出口商品结构

注：1995 年为东亚 8 国和地区，缺少菲律宾和越南；2002 年、2006 年为东亚 9 国和地区，缺少越南；2008 年为东亚 10 国和地区。

资料来源：根据 UN COMTRADE 数据库计算并绘制。

第二，中国成为东亚中间产品特别是零部件贸易的最大进口国。根据联合国商品贸易数据库中 SITC 产品分类标准下的数据计算发现，2000—2008 年，中国对东亚地区的总进口保持逐年递增的状态。同时，中国从东亚地区进口中间产品的规模也在不断扩大，中间产品进口占总进口的平均比重在此期间保持在 60% 上下，可见，中国是东亚区域中间产品贸易的核心国家，扮演着整个东亚“生产制造基地”的角色（见图 4－5）。

另外，从东亚区域零部件贸易情况来看，中国和中国香港为最主要的零部件出口市场，1995 年中国香港将本地 66.8% 的零部件出口输往中国，韩国和日本分别为 5.4% 和 10.1%；2008 年三地区输往中国零部件比重均大幅上升，分别为 84.3%、54.9% 和 39.8%。由此，中国占东亚零部件出口市场的份额从 1995 年的 14.3% 攀升至 2008 年的 35.9%。从零部件进口

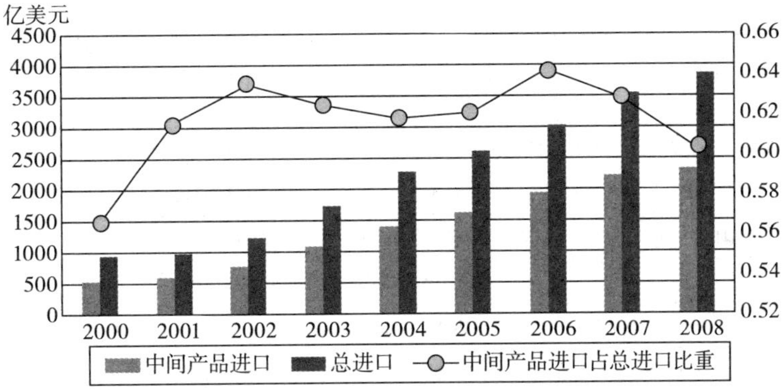

图 4 –5　2000—2008 年中国从东亚地区进口中间产品比重

资料来源：根据 UN COMTRADE SITC 数据库绘制，此处中间产品为 SITC 第七类产品。

来源地来看，1995 年，日本、新加坡、中国香港和韩国分别是最大的进口来源地。2008 年，中国、中国香港、日本和新加坡分别是最大的零部件进口来源地，其中除泰国、菲律宾和印度尼西亚外，其余东亚国家和地区均大量从中国进口零部件，使得 2008 年中国占据东亚零部件进口市场的 22. 0%；中国香港因中国的大量采购而于 2008 年占据东亚 21. 5% 的市场份额，因东亚大多数国家和地区主要从日本进口零部件，日本占据东亚零部件进口份额的 18. 2%；因中国香港、中国和马来西亚等将新加坡作为最主要进口地，2008 年新加坡占据东亚零部件进口市场份额的 16. 2%（见表 4 –8）。

表 4 –8　1995 年、2008 年东亚 10 国和地区零部件进出口地区分布

	出口方										
进口方	1995 年出口地区分布（%）										
	中国	中国香港	印度尼西亚	日本	马来西亚	菲律宾	韩国	新加坡	泰国	越南	东亚 8 或 10 国和地区
中国		66. 8	0. 3	10. 1	0. 8	—	5. 4	3. 0	1. 0	—	14. 3
中国香港	51. 1		5. 0	14. 3	10. 7	—	16. 8	13. 3	6. 3	—	13. 6
印度尼西亚	2. 6	0. 8		7. 6	2. 0	—	3. 0	1. 5	1. 9	—	4. 2
日本	27. 9	6. 8	17. 6		17. 0	—	32. 4	13. 0	28. 6	—	10. 7
马来西亚	2. 6	3. 8	10. 0	15. 5		—	10. 9	52. 0	9. 2	—	17. 0

续表

	出口方										
韩国	6.4	6.8	2.3	17.8	3.2	—		4.4	2.3	—	9.6
新加坡	7.7	12.8	59.9	20.3	59.0	—	28.0		50.7	—	21.3
泰国	1.8	2.3	4.9	14.3	7.3	—	3.5	12.8		—	9.4
东亚8国和地区	100.0	100.0	100.0	100.0	100.0	—	100.0	100.0	100.0	—	100.0
	1995年进口来源地分布（%）										
中国		63.0	0.0	28.8	0.5	—	3.9	3.4	0.3	—	100.0
中国香港	18.9		0.3	42.9	7.3	—	12.8	15.8	1.9	—	100.0
印度尼西亚	3.2	2.6		74.6	4.4	—	7.4	5.9	1.9	—	100.0
日本	13.1	8.5	1.4		14.7	—	31.6	19.6	11.2	—	100.0
马来西亚	0.8	3.0	0.5	37.3		—	6.7	49.6	2.2	—	100.0
韩国	3.3	9.5	0.2	75.6	3.1	—		7.3	1.0	—	100.0
新加坡	1.8	8.1	2.3	38.7	25.5	—	13.7		9.9	—	100.0
泰国	1.0	3.3	0.4	62.2	7.2	—	3.8	22.0		—	100.0
东亚8国和地区	5.0	13.5	0.8	40.7	9.2	—	10.4	16.2	4.2	—	100.0
	2008年出口地区分布（%）										
中国		84.3	3.0	39.8	14.1	25.5	54.9	18.5	12.9	3.9	35.9
中国香港	48.6		3.5	13.1	11.5	28.2	15.2	20.8	12.3	4.8	19.7
印度尼西亚	2.5	0.7		4.2	3.5	1.4	1.2	11.3	8.4	1.3	3.9
日本	18.1	3.8	25.0		13.3	18.4	11.9	9.5	24.6	59.8	10.1
马来西亚	5.0	1.7	8.6	6.2		6.7	3.6	19.0	12.6	2.1	6.8
菲律宾	1.8	1.2	3.8	4.3	1.7		2.7	3.8	4.4	7.1	2.6
韩国	13.3	2.9	1.2	12.5	3.2	3.9		9.4	3.8	0.8	7.7
新加坡	7.0	3.0	41.0	7.4	37.5	10.8	7.5		17.2	2.6	7.1
泰国	2.4	1.6	9.9	10.8	13.9	4.5	2.0	6.4		17.5	4.9
越南	1.3	0.6	4.1	1.8	1.3	0.5	1.0	1.3	3.8		1.3
东亚10国和地区	100.0	100.0	100.0	100.0	100.0	100.0	100.0	100.0	100.0	100.0	100.0
	2008年进口来源地分布（%）										
中国		50.4	0.1	20.1	1.4	1.9	16.3	8.4	1.3	0.1	100.0
中国香港	54.1		0.2	12.0	2.1	3.8	8.2	17.1	2.3	0.1	100.0
印度尼西亚	13.9	3.7		19.7	3.3	1.0	3.4	47.0	7.9	0.2	100.0
日本	39.5	8.2	2.6		4.9	4.9	12.6	15.4	8.9	3.0	100.0

续表

	出口方										
马来西亚	16. 2	5. 5	1. 3	16. 6		2. 6	5. 6	45. 2	6. 7	0. 2	100. 0
菲律宾	14. 8	9. 9	1. 5	29. 6	2. 4		11. 1	23. 2	6. 1	1. 4	100. 0
韩国	37. 9	8. 1	0. 2	29. 4	1. 5	1. 3		19. 7	1. 8	0. 1	100. 0
新加坡	21. 7	9. 1	6. 1	19. 0	19. 5	4. 1	11. 4		8. 9	0. 2	100. 0
	2008 年进口来源地分布（%）										
泰国	10. 6	7. 2	2. 1	39. 9	10. 4	2. 5	4. 3	21. 3		1. 8	100. 0
越南	21. 6	10. 6	3. 3	24. 6	3. 8	1. 0	7. 9	16. 6	10. 6		100. 0
东亚 10 国和地区	22. 0	21. 5	1. 1	18. 2	3. 7	2. 7	10. 7	16. 2	3. 7	0. 5	100. 0

注：1995 年为东亚 8 国和地区，2008 年为东亚 10 国和地区。

资料来源：UN COMTRADE BEC 数据库。

从中间产品整体流向来看，2000 年东亚区域内半成品主要进口自日本（23. 4%）、中国香港（17. 0%）、韩国（16. 2%）、和中国（13. 8%）；主要出口至中国（30. 2%）、中国香港（16. 3%）、日本（15. 9%）和韩国（10. 2%）。2008 年，东亚 10 国和地区半成品主要来自中国（22. 2%）、日本（20. 9%）、韩国（15. 0%）和新加坡（12. 1%）；这些半成品有 26. 6% 流向中国，该比重比 2000 年的 30. 2% 低 3. 6 个百分点。从零部件贸易来看，2000 年东亚区域内零部件主要进口自日本（28. 7%）、新加坡（15. 9%）、中国香港（14. 8%）、马来西亚（10. 2%）和韩国（10. 0%）；主要出口至中国（19. 1%）和新加坡（16. 5%）。2008 年，零部件主要来自中国（22. 0%）、中国香港（21. 5%）、日本（18. 2%）和新加坡（16. 2%）；这些零部件主要流向中国，占东亚 10 国和地区比重达 35. 9%，其次是中国香港（19. 7%）。因 2008 年中国香港 82. 9% 的半成品、84. 3% 的零部件出口都流向中国；又有 47. 4% 的半成品和 54. 1% 的零部件主要进口自中国，因而中国事实上占据东亚零部件销售市场份额的一半、半成品销售市场份额的四成以上，中国已经成为东亚区域内最大的中间产品进口与出口国（见表 4 –9）。

表 4－9　2000 年、2008 年东亚 10 国和地区半成品和零部件贸易地区构成

（%）

年份		中国	中国香港	印度尼西亚	日本	马来西亚	菲律宾	韩国	新加坡	泰国	越南	东亚 10 国和地区
2000	初级产品进口自	24.4	7.6	28.6	3.5	13.5	1.2	1.5	2.5	6.1	11.1	100
	初级产品出口至	19.6	5.1	4.7	32.6	4.6	2.2	16.9	8.6	5.1	0.7	100
	半成品进口自	13.8	17.0	8.3	23.4	6.4	0.9	16.2	9.7	4.0	0.3	100
	半成品出口至	30.2	16.3	5.0	15.9	6.2	3.0	10.2	6.1	4.6	2.5	100
	零部件进口自	8.7	14.8	1.8	28.7	10.2	4.9	10.0	15.9	4.8	0.4	100
	零部件出口至	19.1	14.1	2.7	13.4	13.0	5.4	8.6	16.5	6.5	0.6	100
	资本品进口自	16.6	12.9	2.4	35.2	6.6	2.0	8.5	12.8	2.9	0.1	100
	资本品出口至	18.0	18.3	3.1	16.4	8.4	3.8	12.0	13.6	5.2	1.1	100
	消费品进口自	44.7	16.7	3.5	8.2	4.6	1.2	7.1	4.8	6.5	2.7	100
	消费品出口至	10.4	21.5	2.2	43.7	3.7	2.4	5.1	7.4	2.0	1.7	100

续表

年份		中国	中国香港	印度尼西亚	日本	马来西亚	菲律宾	韩国	新加坡	泰国	越南	东亚 10 国和地区
2008	初级产品进口自	14.7	4.9	30.7	9.2	13.1	1.6	2.1	1.9	9.5	12.5	100
	初级产品出口至	26.2	3.6	2.9	26.7	6.0	2.5	16.6	10.4	4.1	1.0	100
	半成品进口自	22.2	8.5	6.7	20.9	7.8	0.9	15.0	12.1	5.0	0.8	100
	半成品出口至	26.6	12.0	7.1	14.2	6.3	2.7	13.0	7.5	5.6	5.2	100
	零部件进口自	22.0	21.5	1.1	18.2	3.7	2.7	10.7	16.2	3.7	0.5	100
	零部件出口至	35.9	19.7	3.9	10.1	6.8	2.6	7.7	7.1	4.9	1.3	100
	资本品进口自	41.7	10.4	1.2	19.3	3.2	1.6	10.8	7.1	4.3	0.4	100
	资本品出口至	23.8	26.3	5.2	12.2	5.6	1.7	8.7	9.4	4.3	2.7	100
	消费品进口自	49.7	11.3	2.8	10.4	3.5	0.9	4.0	6.9	7.2	3.3	100
	消费品出口至	13.5	20.5	3.8	31.8	5.6	3.4	8.3	6.9	3.6	2.6	100

资料来源：UN COMTRADE BEC 数据库。

四、中国对区域内服务贸易增长迅速

服务贸易的发展已经成为21世纪以来国际分工贸易中的重要内容，特别是作为中间服务投入的生产性服务贸易对东亚分工网络的发展与深化起到了重要作用，在逐步成为东亚产品内分工体系的轴心过程中，中国在服务贸易发展方面也取得了显著进展，跻身区域内领先地位。

1998—2008年，中国服务出口额由239亿美元增至1471亿美元，年均增长19.9%，服务进口额由267亿美元增至1589亿美元，年均增长19.5%，是东亚区域内服务贸易增长最快的国家。2008年，中国已经成为东亚区域内服务贸易规模仅次于日本的国家，在不包括印度尼西亚的东亚9国和地区内，中国服务贸易出口占比由1998年的11.7%升至2008年的22.4%，仅次于区域内第一大服务出口国日本（22.5%）；中国的服务贸易进口占比也由1998年的10.8%升至2008年的24.4%，略低于日本（25.8%）1.4个百分点（见表4－10）。

表4－10　1998—2008年东亚9国和地区服务贸易额及其增长率

	中国	中国香港	日本	马来西亚	菲律宾	韩国	新加坡	泰国	越南	合计
	服务出口额（亿美元）及年均增长率（%）									
1998	239	338	624	115	75	261	241	132	26	2051
2008	1471	923	1477	303	98	906	994	334	70	6576
1998—2008	19.9	10.6	9.0	10.2	2.7	13.3	15.2	9.7	10.4	12.4
	服务进口额（亿美元）及年均增长率（%）									
1998	267	251	1118	131	101	246	201	120	31	2467
2008	1589	471	1683	303	86	963	875	463	80	6512
1998—2008	19.5	6.5	4.2	8.7	－1.6	14.6	15.8	14.4	9.9	10.2
	生产性服务出口额（亿美元）及年均增长率（%）									
1998	90	170	364	67	57	83	105	42	—	978
2008	668	478	879	74	59	343	529	76	—	3105
1998—2008	22.2	10.9	9.2	1.0	0.3	15.2	17.6	6.1	—	12.2

续表

	中国	中国香港	日本	马来西亚	菲律宾	韩国	新加坡	泰国	越南	合计
	生产性服务进口额（亿美元）及年均增长率（%）									
1998	105	59	523	71	62	117	74	53	—	1062
2008	712	149	836	108	21	387	415	181	—	2892
1998—2008	21.1	9.7	4.8	4.3	-10.3	12.7	18.8	13.1	—	10.5

注：印度尼西亚因数据缺失，故未纳入计算。

资料来源：UNCTADSTAT Database。

从区域内生产性服务贸易发展来看，中国同样跻身东亚区域内领先国家行列。1998 年，中国生产性服务出口仅为 90 亿美元，区域内占比为 9.2%，远落后于日本的 364 亿美元和 37.2% 的比重；1998—2008 年，中国生产性服务出口年度增长 22.2%，到 2008 年，其出口额升至 668 亿美元，仅次于日本的 879 亿美元，生产性服务出口逐步攀升至东亚领先行列。从生产性服务进口来看，1998—2008 年，中国生产性服务进口年均增长 21.1%，远高于东亚主要国家和地区平均 9.3% 的增长速度，截至 2008 年，中国生产性服务进口额为 712 亿美元，略低于日本的 836 亿美元。服务贸易特别是与生产制造业关系紧密的生产性服务的出口状况是衡量一国产业演进程度的重要指标，也是区域性生产网络的重要内容，中国生产性服务的快速发展标志着其在分工演进方面占据区域内领先地位。

五、中国成为东亚生产网络加工制造枢纽

随着经贸关系的展开，东亚逐渐形成多层次的区域生产网络，其中，中国是中间产品的最大进口国和出口国，日本、韩国、新加坡为次级中间产品出口国，中国香港是重要的服务于中国中间产品贸易的中转地，它们构成了以中国为轴心的中间产品分工基础上的核心层网络。在核心的中间产品分工网络基础上，中国、日本、韩国和新加坡是资本品的主要出口和进口国；印度尼西亚、中国、马来西亚、泰国主要为相应国家提供初级产品，区域内所有国家再主要从中国、中国香港和日本获取消费品。由于中

国香港在中间产品、最终产品等方面均承担着重要的服务于中国市场的中转功能，中国与中国香港的分工联系最为紧密；而马来西亚、印度尼西亚主要为新加坡提供零部件和初级产品，三国亦形成相对紧密的分工联系。一方面基于层级网络特征，另一方面以中间产品生产分工为基础和核心组成部分，由此，东亚形成的是以层级生产网络为表现形式的产品内分工格局，并且，中国因服务贸易特别是生产性服务发展而占据区域内分工的首要地位。

第五章　中国参与国际经济治理

第一节　21 世纪中国参与国际经济治理的方式

世纪之交的国际经济体系仍然是美国主导的西方霸权主义的经济体系，但是由于第三世界国家在国际上地位的不断提升和经济全球化发展迅速，世界经济格局正发生着转变，全球分工体系由传统的垂直分工转变成产品内分工，市场经济体系在全球范围内不断推广，传统的国际经济关系正在进行巨大的调整，中国通过多种方式深入参与国际经济治理。

一、世纪之交国际经济治理的变化

随着东亚国家的崛起，国际经济体系出现由单极向多极转变的萌芽，相应地，国际经济治理也出现了新的模式。不同于 WTO 等美国主导建立的国际经济治理体系，其本质上是为了维护西方资本主义国家利益的“一揽子”的治理方式，东亚地区的经济治理——大量自由贸易协定（FTA）的出现，呈现出考虑不同国家之间差异、符合各国发展情况的“定制化”的新治理模式。

不同于传统国际经济治理体系中的多边贸易体制，通过直接选取与自身存在直接利益关系的贸易伙伴，双方合作出符合双方利益的“定制化的”FTA，从而实现双边的战略贸易伙伴关系，使各国可以通过符合自身发展需求的合作实现各自的经济增长。这种 FTA 有以下两个特点：

（1）内容比传统 FTA 更加广泛。传统的 FTA 仅涉及消除贸易壁垒，只是针对货物贸易来说的，而东亚地区兴起的 FTA 内容则更加广泛，还包括服务、投资、政府采购等领域的合作。这是传统的多边协商在短期内很难达到的结果。

（2）定制化。例如，有的国家国内贸易保护主义者的呼声比较高，基于国内舆论压力，可以签订"有限程度自由贸易的 FTA"，即双方仅开放有限领域的自由贸易，这样既能扩大国内的开放程度，又能保护一些敏感产业。这种定制化的 FTA 的作用是扩大"一致"、调和"分歧"。

例如，2002 年的《日本—新加坡经济合作协定》（以下简称 JSEPA）就是一个新型的定制化的双边 FTA。它的内容不仅包括货物贸易，还包括服务贸易、海关程序、科学技术等领域，其中，海关、程序、科学技术等不仅仅是传统经济领域的合作关系，还具有政治和安全监管的意义。值得注意的是，该双边 FTA 中的货物贸易，已经剔除了日本政府敏感的农产品领域。实际上，新加坡是一个城市国家，基本不牵扯农产品的出口，这也是日本首先"点菜单"式地选取新加坡作为定制化 FTA 对象的重要原因，也是 JSEPA 能够在短时期之内签署的原因。

在东亚区域合作层面也伴随着定制化 FTA 的出现，三个"10 + 1"是东亚合作的基本渠道，其间也会有大量两国间或三国间定制化的 FTA 一起，共同推动东亚区域经济一体化，最终将整合在"10 + 3"的建设和发展中，成为东亚区域经济一体化建设的主渠道。

（一）三个"10 + 1"是东亚区域经济合作的基本渠道

三个"10 + 1"是指中国—东盟自由贸易区（东盟十国 + 中国，CAFTA）、日本—东盟自由贸易区（东盟十国 + 日本，JAFTA）和韩国—东盟自由贸易区（东盟十国 + 韩国，KAFTA）。

1. 中国—东盟自由贸易区（CAFTA）

1999 年，时任国务院总理的朱镕基在马尼拉召开的第三次中国—东盟领导人会议上提出，中国愿意加强同东盟的联系，这一提议得到了东盟各国的积极回应。

2002 年，中国同东盟共同发表了《南海各方行为宣言》，表明了双方增进政治互信度的态度，为之后双方的经济合作奠定了基础。2002 年在金边召开的第六次中国—东盟领导人会议上，中国与东盟签署了《中国与东盟全面经济合作框架协议》，协议中提出用 10 年的时间建立自由贸易区，这标志着中国与东盟的合作正式开始。2004 年 11 月，中国同东盟签署了《货物贸易协议》，将对除之前已经采取降税措施以外的将近 7000 余种产品继续实行降税，此协议也标志着中国—东盟自由贸易区（以下简称 CAFTA）的建设进入实质执行阶段。CAFTA 的建设使得中国和东盟的关系得到了进一步加强，为亚洲其他各国与东盟的合作树立了良好的榜样，为东亚以及整个亚洲的经济合作与发展做出了积极的贡献。

2. 韩国—东盟自由贸易区（KAFTA）

KAFTA 的建设启动对韩国的“震慑”很大。作为高度外向型经济的国家，韩国的对外依赖程度非常高，担心中国—东盟自贸区的建设会导致中国逐渐“取代”日韩对东盟的投资，于是加紧推动韩国—东盟自由贸易区（以下简称 KAFTA）的启动谈判。2003 年 9 月，韩国向东盟提出建立 KAFTA 的议案。同年 10 月，双方同意对此问题进行研究。2005 年 12 月，韩国与东盟签署了《货物自由贸易框架协议》。此协议达成了“三个同意”，即同意贸易自由化、同意增加双方的货物贸易、同意消除所有的贸易壁垒。在执行时间方面并不是“一刀切”，而是有着“弹性”的特点，根据各国国内的具体情况，分成了不同的批次——泰国、文莱、印度尼西亚、新加坡、马来西亚和菲律宾将于 2006 年 7 月执行，而其他国家将会较晚执行。

3. 日本—东盟自由贸易区（JAFTA）

日本是东盟的第二大贸易伙伴，仅次于美国，同时是东盟最大的政府开发援助国。作为与韩国相似的对外依赖程度高的国家，对于日本来说，利用 FTA 也是必备的生存战略。与韩国相同，在中国与东盟提出 10 年内建成中国—东盟自贸区后，日本也担心自己与东盟的关系会落后于中国，于是加快了与东盟建立“日本—东盟”自贸区的步伐。2002 年 11 月，日本与东盟签署了《全面经济合作伙伴联合宣言》，目标是在 10 年内实现包括自由贸易在内的经济合作。2003 年 10 月，日本和东盟签署了《东盟与日本全面经济伙伴关系框架协议》。

（二）“10 +3”是东亚区域经济一体化的主渠道

“10 +3”是指东盟十国和中国、日本、韩国的合作。1999 年《东亚联合声明》的发表确立了在“10 +3”机制下东亚共同合作的开始。但相比于“10 +1”，“10 +3”实际上只是一个论坛性质的治理机制，目前，“10 +3”出台的具体措施有短期措施和中长期措施两种。而那些可能会引起成员国分歧的敏感问题则都被归入了中长期措施。但是，东盟方面对于“10 +3”的顾虑将在一定时期内不利于“10 +3”的建设，因为中、日、韩都是在东亚影响力很大的国家，东盟和三国的合作可能会导致其在合作中的边缘化——话语权的弱化。所以东盟才会分别和三国各建立“10 +1”，以维持多方力量的平衡。2000 年之前，东盟与中、日、韩三国领导人的峰会都是非正式的，2000 年去掉了“非正式”的说法，表明各国也都在致力于“10 +3”走向制度化、正式化的建设，以早日成为东亚区域经济一体化的主渠道。①

所以，东亚区域经济合作的方式是东盟国家和中、日、韩之间签订双边或者多边 FTA 协议，大方向是东盟—中、日、韩自贸区的建成，虽然还充满着重重阻力，但“10 +3”代表着东亚区域一体化的发展方向。

区域经济合作，特别是自贸区、自由贸易协定等，其实是和世贸组织的“多边”“一揽子”的大原则相背离的。但是，从马克思主义哲学的角度看，“全球经济一体化”和“区域经济一体化”应该是共性和个性的关系。而传统的国际经济治理体系——WTO、IMF、WB 的存在是为了解决这种共性问题，新型 FTA 的出现就是为了解决这种个性问题，定制化 FTA

① 杨虹. 新地区主义：中国与东亚共同发展[M]. 北京：中国社会科学出版社，2011：92 –96.

的出现绝对不是为了搞所谓的“区域主义”，而是为了解决特定区域存在的特定问题，从而共同推动经济全球化迈向一个更高的层次。

二、参与国际主导治理机构的变革

21 世纪以来，国际经济组织内部成员也在不断地改变，发展中国家比重有增长的趋势，世界贸易组织内部产生制度变革，落实“非互惠原则”，给予发展中成员更具灵活性的优惠待遇。国际货币基金组织也发生了制度变革，将发展中国家在配额和投票权方面的比重进一步提升，改变了美国享有“一票否决权”的权利。中国参与国际经济治理的方式之一就是通过加入国际经济组织，与其他各国谈判、签订协议来共同构建多边贸易体制，加入国际治理平台，对全球性问题进行商讨，作为一个发展中大国，为解决存在于国际的问题提供自己的见解。

（一）通过 WTO 参与多边贸易体制

2001 年中国正式成为世界贸易组织的成员国，借助 WTO 这个国际经济治理的平台，中国在国际分工格局中的角色有了明显转变，规则意识逐渐显现，接受 WTO 的规则，切实履行，并且积极参与规则的制定，提升了国家话语权，推动形成可行和完善的国际经济治理目标。中国与发达国家和发展中国家都有很多利益交集，协调性高，是强大的枢纽国。中国在加入 WTO 谈判时，底线是市场开放程度和中国经济发展水平相一致，并承诺遵守国际规则和逐步开放市场。WTO 管理和实施的多边与诸边贸易协定和协议涵盖国际货物贸易、服务贸易和知识产权，是各成员方接受的国际规则，通过最惠国待遇和差别大于原则保护各类成员方的权益，不仅关注多边贸易体系，环保和竞争政策问题也有所涉及。提供贸易谈判场所，通过非歧视原则、透明度原则、互惠互利原则、自由贸易原则、允许正当保护原则、公平竞争原则和鼓励发展与改革原则在国际经济治理体系中构建具有平等性的合作平台。WTO 建立了较为完善的法制体系，其国际法人地位和相对而言较为完整的解决争端体制都为中国“入世”后提供了公正透明且与WTO原则相符合的社会主义市场法律体系，形成了良好的国际经济治理机制，这为中国参加国际经济治理、承担国际责任提供了良好的法治保障。有学者认为，WTO作为国际经济治理的平台，具备承担国际经济治理的条件，包括国际法人、整体性、世界性、均衡性、宪法性、连续性、缘起性、合规性、难替代性。中国参与多边贸易体制，在货物贸易、非关税壁垒、服务贸易、知识产权保护、国际投资、区域经济合作等方面都有一定程度的改变和发展。

1. 加入WTO后国际话语权的提升

如图5－1所示，中国“入世”以后，国内生产总值一直攀升，由2000年的98000.5亿元逐步上升到2008年的316228.8亿元。财政收入也大幅上升，2008年的财政收入是2000年的4.6倍。对外投资额和利用外资额不断增加，如图5－2所示，对外贸易额飞速上升，由2000年的4742.9亿美元上升到2008年的25632.6亿美元，外汇储备持续增长，成为外汇储备大国。“入世”后经济飞速发展导致国际地位提升，在国际上也有了话语权，逐渐在谈判中可以居于主导地位，积极参与国际经济治理。

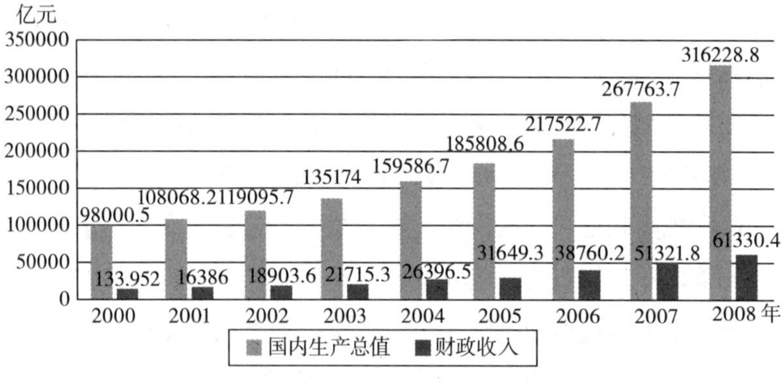

图5－1　中国加入WTO后国内生产总值和财政的变化

资料来源：《中国统计年鉴》2000—2008年。

中国加入WTO后，美国等发达国家依旧是国际经济治理体系中的主体，掌控着国际经济治理体系的主要发展方向，中国作为一个新兴大国，

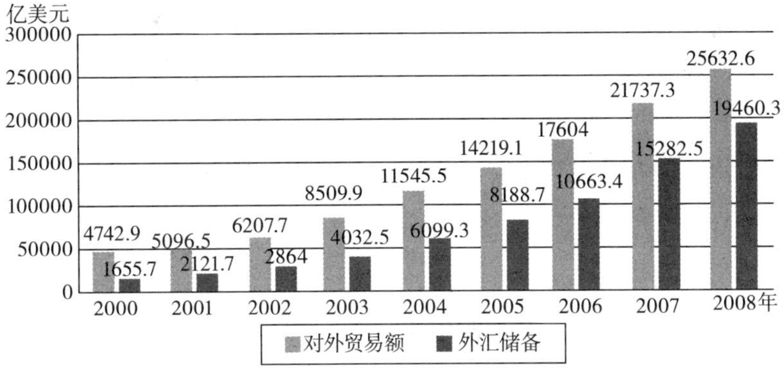

图 5 -2　中国加入 WTO 后对外贸易额和外汇储备的变化

资料来源:《中国统计年鉴》2000—2008 年。

在融入国际经济治理体系的初始阶段，只有通过增强国家综合实力才能逐步提升国际地位，积极转变自身在国际经济治理体系中的角色，深化对国际经济治理的理解。不是只靠学习先进国家的国际经济治理经验，而是学会承担国际经济治理的责任，通过不断提升国际话语权来参与国际经济治理。中国也开始代表新兴发展中国家提出全球经济治理的倡议，胡锦涛主席在 2005 年 9 月 15 日联合国成立 60 周年首脑会议上发表了题为《努力建设持久和平共同繁荣的和谐世界》的讲话，提出了构建和谐世界的倡议。① 这表明中国对国际经济治理体系提出了美好愿景，将国际经济治理理念向世界展示，中国在和平崛起增强实力的同时，不断积极参与国际经济治理，促进国际经济问题的和平妥善解决。

2. 中国由接受、利用到制定 WTO 规则来参与国际经济治理

中国“入世”初期全盘接受了所有的多边协议与协定，然后延伸到诸边协议，从刚开始的逐步适应 WTO 的规则，到积极利用规则来应对国际争端维护我国的正当权益。参与 WTO 规则的制定，我国在《多哈发展回合》中单独提交提案，并派代表团参与小型部长会议。2003 年坎昆会议是多边贸易谈判回合的历史性进展标志，中国与印度和巴西等发展中成员方

---

① 敖云波. 全球治理的中国视角与外交对策[M]. 北京:中国书籍出版社,2011:76.

形成了“21国集团”，以共同立场与美国等发达国家谈判，这表明了发展中国家在WTO国际经济治理体系中可以维护应有的共同利益。① 中国受邀加入“绿屋会议”，称为WTO规则制定的核心层，参与决策会议。WTO的争端解决机制有助于贸易自由化地蓬勃发展，对治理国际经济问题有十分重要的推动作用，中国努力参与WTO争端解决机制，并利用争端解决机制维护自身利益，降低不公平性。

3. 中国作为WTO成员方调整权利与义务

“入世”时确定了中国的权利与义务，并且有规定过渡期和特殊条款，2005年年底基本结束了过渡期之后，与关税减让和非关税措施的相关权利与义务被纳入WTO一贯性的协定与协议。政策审议间期缩短，一些特殊条款也在逐渐弱化。积极接受WTO贸易政策审议，也参与了其他成员方的贸易政策审议，增强了与各成员方之间的问题沟通，并提供一定的支持作用，体现在我国的专家学者开始进入WTO秘书处、专家组与上诉机构，并于2008年首次向WTO捐出赞助费。② 中国在加入WTO之后通过适应和调整权利与义务，不断提升在WTO的地位，通过WTO这个国际经济治理的大平台，参与国际经济治理。

4. 中国与WTO对国际经济治理的期望和目标有共通性

只有当中国和WTO的实现目标达成一致，才能更好地参与国际经济治理。在对外开放的基础上，中国通过加入WTO参与国际经济治理体系，维护多边贸易体系，保障国际经济安全，虽然多边贸易体系不能照顾到每一个成员方的利益，但中国还是以动态、长远的眼光看待多边贸易体系的发展，积极解决存在的国际经济问题。发展中国家在多边贸易体系中容易受到不公平待遇，多边贸易体系具有不均衡性，中国支持平衡地达成多哈回合的协议，有助于发展中国家全面平衡的经济发展。多边贸易体系容纳的议题越来越多，中国没有停止寻找必要和重要的谈判议题、降低相互协

① 曾华群. WTO规则与中国经贸法制的新发展[M]. 厦门:厦门大学出版社,2006:9.

② 薛荣久,杨凤鸣. 中国在WTO中地位变化、反应与对策[J]. 国际经贸探索,2008(11):4-9.

调立场的难度、增强制度建设的透明度、运用争端解决机制妥善解决贸易摩擦和贸易争端。

（二）通过参与 IMF 和 WB 来参与国际经济治理

IMF 的理事会是最高权力机构，执行董事会是受重视的机构，行使理事会委托的权利并负责日常工作，IMF 的总裁也是由其推选的。IMF 的历任总裁都来自亚洲，朱民在 2011 年被任命为 IMF 的副总裁，这表明 IMF 十分重视中国，但是依旧没有跨出中国处于外围的现实情况。IMF 的特别提款权和投票权是其核心制度，中国主要通过这两项核心制度改变新兴经济体和发展中国家被动的局面，从而积极参与国际经济治理。特别提款权是 IMF 成员方在国际收支困难时可以使用资金的一种权利，发达国家特别提款权的份额远超过发展中国家，因此，特别提款权的使用也被美国等发达国家控制。一个国家在 IMF 的投票权与其经济实力成正比，IMF 采取加权投票表决制，美国拥有 IMF 的实际否决权，欧盟也拥有否决权，IMF 理事会在 2006 年同意提高中国的份额，中国的排名提高到第 8 位。中国通过努力将投票份额提高，缓和了新兴经济体和发展中国家话语权缺失的局面，但是美国仍然拥有一票否决权，在 IMF 的地位并没有改变。

世界银行是按照股份公司的原则建立的，认购世界银行的股份与一国的经济实力有很大的关系，并参考该国在 IMF 缴纳的份额大小，世界银行的投票权与其认购的股份呈正相关。① 由 85% 以上的表决权可以决定任何重要的决议，美国占比为 17.37%，拥有一票否决权。2008 年，林毅夫被任命为世界银行首席经济学家兼负责发展经济学的高级副行长，2010 年 4 月，世界银行通过了发达国家向发展中国家转移股票的改革方案，使中国的投票权上升到 4.42%，仅次于美国和日本，排名第 3 位。这表明了中国在世界银行地位和话语权的上升，也显示了中国正在为平等投票而努力，这也是中国积极参与国际经济治理的体现。

---

① 陈绍锋. 全球经济治理中的中国角色[C]//中国国际战略评论 2017. 北京：北京大学国际战略研究院，2017：18.

三、推动区域经济合作进展

中国“入世”后将参与多边贸易体制作为长远的目标和方向，但是在短期内是为了国内经济发展的需要，同时为避免在国际经济格局中没有话语权，也为多边贸易体系的建立提供宝贵的经验，中国在多边贸易体制的框架下通过参与区域合作促进区域一体化的发展。

（一）加入亚太经合组织

亚太经合组织经过很长时间的积累和酝酿，1989 年 11 月，APEC 首届部长级会议在澳大利亚的倡议下于堪培拉成功举行，这标志着亚太经合组织的正式成立。随着中国经济的持续增长和对外开放的扩大，中国是发展中国家，需要与其他国家和地区发展合作关系，亚太地区是中国的主要利益所在，中国作为亚太地区的重要成员，于 1991 年汉城会议时加入亚太经合组织。在自愿参加、协商一致和自主行动安排为主的基础上，实行贸易自由化和便利化的措施、行动议程和市场开放安排坚持灵活性原则、实行非歧视原则、重视经济技术合作、不能改变 APEC 的性质即不能加入政治和安全问题，是中国对于 APEC 的基本政策。①

中国作为一个发展中大国，在改革开放的促进下在各个领域都有了突破性进展，通过向 APEC 成员提供良好的经济环境和广大市场促进亚太地区经济发展，中国经济具有多层次结构的特点，可以弥补 APEC 成员生产力水平差异带来的合作空隙，中国自身也存在地区性的生产力水平差异，可以与不同生产力水平的成员进行经济合作、互帮互助，降低发生国际性经济问题的可能性，促进国际经济治理的发展。2001 年，中国成功举办了第十三次 APEC 峰会，刚从亚洲金融危机跨出的世界经济增长缓慢，APEC 中国上海年会的召开为治理这些国际经济问题指明了方向，达成了《上海共识》这一纲领性文件，充分表达了推进 APEC 经济技术合作进程的意愿。

---

① 陆建人. 亚太经合组织与中国[M]. 北京：经济管理出版社，1997：184 - 186.

2002 年，APEC 第十次领导人非正式会议通过了“贸易便利化行动计划”和“贸易便利化行动和措施清单”等重要文件。[①] 在世界经济问题趋于严重、贸易保护主义上升、能源压力增大、生态环境问题频发的关键时刻，APEC 第十五次领导人非正式会议通过了《亚太经合组织领导人关于气候变化、能源安全和清洁发展的宣言》，APEC 各成员领导人积极参与国际气候变化的治理问题，这表明中国通过 APEC 参与国际经济治理，并取得了一定的成果。[②]

（二）参与东盟自由贸易区

东盟自由贸易区与 APEC 的发展方向在一定程度上具有一致性，运营与合作机制也有一定的兼容性，东盟自由贸易区的发展有助于实现 APEC 贸易与投资自由的目标，东盟各国的合作与发展和推进 APEC 是相辅相成的。[③] 东盟自由贸易区成员全部由发展中国家组成，1990 年东盟在马来西亚召开会议，通过“古晋共识”，指出东盟国家的主动性和主导性是东盟发展的重要因素，避免与 APEC 发生无益的同质性竞争，与 APEC 其他成员共同发展经济，也保存东盟自身的独立性。

中国为东盟自由贸易区提供了国内市场，积极响应东盟的主张，在东盟与 APEC 发达国家成员博弈的过程中，发挥了极其重要的作用。中国加入《东南亚友好与合作条约》，并参与了东亚合作，即“10 + 3”区域经济合作机制，这个合作机制有四个层次：第一个是“10 + 3”，表示整个东亚的对话与合作机制；第二个是“10”，代表东盟的经济发展与区域合作；第三个是“10 + 1”，体现了东盟整体与中、日、韩三国的合作与对话机制；第四个是“3”，也就是中、日、韩三国之间的合作机制。[④] 中国与东盟签署了于 2005 年 1 月 1 日实施的《中国—东盟全面经济合作框架协议货物贸易协议》与《中国—东盟争端解决机制协议》，前者逐渐削减除“早

---

① 王香媚，贾宏君. APEC 贸易便利化发展历程研究[J]. 纳税，2018(17)：177.

② 何春龙. APEC 与中国[D]. 长春：吉林大学，2008.

③ 王鹏. 中国、东盟与 APEC：在交集与竞合中共同演化[J]. 中国报道，2017(11)：60 – 61.

④ 李红梅. 国际经济组织[M]. 北京：机械工业出版社，2007：170.

期收获计划”以外货物贸易的关税，直到最后取消，后者为争端提供了解决机制，这两个协议为解决东盟区域性经济问题提供了良好的保障，也助力中国参与国际经济治理。中国于2002年11月与东盟签署《中国与东盟全面经济合作框架协议》，目标是10年内建设“10+1”自由贸易区，这标志着中国—东盟自由贸易区的正式成立，促进货物贸易、服务贸易、投资自由化，确定加强农业、信息及通信技术、人力资源开发、投资和湄公河流域开发这五个领域内的合作。中国—东盟自由贸易区的建立使区域内贸易问题得到了有效解决，消除了关税壁垒，促进了区域内投资合作、技术开发和经济信息合作，推动了发展中国家的经济发展，尽量缩小发达国家与发展中国家的差距，为国际经济治理的平衡发展做出了自己的贡献。

（三）发展上海合作组织

上海合作组织经过“上海五国”多边会晤机制的逐步发展于2001年正式成立，作为一个新型的地区性国际组织，其行动理念和精神包含互信、互利、平等、协商、尊重多样文明、谋求共同发展，跳出以往的冷战思维框架，提出了新型的安全观念，与“上海精神”有共通性，指出应该共同保障地区安全，主要任务是打击防范“三股势力”，为中亚反恐做出了贡献。①

安全领域的合作和经济合作是上海合作组织的重点合作领域，中国参与上海合作组织也从这两个领域来实现国际经济治理的目标。在安全领域方面，上海合作组织进行了多次反恐军事演习，2003年8月首次举行联合反恐军事演习，代号为“联合—2003”，于2006年3月在乌兹别克斯坦境内举行了联合军事演习，此后先后建立了反恐中心，表明了成员方解决国际安全问题的决心。分别于2004年和2006年签署了《关于合作打击非法贩用麻醉药品、精神药物及其前体的协议》和《上海合作组织成员国元首关于国际信息安全的声明》，也为国际治理添砖加瓦。

① 邢广程. 上海合作组织发展报告(2009)[M]. 北京:社会科学文献出版社,2009:78－80.

在经济合作领域，支持多种形式的区域经济合作以推动贸易自由化和投资自由化，实现资源的自由流通。上海合作组织的成员方签署了有关经济领域合作的文件，包括《关于开展区域经济合作的基本目标和方向及贸易投资便利化进程的备忘录》《上海合作组织成员国多边经贸合作纲要》和《上海合作组织成员国多边经贸合作纲要措施计划实施机制》等。中国于2004年在上海合作组织框架下主动推进在金融领域的多边合作，提供9亿美元的优惠出口买方信贷。上海合作组织不断扩大影响力，于2008年通过了《上海合作组织对话伙伴条例》，在参与国际经济治理时展现出负责任的正面形象。

四、签订定制化的自由贸易协定（FTA）

定制化的FTA本身具有的排他性与多边贸易体制具备的非歧视性和开放性有一定的差异，给WTO最惠国优惠原则带来了一定的冲击，影响多边贸易体制并且削弱其多边性。国际经济治理的架构主要还是以WTO为代表的多边贸易体制，但是定制化的FTA的地位也在不断上升。中国通过参与这样定制化的FTA来参与国际经济治理，解决区域性的经济治理问题，从各个需要合作和解决问题的领域入手，定制各国真正需要的自由贸易协定，避免时间和资源的浪费。

（一）中国参与和建设FTA的历史回顾

2001年5月，中国正式成为《曼谷协定》成员，这标志着中国开始正式参与和建设FTA。为推动经贸合作往来，很多亚太地区的发展中国家在1975年签署了《曼谷协定》，实行关税和非关税的优惠。

2000—2008年中国共签署了7个自由贸易协定，从2002年开始平均每年签署一个定制化FTA协定，处于定制化FTA建设的初期，先与发展中国家签署协定，主要以货物贸易为主，之后逐步拓展到服务贸易和投资等领域，2008年先后与新西兰和新加坡两个发达国家签署了定制化FTA，从周边国家不断拓宽FTA的签署范围，不断提升开放水平。

表 5-1　2000—2008 年中国签订 FTA 的自贸区

已经签订 FTA 协议的自贸区	协议名称	签署时间	涉及领域和内容
中国—东盟	《中国—东盟全面经济合作框架协议》	2002 年 11 月 4 日	货物贸易、服务贸易、投资和经济合作等领域
中国—中国香港	《内地与香港关于建立更紧密经贸关系的安排》CEPA	2003 年 6 月 29 日	货物贸易、服务贸易、贸易投资便利化等领域
中国—中国澳门	《内地与澳门关于建立更紧密经贸关系的安排》CEPA	2003 年 10 月 17 日	货物贸易、服务贸易等领域
中国—智利	《中华人民共和国政府和智利共和国政府自由贸易协定》	2005 年 11 月 18 日	货物贸易、经济、中小企业、文化、教育、科技、环保、劳动和社会保障、知识产权、投资促进、矿产、工业等领域
中国—巴基斯坦	《中国—巴基斯坦自由贸易协定》	2006 年 11 月 18 日	包括货物贸易、投资等领域
中国—新西兰	《中国—新西兰自由贸易协定》	2008 年 4 月 7 日	货物贸易、服务贸易、投资等领域
中国—新加坡	《中华人民共和国政府和新加坡共和国政府关于双边劳务合作的谅解备忘录》	2008 年 10 月 23 日	货物贸易、服务贸易、人员流动、海关程序等领域

资料来源：根据中国自由贸易区服务网整理得到。

中国分别与东盟、中国香港、中国澳门、智利、巴基斯坦、新西兰和新加坡这几个国家和地区签署了定制化的 FTA。根据中国以及签署定制化 FTA 国家和地区的发展情况和实际需求的不同，中国与每个国家和地区签署的 FTA 所涉及的领域和具体内容不尽相同，协定内的条款更加具体化，通过解决这些具体存在的经济问题来参与国际经济治理（见表 5-1）。

2008 年以后，中国签署的定制化 FTA 的发展逐渐成熟，签署的国家范围更广，并对以前涵盖领域不够的 FTA 进行升级。中国在这一时期与哥斯达黎加签订的定制化 FTA 是与中美洲国家签署的第一个内容全面的“一揽子”自贸协定，与冰岛签署的定制化 FTA 是与欧洲国家签署的第一个 FTA。涉及领域和内容越来越具体化，互补性越强，能够给中国和签署 FTA 的其他国家带来利益和经济发展，改善 2008 年金融危机过后国际经济持续低迷的情况。

目前中国签署定制化 FTA 的国家及地区分布较广，涵盖亚洲、大洋洲、拉丁美洲和欧洲，周边国家及地区占签署定制化 FTA 的比例大，还在不断拓展和探索定制化的 FTA。

（二）中国参与和建设 FTA 的探索和新进展

中国现在已经签署了 16 个定制化的自贸协定，涉及国家和地区共 24 个。正在谈判的自贸区（包括升级谈判的自贸区）有 14 个，正在研究的自贸区（包括升级研究的自贸区）有 8 个。这显示出中国对定制化 FTA 十分重视，跳出签署定制化 FTA 国家的区域以周边国家为主的原始框架，再根据现实需要升级定制化协定，在维持好原来伙伴的良好合作关系的同时，研究与新的自贸区谈判的可行性，努力与做好准备工作的自贸区进行谈判。通过前期的分析和数轮谈判过后，根据双方的切实需求签署具有鲜明特色的定制化 FTA，应用定制化的规则推动国际经济治理的进步（见表 5－2）。

表 5－2　中国正在谈判和研究的自贸区

正在谈判的自贸区	《区域全民经济伙伴关系协定》RCEP
	中国—海合会 FTA
	中日韩 FTA
	中国—斯里兰卡 FTA
	中国—以色列 FTA
	中国—挪威 FTA
	中国—巴基斯坦自贸协定第二阶段谈判 FTA
	中国—新西兰自贸协定升级谈判 FTA
	中国—毛里求斯 FTA
	中国—摩尔多瓦 FTA
	中国—巴拿马 FTA
	中国—韩国自贸协定第二阶段谈判 FTA
	中国—巴勒斯坦 FTA
	中国—秘鲁自贸协定升级谈判 FTA

续表

正在研究的自贸区	中国—哥伦比亚 FTA
	中国—斐济 FTA
	中国—尼泊尔 FTA
	中国—巴新 FTA
	中国—加拿大 FTA
	中国—孟加拉国 FTA
	中国—蒙古国 FTA
	中国—瑞士自贸协定升级联合研究 FTA

资料来源：中国自由贸易区服务网。

定制化 FTA 能够参与国际经济治理并影响国际经济治理的既有框架，其具有鲜明定制化特点的条款，能够有针对性地对中国和其他 FTA 成员国进行问题导向型分析，制定符合切身利益的条款，增强经济与贸易合作，拓展其他领域的合作。有利于推动货物贸易、服务贸易和投资自由化水平提升，降低贸易摩擦，为 FTA 成员创造更便利的市场准入条件，创造良好的贸易和投资环境。

中国签署定制化 FTA 可以参与国际经济规则的制定，从而参与国际经济治理。① 中国从货物贸易等传统领域出发，逐步进行升级谈判，以规则为中心的知识产权、环境保护等谈判也在不断拓展，根据中国自身的经济治理能力，参与规则的制定，以有效解决存在的国际经济问题，借助构建的定制化 FTA 平台，从各方面参与国际经济治理。

中国在形成外交战略布局体系以后，国际经济治理的方向也受到外交布局的影响，参与多边贸易体制，促进区域一体化发展，签署定制化的 FTA，同发达国家和发展中国家都进行了国际经济治理的交流和磋商。参与多边贸易体制是中国参与国际经济治理体系的前提，通过参与 WTO、IMF 和 WB 与多边贸易体系对接，只有通过这种全球性的平台才能拥有国际经济治理的大部分资源，因此，协调多边贸易体制是中国参与国际经济

① 孟夏，刘洋．中国 FTA 的战略效应——经济视角的分析[J]．南开学报（哲学社会科学版），2016(2)：33－44.

治理的主要方式。中国通过推动区域一体化发展参与国际经济治理也是适应新的现象，顺应新的趋势，区域间共同的利益驱使中国也需要关注这一层次的国际经济治理，通过积极参与和建立亚太经合组织和东盟这样的区域机制来应对存在的地区性的国际经济治理，同时建立了上海合作组织，从安全方面来保障地区的稳定，为经济合作保驾护航。中国签署定制化FTA与其他国家进行国际经济治理的磋商，通过达成满足双方需求的定制化协定来解决实际存在的具体性经贸问题，只有定制化的FTA才能细致地维护各国之间的经济利益，解决国际经济治理存在的现实问题。中国在参与和建设国际经济治理方面有自己独特的方式，随着国家实力的上升，作为一个负责任的发展中大国，在之后的国际经济治理的发展中也会贡献出自己的力量，为国际经济的和平发展提供中国模式。

第二节 中国对外联系网络的拓展

一、发达国家是关键拓展地区

中国与西方国家经历过互相隔绝和互相接触的时期，在中国“入世”后由于在经济与贸易领域的互动与交流，逐渐步入拓展关系和交往频繁的时期。中国在21世纪之初以联合国和WTO为主要平台开始与世界接轨，在以美国为首的西方发达国家主导的国际经济治理体系中，由适应到逐步拓宽对外联系网络，中国与西方发达国家的相互关系从双边层面开始不断加深，讨论和谈判不局限于问题而在于问题背后的规则、制度和理念等。拓展与发达国家关系的全球意义不断上升，发达国家在全球范围内的国际地位决定其话语权，在通过国际组织等平台和机制确保其主导权的同时，逐渐接受和承认中国的“和平崛起”，中国通过自身综合国力的增强，与发达国家的交流和对话步入新的互动层面。

（一）美国

中美两国在21世纪的共同利益加强，合作领域拓宽，双方在双边、地区和全球合作的意义都在显著上升，中美21世纪初的发展趋势就是成为建设性的合作伙伴。

1. **政治层面上交流频繁**

21世纪之初，美国想凭着自己强大的综合国力和国际地位建立由美国主导的国际秩序，虽然美国的国际权力地位有下降的趋势，但仍然是站在顶端的超级权力大国。在这个阶段，中国和美国交流互动频繁，形成了双边对话机制以及国际对话机制等多层次的对话机制。在“9·11”事件之后，中美两国就反对恐怖主义达成一致，在国际环境发生变化的情况下中美关系发生了一定转变，2001—2002年中美两国首脑进行了三次直接性会谈，朝合作的方向不断前进。2006年9月，中美战略经济对话机制正式启动，双方达成了一系列共识，签署了多项协议，2007年5月22日至23日，中美两国在华盛顿举行了第二次中美战略经济对话。

中美两国在联合国、亚太经合组织会议、南北领导人非正式对话等国际对话机制中有一定程度的交流和互动，中美两国的外交部门交流和对话机制也十分广泛，多次进行外长、副外长级政治磋商，对非洲、拉美等地区事务进行磋商，也在安全、军事、外交等领域进行定期磋商，中美国防部举行多次防务磋商、工作磋商，并建立了热线联系机制，海、陆、空等各个军种也建立了中美海上军事安全磋商机制等联系机制，还进行了一定程度的联合演习。其他部门也存在相对应的互动机制，如中美执法合作联络小组会议、中美人权对话、中美打击网络犯罪及相关事项高级别联合对话等，中美战略经济对话和中美全球事务论坛等机制涵盖范围较广。

2. **经济层面上往来密切**

1999年11月15日，中美两国签署了中华人民共和国政府和美利坚合众国政府关于中国加入世界贸易组织的双边协议。中国“入世”后，加入国际经济体系，与美国的经贸关系也在逐渐密切，依赖性加深，这一阶段没有20世纪90年代经贸关系那么大的摩擦，属于相对稳定摩擦过渡期，中国对美的贸易规模不断扩大，中国同美国的进出口总额由2000年的7446237万美元上升到2008年的333743482万美元，2008年的进出口总额是2000年的4.5倍。中美之间贸易不均衡成为这一阶段的现实问题，为解决这一问题，中国政府强调不追求长期的贸易顺差，提出了处理中美两国贸易摩擦的五项原则，[①] 采购美国商品以支持中美经贸关系的发展，2006年4月，中国企业家代表团在美国国内进行各种形式的商贸采购，与美国签署的合同及意向合同金额高达150亿美元，[②] 是中美建交以来最大规模的采购。2006—2007年中国和美国经历过三次中美战略经济对话，2008年6月中美双边贸易协定也恢复谈判。在金融领域，中国银行在2001年12月开始向外资银行全面放开外汇业务，2002年2月1日，实施《中华人民共和国外资金融机构管理条例》和《中华人民共和国金融机构管理条例》，中国于2005年开始实行汇率形成机制的市场化改革，人民币升值。2005年，放开外资入股中国银行业，2006年1月，规定新建股份制银行必须有外资参股，参与控股的金融企业以美国居多。

3. 战略意义

（1）影响超出两国范畴

中国和美国都是在国际社会中有重要影响的国家，无论是从政治还是经济层面来看，美国一直是中国的合作伙伴，中国一直以来对中美关系十分重视。[③] 正如中国领导人曾多次指出的那样，中美关系从来不是单纯的双边关系，其影响超出了两国关系的范围。因此，中国在拓展与美国的关系时，必须要考虑到对国际形势的影响，中国立足于中美两国的根本利益，开展和平美好的中美关系，推动中美两国乃至世界和平、稳定发展。

---

① 夏先良. 试论我国的经济外交[J]. 中国人民大学学报，1995(6):74-78.

② [美]劳伦斯·肖普. 卡特总统与美国政坛内幕：八十年代权力和政治[M]. 北京：时事出版社，1980.

③ 努力推动中美建设性合作关系向前发展——纪念中美建交二十五周年[EB/OL]. https://www.fmprc.gov.cn/web/gjhdq_676201/gj_676203/bmz_679954/1206_680528/1209_680538/t64285.shtml.

（2）依存关系强

中国和美国的经济有很强的依存关系，从21世纪开始，中美两国不断深化经贸合作，给人民带来十分可观的利益，同时也促进世界经济稳定发展，与美国共同面对各个领域的挑战，加深协调与合作，肩负维护国际社会稳定的共同责任。中国在这一阶段不断稳定中国市场经济的地位，推动美国承认其存在，并且缓和贸易摩擦，呼吁美国放宽对中国的技术出口，促进全面互利的中美经济伙伴关系的形成，为中国争取发展的战略机遇期。①

（二）英国

中英两国在香港回归后，外交关系拉开了新的序幕，中国入世后，两国经济与贸易往来不断增加，在各种领域都有一定程度的交流和合作。

1. 政治层面上稳定发展

中国和英国在政治方面表现出较为稳定发展的趋势，在政治层面的交流多于经济往来，由于香港在回归之前受英国的统治，在其回归之后，虽然香港问题已经成为中国的内政问题，但英国还是对香港有所干涉，针对在香港回归时所承诺的事项，中英双方政治往来加深。中国和英国作为联合国安理会常任理事国，对于国际事务和伊拉克、伊朗、朝鲜等国际热点也进行过政治磋商，虽然有一定程度的分歧，但是政治主张在逐渐接近。2004年两国建立了全面战略伙伴关系。双方还建立了政府首脑年度会晤、双边关系互动小组、战略对话等机制，双边关系不断向前发展。②

2. 经济层面上保持增速

2001年以来，中国与英国的双边贸易额保持着20%的增长速度，双方贸易潜力巨大，建立了中英经济财金对话机制，双方开辟了一种崭新的解决经贸问题的模式。③ 中国对英国的进出口总额也在逐渐上升，从2000年

---

① 陶文钊. 奥巴马第一任期的中美关系[J]. 美国问题研究，2012(2)：26－53，216，222，215.
② 刘砦. 从握手到携手——英国工党执政13年间的中英关系[J]. 改革与开放，2010(20)：6－7.
③ 孙永艳. 新世纪以来中英关系走向分析[J]. 辽宁师专学报（社会科学版），2014(6)：6－7.

的990257万美元到2008年的4561452万美元，2008年的进出口总额是2000年的4.6倍，这说明中国和英国经贸往来十分密切。英国对中国经济的依存度不断提升，英国已经实现了工业化，而中国还在工业化进程中，中英两国在出口产品结构上形成互补，促进了经济与贸易合作。

3. **战略意义**

（1）共同利益强

中英两国基于共同利益的驱使，在经济层面进行了深层次的对话，合作的重要性和必要性上升到一个新的高度，共同的机遇和挑战促进中英双方的全面战略伙伴关系朝更好的方向发展。中国和英国都是联合国安理会的常任理事国，担负着国际责任，只有共同发展才能保持长久的利益，才能为国际经济的稳定做出应有的贡献。

（2）合作潜力大

中国和英国都是世界上有巨大影响力的国家，两国在各种领域的合作都有待加深，因此合作潜力很大。通过双边协定或者多边平台深化合作领域，探索未合作领域，不仅局限于政治、经济领域。2008年8月22日，胡锦涛主席会见英国首相布朗，布朗表示“英方希望同中方加强科学技术、应对气候变化、核能和可再生能源利用、帮助非洲国家实现联合国千年发展目标等方面的合作，开展文化、人员交流、人权领域交流对话”①。

（三）欧盟

中欧全面战略伙伴关系实现了历史性跨越，其广度和深度已经达到前所未有的新水平。

1. **政治层面上达到战略性高度**

中国“入世”后，欧盟连续发布第四份、第五份和第六份对华政策，强调中欧两国已经跨入“成熟伙伴关系”，2003年中欧两国对“全面战略伙伴关系”达成共识，中国首次发表对欧盟的政策文件，中欧关系达到了

---

① 胡锦涛会见英国首相布朗[EB/OL]. https://www.fmprc.gov.cn/web/gjhdq_676201/gj_676203/oz_678770/1206_679906/xgxw_679912/t485752.shtml.

战略性高度。中欧探索建立了“大小双边”合作机制，即中国分别与欧盟及其各成员国之间的合作。并且与2004年建立，中欧工商峰会，2008年建立中欧经贸高层对话机制，中国与欧盟在主要领域的磋商与对话机制均得到建设并不断发展。

2. **经济层面上贸易额攀升**

2001年中欧双边贸易额达到766.1亿美元，增长幅度高达11%，2003年中欧进出口总额突破1000亿美元，达到1252.2亿美元，同比增长44.4%。① 2004年5月，伴随着欧盟东扩成功，中国广阔的国内市场和多层次的产业结构给欧盟的进出口提供了良好的条件，欧盟成为中国第一贸易伙伴国，同时中国也是欧盟的第二大贸易国。中国与欧盟的双边贸易从2000年的690.4亿美元增长至2008年的4255.8亿美元，中国对欧盟出口从381.9亿美元增长到2928.8亿美元，2008年的出口额是2000年的7.7倍。伴随着双边贸易总额的不断攀高，中欧在各自贸易和出口中的比重在2008年达到新的高度。②

3. **战略意义**

（1）建设全面战略伙伴

不断加深中欧关系不会对任何国家造成任何层面的威胁，这反而是一种促进国际秩序稳定的机遇，中欧双方都支持多边贸易体制，建设全面战略伙伴关系可以缩短南北差距，为国际事务和问题贡献具有现实性的建议和对策。2005年7月4日，关呈远大使在“庆祝中欧建交30周年研讨会”上发表的演讲中提到，“中国将继续坚定地走和平发展的道路，这与欧洲战后50年的联合自强道路并行不悖。虽然双方模式各异，但追求和平与发展的宗旨是共同的”③。中国从与欧盟的合作中获得了资金和技术等资源，欧盟也利用中国巨大的国内市场推动其自身的经济和就业长足发展。

---

① 车文娇. 中国欧盟经贸关系发展研究[D]. 大连：东北财经大学，2009.

② 毕晶. 改革开放四十年中欧经贸关系回顾与思考[J]. 国际贸易，2018(10)：15-21，28.

③ 关呈远大使在“庆祝中欧建交30周年研讨会”发表演讲[EB/OL]. https://www.fmprc.gov.cn/web/ziliao_674904/zt_674979/ywzt_675099/2005year_675849/zojjsszn_675885/t202801.shtml.

(2) 推动各领域蓬勃发展

中国和欧盟不仅在政治层面增强了对话和沟通机制，而且在经济、贸易、环境保护、科技、文化交流等各个领域都有交流并取得了一定的成果，发展前景广阔。在科技领域，中欧双方促进了“伽利略计划”“国际热核实验”等诸多项目的开展。[①] 中国和欧盟都有独特的文化，各方人民在文化沟通与交流上也充满了热情，来往频繁，友谊不断升华。

(四) 日本

中日两国在21世纪推进双边议题力度加大，逐渐超越双边和区域层面的中日战略互惠关系成为中日关系发展的主要趋势，并且在政治、经济等方面依存关系加深。在这一阶段，日本的经济实力还是强于中国，但是经济实力的差距在明显缩小。中日两国综合实力趋于平衡，向“强强型”关系发展，在21世纪重新定位相互政策。[②]

1. 政治层面上开启“战略互惠关系”

中日两国关系进入21世纪以后从摩擦到向“战略互惠关系”转换，中日两国经历了2001—2006年的“政冷低谷期”以及2006—2007年的“走出低谷期”。[③] 2007年4月12日，国务院总理温家宝在日本国会发表题为《为了友谊与合作》的演讲，指出为实现顺应潮流和民心，把中日关系推向新的历史阶段，实现和平共处、世代友好、互利合作、共同发展的目标，需要把握增进互信，履行承诺；顾全大局，求同存异；平等互利，共同发展；着眼未来，加强交流；密切磋商，应对挑战。[④] 2008年5月7日，国家主席胡锦涛和日本内阁总理大臣福田康夫在东京签署了《中日关于全

① 历经30年风雨的中欧关系迈向新时期——驻欧盟使团关呈远大使接受新华社专访[EB/OL]. https://www.fmprc.gov.cn/web/ziliao_674904/zt_674979/ywzt_675099/2005year_675849/zojjsszn_675885/t431383.shtml.

② 郃哈斯其木格.改革开放后中日关系研究[D].天津:南开大学,2009.

③ 金熙德.2007年中日关系的基本特点[J].亚非纵横,2007(2):1-5,14,63.

④ 温家宝在日本国会的演讲(全文)[EB/OL].https://www.fmprc.gov.cn/web/gjhdq_6762 01/gj_676203/yz_676205/1206_676836/1209_676846/t310780.shtml.

面推进战略互惠关系的联合声明》。① 中国为了实现中日关系的世代友好，同日本达成一致开启中日战略互惠关系，不断为中日及世界的和平做出自己的贡献。

2. 经济层面上促进贸易规模扩大

经济全球化的国际大环境和区域性经济合作发展的一体化促进了中日两国贸易规模的扩大，东亚国家的经贸往来促进了中日合作。中国的投资环境在入世后逐渐改善，这一时期中日两国的经贸关系进入合作深化期，贸易结构不断升级。中国同日本进出口总额持续攀升，2008 年的进出口总额是 2000 年的 3.2 倍，2002 年突破 1000 亿美元，2006 年突破 2000 亿美元，一直刷新着中日两国贸易额的纪录。中日两国的高新技术产品贸易比重不断上升，在中国进口日本产品中，高新技术产品占比由 1995 年的 10% 上升到 2005 年的 20%。与此同时，在日本从中国进口产品中高新技术产品占比由 1995 年的 2% 增长到 2005 年的 8%，成为这一时期中日贸易的重要特点。②

3. 战略意义

（1）以史为鉴

中国和日本是亚太地区具有强大影响力的国家，共同促进亚洲乃至世界的和平发展与繁荣昌盛，既是中日两国的责任，也是战略利益所驱。2004 年 4 月 12 日，国务院总理温家宝在日本国会上的演讲中提到，“中日和则两利，斗则俱伤。实现两国人民世代友好，完全符合历史潮流和两国人民愿望，也是亚洲和国际社会的殷切期盼”③。中日两国在历史上有过数次交集，经历风风雨雨，能够以史为鉴，客观面对两国的发展问题，并且在经贸往来上有十分丰硕的成果，这是两国人民共同努力的结果。

---

① 中日关于全面推进战略互惠关系的联合声明[EB/OL]. https://www.fmprc.gov.cn/web/gjhdq_676201/gj_676203/yz_676205/1206_676836/1207_676848/t450471.shtml.

② 尹刚，宋志勇. 改革开放 40 年中日经贸关系发展脉络与展望[J]. 东北亚经济研究，2018，2(6)：25-34.

③ 温家宝在日本国会的演讲（全文）[EB/OL]. https://www.fmprc.gov.cn/web/gjhdq_676 201/gj_676203/yz_676205/1206_676836/1209_676846/t310780.shtml.

（2）加深合作

《中日关于全面推进战略互惠关系的联合声明》中指出，双方决定在增进政治互信；促进人文交流，增进国民友好感情；加强互利合作；共同致力于亚太地区的发展；共同应对全球性课题这五个领域构建对话与合作框架。①在这个时期，一部分有实力的中国企业开始探索对日本投资，拓展中国对日经济、贸易和投资的市场，中国和日本两国的关系不断拓展和深化。

二、周边国家是首要拓展地区

（一）东盟

1. 中国和东盟国家的历史来往进程

中国与东盟是近邻，两极格局时，中国和东盟分属于东、西两个阵营，双边往来严重被阻碍。冷战结束后，双方关系不断发展，经济交往日益密切。进入 21 世纪，2000 年在新加坡举行的第四次领导人会议上，中国提出了关于建立中国—东盟自贸区的设想。2001 年，在东盟与中、日、韩三国第五次领导人会议上，国务院总理朱镕基提议中国与东盟国家在 10 年之内建立中国—东盟自由贸易区（CAFTA），并建议商定中国与东盟间的重要合作领域。2002 年，双方签署了《中国与东盟全面经济合作框架协议》，标志着中国—东盟自贸区的建设正式踏上日程，也为亚洲其他各国与东盟的合作树立了良好的榜样。

2. 东盟对我国的战略意义

（1）有利于维护我国南海地区的稳定

维护好与东盟在经贸上的紧密关系，有利于缓和双方敏感的南海问题，也有利于减弱美国等西方国家对南海问题以及亚洲事务的干预。可以双方的经济发展为纽带维护南海的安全和稳定，“搁置争议，共同开发”，互惠互利，携手打击南海区域内的跨境贩毒、抢劫、偷渡等活动。目前，

---

① 中日关于全面推进战略互惠关系的联合声明[EB/OL]. https://www.fmprc.gov.cn/web/gjhdq_676201/gj_676203/yz_676205/1206_676836/1207_676848/t450471.shtml.

《东盟和中国禁毒合作行动计划》《南海各方行为宣言》以及《关于非传统安全领域合作联合宣言》等的发表，是中国与东盟双方共同努力的结果。未来，中国应和东盟一起，使非传统安全合作制度化、正式化和稳定化。[①]

（2）有利于优化我国的贸易结构

我国与东盟在资源构成和产业结构方面互补性很强，我国的纺织品、机电产品、化工产品有着很强的比较优势，而东盟的水果、橡胶产品优势很强，伴随着双方贸易的增长，将会进一步优化我国的贸易结构，且会降低我国出口对欧美市场的依赖性，进一步促进出口市场多元化。

此外，同作为发展中国家，我国同东盟的合作，对推动国际经济治理体系多极化发展有着重要意义。

（二）俄罗斯

1. 中国同俄罗斯来往的历史进程

中俄双边经济合作可以追溯到苏联时期的中苏关系正常化。1989 年 5 月 15—18 日时任苏联总统戈尔巴乔夫对中国进行了正式访问，和邓小平举行了最高级别的会晤，本着“结束过去，开辟未来”的精神，实现了两国关系的正常化。[②] 俄罗斯独立后，中俄关系经历了“互视为友好国家”“建设性伙伴关系”“战略协作伙伴关系”以及《睦邻友好条约》签署后成熟的“战略伙伴关系”四个时期。[③] 2001 年 7 月 16 日，中俄签署的《中华人民共和国和俄罗斯联邦睦邻友好合作条约》是一个指导新世纪中俄关系的纲领性文件，标志着中俄关系进入新的阶段。

2. 俄罗斯对我国的战略意义

（1）经济优势互补

俄罗斯有着丰富的能源资源，是世界上最大的石油和天然气输出国，而我国随着经济建设的推进，对石油、天然气的需求日益增长，是稳定可

---

① 杨武. 当代东盟经济与政治[M]. 北京：世界知识出版社，2006：269 - 275.

② 李中海. 俄罗斯经济外交理论与实践[M]. 北京：社会科学文献出版社，2011：311.

③ 吴大辉. 中俄战略协作伙伴关系：十年实践的历史考察[J]. 俄罗斯中亚东欧研究，2006(3).

靠的大市场。所以能源合作一直都是中俄两国经济合作的一项重要内容。此外，俄罗斯的工业十分发达，工业从业人口占全国人口的比重将近30%，主要工业部门都是依托于能源的机械、冶金、石油、天然气、煤炭和化工等部门。但是俄罗斯的工业结构不合理，重工业发达，轻工业如轻纺、食品等工业比较落后，又是与我国经济优势互补的一项。所以在未来，要利用好中俄互补的优势，推进双边的经贸往来。

（2）学习先进的军事和航天技术

苏联曾经是和美国“争霸”的世界强国。俄罗斯继承了苏联的基础雄厚的工业和科技，俄罗斯航空航天、核工业具有世界先进的水平，在作为宇航业尖端技术的轨道空间站技术方面，俄罗斯领先于美、欧等西方国家数十年，军事实力世界排名第二，仅次于美国。我国早期的航天、核技术亦受到了苏联专家的指导。且同作为发展中大国，我国和俄罗斯都是发展中国家维护公平、公正的国际治理体系、国际秩序的重要力量，所以与俄罗斯的关系对我国极为重要。

三、发展中国家是必要拓展地区

新世纪之交的国际经济治理体系虽然还是由美国等西方大国主导，但是新兴国家的力量在不断扩大，逐渐成为国际舞台上一支不可忽视的力量。在中国的对外联系网络中，必须加强对新兴发展中国家经济体的拓展。

（一）拉美

1. 中国与拉美国家来往的历史进程

中国与拉美地区远隔重洋万里，文化、风俗习惯存在非常大的差异，直到20世纪70年代，双方在经贸方面并无太紧密的往来。但由于近代双方都饱经西方列强的侵略和摧残，都反对美国的霸权主义，因此在联合国组织的决议案投票中，一些拉美国家与中国投票的一致率高达95%以上。[①]

① 王泰平. 邓小平外交思想研究论文集[M]. 北京:世界知识出版社,1996:240－242.

改革开放后，中国的外交政策发生了很大的改变，强调要增强与第三世界国家的团结，并制定了发展与拉美国家关系的四项原则："和平友好、相互支持、平等互利、共同发展。"[①] 而这一时期，拉丁美洲金融危机的爆发和马岛战争中欧美国家对阿根廷的制裁都让拉美国家明白，要削弱美国对拉美地区的影响，必须寻求多边的国际合作。20 世纪 80 年代，中国与拉美国家迎来了建交的热潮，各国关系有了进一步发展。进入 20 世纪 90 年代后，双方开始了经贸往来，这一时期，中国出口到拉美地区的商品主要是纺织品、机械器材等，然后从拉美进口矿产和农牧业的初级产品。21 世纪以来，中国同拉美国家的合作规模呈现出"全方位、宽领域、多层次"发展的良好态势。[②] 2000 年，中拉贸易总量为 126 亿美元，首次突破百亿美元关口。除了贸易领域的互通，在高层的互联互通上，2001 年，中国国家主席江泽民访问了智利、阿根廷等拉美六国，标志着中拉关系开启了新篇章。

2. 拉美地区对我国的战略意义

（1）有利于我国推进"全方位外交"

中国和拉丁美洲国家都经历过反对殖民主义和帝国主义的斗争，都属于战后新兴独立国家，所以在面对国际关系时更容易形成共识——都希望国际经济治理体系朝着公平、公正的方向发展，增加新兴发展中国家在 WTO 等国际经济治理机构中的话语权、投票权，推动治理体系的多元化发展等。拉丁美洲是世界上发展中国家最集聚的地区之一，所以，加强同拉美地区的联系网络拓展，是我国"同第三世界国家团结协作""发展中国家是基础"的外交政策的深刻体现。同发展中国家紧密合作，在涉及发展中国家的共同利益面前互相支持，才能有效参与国际经济治理。

（2）丰富的矿产资源有利于我国进口资源多样性的实现

拉美地区有着丰富的自然资源，包括林业、畜牧业、矿业等，特别是

---

① 韩念龙. 当代中国外交[M]. 北京：中国社会科学出版社，1987：365.

② 楼项飞. 中国与拉美国家相互依赖模式研究[M]. 北京：时事出版社，2016：82－83.

矿业资源丰富，基本包含了现代工业所需的20多种矿物资源，且储量居世界前列。而我国正处在经济高速发展的时期，需要消耗大量的资源，特别是工业建设所需要的大量的煤、铁等矿产资源。“拉美地区天然气已探明储量约3万亿立方米，主要分布在墨西哥和阿根廷。铁矿储量约1000亿吨，巴西的铁矿储量居世界前列，其产量和出口量均居世界第2位。铜储量约在1亿吨以上，居各洲之首，智利铜储量居世界第2位，秘鲁居世界第4位。煤蕴藏量约500亿吨，主要分布在哥伦比亚和巴西，仅哥伦比亚煤蕴藏量就多达240亿吨。”加强和拉美地区的联系，有利于我国进口资源多样化的实现，保证我国经济建设的能源供给。

（3）我国企业“走出去”的重要基地

拉美地区拥有6亿多人口，是一个拥有巨大消费和投资潜力的市场，是我国企业“走出去”的重要目标基地。由于我国的经济发展速度快于拉美地区，我国出口到拉美国家的商品已经越来越趋于高科技、高附加值化。相比于欧美产品，我国的同类型产品价格更便宜，因此有利于打开拉美市场，推动我国企业“走出去”。

（二）非洲

21世纪初期，中国与非洲共同面临的国际形势没有发生本质变化，尤其是非洲国家仍然在美国的强权政治下生存，中国与非洲都在经济和政治方面进行了改革。非洲国家看到了中国的经济增速和总量的上升趋势，期望借助中国发展的经验，同时发展对华关系，与中国共同探寻具有现实意义的发展模式。①

1. 政治层面

中非双方在政治层面上关系十分密切，中国外交部已同10余个非洲国家外交部建立了部级磋商机制，在议会和政党等领域展开对话。② 中国为

① 罗建波. 非洲一体化与中非关系[M]. 北京：社会科学文献出版社，2006：283.

② 新中国外交历史回顾：中非关系[EB/OL]. https://www.fmprc.gov.cn/web/ziliao_674904/wjs_674919/2159_674923/t9014.shtml.

推动中非关系进一步向更高层次发展、促进发展中国家在国际社会中的地位提高，正积极努力创造机会与非洲国家建设友好合作关系。中国政府发出了召开中非合作论坛——北京2000年部长级会议的倡议，非洲国家给予了热烈响应，反映了中非双方的共同意愿，同时这也是发展中国家团结合作的重要体现。非洲国家承认中国的统一，绝大部分国家支持和奉行一个中国，在人权等重大问题上充分交流，开展合作。中方对中非合作十分重视，国务院总理温家宝在中非合作论坛第二届部长级会议开幕式上的讲话，对中非关系的发展提出了建议："相互支持，推动传统友好关系继续发展；加强磋商，促进国际关系民主化；协调立场，共同应对全球化挑战；深化合作，开创中非友好关系新局面。"① 2006年1月，颁布了《中国对非政策文件》，提出构建"中非新型战略伙伴关系"，2006年11月，召开中非合作论坛北京峰会，中国政府在中非开展外交关系50周年之际加大了对非工作力度。②

2. 经济层面

中国在非洲国家取得独立以后，为帮助其发展经济，提供了大量且无私的援助。21世纪初，中国政府在平等互利基础上不断开拓中非经贸合作，仍旧向非洲国家提供自身能力范围内的援助，并且不附加任何政治条件，积极推动中非双方展开互利合作，扩大中国对非投资和贸易规模。2000年，中非贸易额为106亿美元，到2008年，中非贸易额为1072亿美元，是2000年的10.1倍。中国还十分关注和重视非洲的债务问题，为其减轻债务负担做出了自己的贡献，2000年10月论坛会议期间，中国政府首次宣布将在今后两年内减免非洲重债穷国和最不发达国家欠中国的100亿元人民币债务。③

---

① 继往开来 全面推进中非友好合作——在中非合作论坛第二届部长级会议开幕式上的讲话[EB/OL]. https://www.fmprc.gov.cn/web/ziliao_674904/zt_674979/ywzt_675099/zt2003_675963/zfh-zltde_675977/t56251.shtml.

② 杨立华. 中国与非洲经贸合作发展总体战略研究[M]. 北京：中国社会科学出版社，2013：61.

③ 新中国外交历史回顾：中非关系[EB/OL]. https://www.fmprc.gov.cn/web/ziliao_674904/wjs_674919/2159_674923/t9014.shtml.

3. 战略意义

（1）形成新型国际合作模式

中非合作是建立发展中国家平等互利和共同发展的新型国际合作模式，也是构成南南合作的重要组成部分。中非成功合作的重要意义在于建构一种新型的不产生依附的国际合作模式，独立、平等进行经贸往来，努力缩短南北差距。

（2）经济互补性强

中非双方的经济互补性很强，投资可以带动整体经济的合作，促进中国企业竞争力的提升，发展双边合作的同时也在区域多边项目中不断探索。中国需要非洲的资源和市场，非洲也将中国视为其经济复苏和增长的推动力。中非的发展为发展中国家的团结发展增添了代表性意义。

第六章 世纪之交国际经济秩序的矛盾与困境

第一节 世纪之交国际经济秩序的特征与问题

世纪之交的国际经济秩序本质上是以美国为主导，由 WTO、IMF、WB 为三大支撑构建起来。这种国际经济秩序是苏联解体、世界市场统一后资本主义国际经济秩序融进世界并占据主导地位的体现。但随着新兴国家的崛起，既有的国际经济秩序受到了前所未有的挑战。

一、世纪之交国际经济秩序的特征

20 世纪 90 年代，苏联解体，两个平行的世界市场变为一个统一的世界市场。既有的国际经济秩序是在资本主义国际经济秩序的基础上形成的。资本主义国际经济秩序是美国主导成立的，其支柱为布雷顿森林体系和 GATT，虽然美国的霸权地位被随后崛起的资本主义国家削弱，但美国依旧处于资本主义世界的主导地位，这也意味着既有的国际经济秩序最大的特征就是美国主导。在国际金融方面，牙买加体系依旧构建着国际金融秩序。在国际贸易方面，美国主导成立了世界贸易组织（以下简称 WTO），代替 GATT 继续维持着国际贸易秩序的稳定。

（一）世界金融秩序

既有的世界金融秩序是以牙买加体系为主导构建的。虽然牙买加体系没有明确的本位币，也没有统一的汇率安排约束各国的行为，但此时美元依旧处于支配地位，仍旧有很多国家的货币和美元保持固定汇率。因为美国依然是资本主义世界中的头号强国，资本主义国际金融秩序仍旧由美国所主导。所以有人又把牙买加体系称为“后布雷顿森林体系”。牙买加体系下美国的主导地位仍然难以撼动，表现在以下几个方面：首先，虽然欧洲、日本在崛起，但美国仍是资本主义世界的头号强国，美国的经济政策倾向对资本主义世界经济的影响仍是决定性的。其次，美国主导下的国际金融治理机构（IMF 和 WB）仍然存在，为各成员方提供了一个在金融领域开展国际协商的场所。并且在促进成员国间政策合作与协调、增强多边汇率稳定、减轻国际收支失衡程度以及稳定和改革现行货币体系方面仍发挥着积极作用。最后，各种国际组织（如八国集团、亚太经合组、二十国集团等）在重大国际事务中发挥着重要的管理和协调职能，而美国则在其中居于无可置疑的主导地位。这种主导表现在一些重要决议只有在符合美国利益时才能达成或只有在美国的推动下才能真正付诸实施。此外，牙买加体系下虽然没有实质的本位币，但美元仍然是最主要的国际结算货币。

（二）世界贸易秩序

上文叙述的 GATT 只是一份临时性多边契约，目的是在国际贸易组织正式成立前尽快推进贸易自由化。在关贸总协定临时实施的过程中，无论是各缔约方政府还是学术界都一直非常关心国际贸易组织问题，并提出了一系列构想。1993 年乌拉圭回合谈判结束之前，各方原则上形成了“建立多边贸易组织协定”。后来在美国的提议下，将“多边贸易组织”命名为“世界贸易组织”。1994 年，乌拉圭回合通过的“建立世界贸易组织”协议与乌拉圭回合其他协议同时生效，这标志着多边贸易组织——世界贸易组织（以下简称 WTO）正式成立。

与 GATT 相比，WTO 主要有以下特点：

（1）WTO 具有法律上的正式性。WTO 对所有成员都具有法律约束能力，它不仅将关贸总协定的临时适用改为正式使用，而且建立了一整套组织机构，下设各类权力机构、行政执行机构、“司法”机构和政策监督机构。

（2）WTO 具有全球统一性。它是一个统一完整的多边贸易体制，要求各谈判方是“一揽子”接受《乌拉圭回合最终文件》的国家和地区。

（3）WTO 包括的内容广泛，不仅包括已有和经乌拉圭回合修订的货物贸易方面的规则，还包括如服务贸易、国际投资与知识产权等新制定的各种贸易“交通规则”。

（4）WTO 是一个具有有限优先权利的正式组织。WTO 可以剔除新的建议和修改政策，可以充当经济决策的智囊和直接提呈经济问题，并为了贸易体制的发展，对个人、地区及国家提出忠告和建议。WTO 能够获得代表自己意见的权威。

（5）作为正式的国际组织，WTO 是国际法主体，其职员及成员的代表均享有联合国大会 1947 年通过的特权和豁免。但它不同于国际货币基金组织与世界银行，它不是联合国的专门机构，也不隶属于联合国体系。

WTO 的建立，标志着世界贸易发展的进一步开放与合作。在它的严格贸易纪律约束下，乌拉圭回合谈判各协议得以顺利实施。WTO 的建立与运转，从根本上决定了跨世纪经贸格局与发展走势，促进全球贸易的进一步开放与自由化。这将给众多的成员国家与地区提供更多的合作与贸易的机会。但 WTO 的本质特征依旧是美国为首的西方发达国家主导，发展中国家的话语权有待提升。

二、世纪之交国际经济秩序存在的问题

美国主导的国际经济秩序曾经在战后为世界经济发展创造了有利的环境，然而当世界各国的经济实力不断发生变化，尤其是发展中国家崛起时，这一经济秩序的问题便逐渐暴露出来。

（一）世界金融秩序存在的问题

以牙买加体系为主体构建的世界金融秩序本身存在缺陷。牙买加体系的最根本特征在于纯信用本位货币特质。黄金非货币化之后，衡量国际范围内货币价值稳定的最客观标准也就消失了。如前所述，牙买加体系下的美元仍旧是最主要的国际储备和结算货币。美元作为体系中的国际储备货币、国际结算货币和锚货币，相当于替代黄金而成为信用货币本位下的国际货币价值标准。在纯信用本位货币体系下，只有当核心货币国的货币政策和财政政策操作高度自律，并严格按照应有的行为准则行事时，美元才能较好地发挥名义锚作用并使国际汇率体系协调稳定。但是，作为一国的信用货币，美元的历史行为记录表明，它并不能完全胜任这一“角色”。因为，理论上，一个良好的可以作为“价值标准”的核心货币应该在许多方面是“自律”的。但其实美国常常把汇率的变动作为实现国内经济目标的政策工具，具体表现往往是迫使别国货币兑美元升值，结果既扰乱了国际汇率体系的稳定，又造成了汇率的大幅波动，即让其他国家共同分担美国经济给自身带来的负担。为了实现自身广泛领域内的霸权目标，美国总体上倾向于扩张的货币政策，在广泛传播全球性通货膨胀的同时，更造成了当前巨额的全球经济失衡。由于美国拥有货币政策自主权，当遭遇非对称的需求冲击时，美国的“美国优先”政策行为常常使世界经济难以实现均衡。所以美国主导的国际金融秩序的后果是导致世界经济波动、货币和金融危机等问题与美国直接相关，全球经济不平衡也主要是由美国对其他国家的逆差导致的。

另一方面，因为美国占据世界经济领先地位，主导国际经济秩序，基于美国在经济、政治和军事等领域的霸权实力，美国在 IMF 以及其他国际性组织和机构中都拥有支配性的决策权，从而使其他国家无法摆脱对美元的依赖，同时该体系下没有约束和制约美国行为的有效机制。造成这一尴尬局面背后的根本原因是缺少价值稳定的“第 N + 1 种货币”。从历史角度看，黄金最能胜任“第 N + 1 种货币”的职能，但是，历史也同样说明，黄金作为价值标准的内在缺陷是无法为世界提供足够的国际流动性 。这是现行国际货币体系难以克服的内在缺陷。

另一个问题是各国的汇率制度选择也面临窘境。在开放的经济条件下，货币政策的独立性、汇率的稳定性和资本的自由流动三个目标不可能同时实现，也就是克鲁格曼提出的“三元悖论”。这一悖论表明，即使在正常情况下，对于追求汇率稳定目标的货币当局而言，也必须在政策独立性与资本自由流动性之间作出取舍。但是，对于多数国家尤其是新兴市场和其他发展中国家来说，任何取舍都是痛苦的。放弃货币政策独立性，在很大程度上意味着放弃了国内经济目标。加强资本管制则意味着不能充分利用国际资本可能给本国经济带来的诸多利益，如技术进步、管理水平提高、产业结构优化、参与国际分工等。毕竟，对于大多数国家而言，如果严格限制资本流出，则必然也会影响资本的流入，因为，流动性的下降意味着风险的上升；反之亦然。更重要的是，在经济全球化和金融市场一体化条件下，尤其是再考虑到全球资本快速流动和“美元供给总是过多”的状况，资本控制的难度自然越来越大。这就从理论上说明了想要选择固定汇率制度的国家所面临的困境。无论是货币政策自主权、汇率稳定还是资本自由流动，这三大目标最终都要归结为经济的稳定增长，所以，美国并没有受到“三元悖论”的困扰，但其他国家则大不相同。

总之，以牙买加体系为支柱的世界金融秩序所存在的诸多内在缺陷必然会引发矛盾，并成为国际经济秩序不断演化的内在动力。

（二）世界贸易秩序存在的问题

WTO 多边贸易体制所提供的一套国际贸易规则，极大地推动了贸易领域国际法制的发展，增强了国际贸易关系的透明度、稳定性和可预见性，为国际贸易自由提供了一个有利的环境。然而，WTO 成立后，多边贸易自由化的进程并没有人们想象中的那样顺利，特别是 2001 年就发起的多哈发展议程屡屡受挫，不仅凸显了 WTO 多边贸易体制所面临的问题与挑战，也暴露了 WTO 的内在缺陷。

（1）WTO 多边贸易体制的公平缺陷。关于公平的问题，发达国家往往利用其在多边体制的主导地位和强大的经济实力来影响 WTO 多边贸易体制中规则的制定与通过。多边体制在实质上就是发达国家经济利益的综合体现，它们往往在其有竞争优势的领域，如服务贸易、投资及知识产权保护等领域推行贸易自由，从而打开发展中国家的服务市场，而扩大发展中国家所关注的农产品、纺织品贸易和自由化却难以达成协议。

（2）特殊与差别待遇条款缺乏可操作性，发展中国家成员很难真正受益。WTO 规则中虽然给发展中国家成员规定了许多特殊与差别待遇，但这些条款的措辞都比较宽泛、含糊，大多是一些政策取向、激励性和努力方向性的表述，为发达国家解释和适用留有较大的回旋余地，既没有法律约束力，又缺乏应用可行性。一些发达国家成员因为其本国的法律，或出于国家政治、经济利益和社会因素的考虑，而克扣或拖延甚至不给予发展中国家最优惠待遇。

（3）WTO 争端解决机制的缺陷。WTO 的争端解决机制的一个十分重要的特点就是它以强硬的经济制裁方式进行裁决。最具代表性的就是中止减让和交叉报复。这对发展中国家十分不利，由于发展中国家经济水平远远落后于发达国家，其开放程度也不可能与发达国家相一致，报复能力相对于发达国家来说是很弱的，根本无法对发达国家的行为给予有力的回击。因此，这种交叉报复从形式上看是公平的，但其实质却是不公平的，发展中国家的利益很难得到有效保护。另外，无论是报复国还是被报复国，都将在经济上承受严重的损失，交叉报复最终是没有胜利者的。

（4）世界收入不平等和发展中国家国内收入不平等的加剧。WTO 下的世界贸易体系是发达国家主导的贸易体系。贸易全球化增加了发展中国家实物资本和技术的流入，这样在发展中国家的技术密集型出口品中属于本国的增加值会越来越小，由此扩大了发达国家和发展中国家的收入不平等。

与此同时，国际贸易影响发展中国家的收入差距的机制主要有两点：一是贸易全球化会使新技术从发达国家向发展中国家渗透，导致了发展中国家对技术工人的需求增加，从而使非技术工人的收入相对下降，技术工人的收入相对上升。二是贸易全球化带来的进口竞争会使发展中国家的本国市场竞争加剧，从而导致低技术工人收入下降。

三、世纪之交国际经济秩序面临的挑战

(一) 世纪之交国际分工格局的变化

20 世纪 90 年代以来，世界经济的分工格局发生了以下两个方面的变化：第一，主要发达国家之间的国际分工产生变化，汽车经济时代的水平国际分工逐渐转变为信息经济时代的垂直国际分工。其中，美国在 20 世纪 90 年代新经济浪潮中“一枝独秀”，成为信息产品的发明与生产大国；以德国为首的欧洲国家，虽然也有部分参与了国际信息产品的分工，但它们中的大部分仍然在生产汽车经济时代的制成品；日本由于其结构调整不能顺利地推进，经济发展陷入了萎靡不振的境地。第二，美国、日本和德国等世界经济增长的中心国所在区域内的国际分工则发生了方向性的变化，即北美、西欧和东亚地区的国际经济分工日益呈现出扁平化的发展态势。特别是在东亚，雁型分工模式已经不复存在，亚洲新兴市场经济体的经济结构越来越相似。到 1997 年金融危机爆发，地区经济发展需要建立一个与新分工格局相匹配的区域经济新秩序。

在发生了上述两种变化后，国际分工格局可以用一个金字塔型结构描述。其中，处于国际分工金字塔顶端的是美国，它引领了新经济的变革，把人类带进了信息经济时代。20 世纪 90 年代，即使世界经济动荡，美国仍通过连续不断地创新和垄断经济新领域，维持了经济的繁荣增长。进入 21 世纪后，伴随着新经济周期变化而来的美国经济基本面的持续恶化，美国经济增长开始减速。即便“9·11”恐怖袭击对美国造成了极大的冲击，一些经济学家甚至一度认为美国开始走上了经济衰退之路，但美国依然保持了相对稳定的增长速度，牢牢地站在国际分工“金字塔”的尖端。

处在国际分工“金字塔”第二阶梯的是英国、德国和日本等发达国

家。英国主要提供资本服务，德国提供资本品，而日本则主要负责提供资本要素密集、技术含量和附加值都比较高的最终消费品。英国的金融服务主要涉及的都是与投资银行业务有关的内容，这主要源于1973年石油危机时英国投资银行和其他一些非银行的金融机构进行国有企业产权重组。投资银行和非银行的金融机构经过重组获得了空前发展，从而使英国经济产生了根本的结构性调整，国际竞争力也在稳步上升。德国之所以能够在国际分工的这个层次上长期占据近乎垄断的地位，主要是因为德国始终保持着资本品生产技术的垄断。虽然21世纪日本已经经历了10年的经济衰退，但日本企业的合作文化、有序的产业组织结构、高效率的企业管理、出口导向的贸易政策和技术引进政策以及长期积累的经济优势，使其依然处于国际分工较高的位置。

而处在国际分工"金字塔"低端的，就是以新兴经济体为代表的发展中国家。这些国家依靠廉价劳动力主要从事劳动密集型的最终消费品的生产。由于发达国家某些产业的技术改造，更多地从事高科技产品的生产和技术的研究与开发，其他部分则转移到工资水平相对较低的发展中国家。发展中国家的主要产品从农矿初级产品转向制造业，完成了产业结构升级。这样一个新的国际分工格局就形成了。

在这种新的国际分工格局中，全球和区域价值链（GVG）分工逐渐深化。以跨国企业为中心的全球价值链逐渐形成。20世纪80年代伴随着亚洲发展中国家——全球贸易中最封闭的地带——积极融入全球贸易体系，跨国公司通过间接和直接投资不断在世界范围内扩张，国际资本迅速移动，推动了产业和经贸全球化。90年代，在经济全球化的大背景下，国际竞争力愈演愈烈，科技技术日新月异，跨国公司凭借其资本、技术和营销战略等优势，通过国际直接投资、外包和企业内贸易等方式，将其价值链中的各个环节分工到全球各个国家和地区，深化国际产业分工，构建起以生产网络为中心的全球价值链（GVG）。在全球价值链中，中间产品和服务在碎片化的国际分工生产过程中进行贸易，到2010年全球70%～80%的贸易流量是在跨国公司协调的全球价值链中发生的，通过跨国公司的附属机构、契约伙伴和供应链伙伴之间进行跨境贸易，全球价值链分工已经成为全球经济最主要的特征之一。

亚太地区成员广泛参与到全球价值链体系中。由于亚太地区国际经济政策不断开放，成员之间比较优势明显以及相互依存度高，越来越多的亚太地区成员国通过跨国公司直接投资和中间产品贸易参与到全球价值链之中，使亚太地区逐渐成为全球价值链参与度最为活跃的地区之一。在 WTO 发布的《2013 年世界投资报告》中所统计的 2010 年全球价值链参与度最高的前 25 个国家中有 13 个来自 APEC 的成员，其中新加坡达到 82%，而中国达 59%，仍然主要是向后参与全球价值链。相比东亚地区的发展中国家，美国、日本等发达经济体则是向前参与全球价值链，由于它们可以为中间产品创造更大的国内市场并且大量参与技术推进活动，在它们自身出口构成中，国内增加值占据更大的份额，并通过跨国企业的活动将自身的增加值嵌入其他国家的出口之中。这种新的国际分工格局的形成势必会和既有的国际经济秩序产生矛盾，其本质是新兴发展中国家崛起和美国维护霸权地位之间的矛盾。

（二）新兴定制化 FTA 带来的挑战

随着亚太地区经济的迅速增长及全球（区域）价值链不断深化，亚太经济处于高速发展阶段，在世界贸易中的地位日益上升。区域内和区域间各国开始追寻不同形式的贸易和投资等合作。然而面临多边合作和区域经济一体化不断受阻的情况下，随着大国的带动和小国的追随，亚太地区建立起众多双边及次区域 FTA，使亚太成为全球 FTA 份额最多、覆盖领域最广、FTA 内部联系最紧密的地区。

发展中国家融入世界经济分工格局，且对既有世界经济分工格局的影响力越来越大，从而使既有的美国主导的国际经济秩序面临重构的挑战。其中，区域自由贸易协定（以下简称 FTA）在亚洲国家中兴起并进入快速发展的轨道，未来必然会对传统的以 WTO、IMF、WB 为三大支柱的国际经济秩序带来挑战，并且在未来新的世界经济新秩序的构建中占据着重要地位。

相对于传统的多边贸易协定，FTA 在许多方面显现出优越性。首先，FTA 具有较低的谈判成本。随着 WTO 成员的增加，多边谈判变得越来越复杂和冗长，涉及多国不同利益使得谈判进程缓慢，谈判成本随着成员的增加而递增。相比而言，双边或者区域 FTA 的谈判成员少，谈判成本低，又建立在双方政治互信和经济紧密的基础上，更容易率先达成协议。其次，FTA 具有"定制化"的灵活性。不同发展程度的国家之间签订自由贸易协定，都希望根据自身的情况在协议内容中作一些灵活安排，将一些"敏感"领域的开放排除在贸易协定之外，有助于消除和减少双边贸易协议谈判的障碍，更容易达成共识并缔结协议，也使得谈判可超出地缘和经济发展水平的限制，让发达国家与发展中国家也可以通过灵活安排达成 FTA，有利于自由贸易展开。相比于传统的"一揽子"的多边协商体制，FTA 具有定制化的特征，更加灵活。最后，FTA 覆盖更全面。在 FTA 发展过程中，越来越多的贸易谈判不再局限于贸易领域，更多地覆盖到投资和服务贸易领域，在双方互利的基础上更加深入地合作。当然，在实践过程中，推进发展中国家完全自由化存在困难，这便体现出 FTA 灵活安排的优点，使得这两个特性在 FTA 优越性中既矛盾又互补。

多哈回合谈判的长期搁浅让人们意识到这种"一揽子"体制的缺陷，而从另一方面也突显出了双边及区域 FTA 的优越性，这促使更多的经济集团在双边 FTA 以及区域贸易协定（RTA）上寻找贸易发展之路。各国担心由于"贸易创造"和"贸易转移"效应，其他成员相互缔结自由贸易协定会损害自身利益，因此，越来越多的经济体加入推进 FTA、RTA 的进程，FTA、RTA 无疑成为 WTO 的主要替代战略，全球范围内出现了大量的 FTA，各国贸易政策逐渐转向由双边贸易为主的区域贸易。这让以美国主导为主要特征，以 WTO、IMF、WB 为三大支柱的国际经济秩序在 21 世纪初面临严峻的挑战。其本质是发展中国家崛起带来的世界经济格局的改变，从而增加了重构国际经济秩序的呼声。

第二节　2008 年金融危机与经济全球化困境

20 世纪末，模块网络化生产方式的兴起带来了国际分工格局的深刻变迁，既有国际经济秩序在维护以美国为首的发达国家根本利益的过程中，最终导致 2008 年金融危机的爆发，并使全球化陷入发展困局。适应生产力发展要求、变革国际经济秩序，成为必要选择。

一、2008 年金融危机与经济全球化

金融危机也称为金融风暴，表现在一个国家或几个国家和地区的大部分甚至全部的金融指标都产生短暂、急剧和超过周期性的恶化，这些金融指标包括短期利率、证券、货币资产、房地产、商业公司的破产数量和金融机构的倒闭数量等，造成经济不断恶化和蔓延的可能性。2008 年金融危机是由美国的房地产泡沫破灭所引起的次贷危机逐渐蔓延和演变而来，并席卷全球。这次金融危机对国际金融秩序造成了很大的扰动和冲击，产生了不同于以往的高强度信贷紧缩效应，不仅影响了美国的金融部门和市场，并且使其他国家的货币贬值，并不断恶化和蔓延。

（一）经济全球化促进美国虚拟经济发展

经济全球化的不断发展促进世界各国经济跨越国家界限，在全球范围内进行资源流动、重组和配置，当一个国家出现金融危机时，容易牵连与其有经济贸易往来的其他国家和地区，这一现象在经济全球化的大环境下波及更广、影响更深。

美国在国际经济秩序中占据主导者的地位，经济全球化促使了这一地位的形成，也使美国在二战后在技术创新的加持下从全球经济中不断获取财富。越来越充裕的财富使美国的实体经济所需要的人才数量减少，大量的美国工人、农民开始往服务业转移，即使是依旧在实体经济领域内工作

的工人也开始要求高额的工资，这在某种程度上增加了美国实体经济的成本。与此同时，大量的资本促进了美国虚拟经济的发展，美国更倾向于在金融行业中获取更多的利润，金融业发展迅猛与实体经济发展缺乏动力产生了不平衡，金融业无法找到与其相匹配的服务实体，这就导致了金融衍生产品的诞生，以及金融业在经济全球化的环境下不断自我发展。① 虚拟经济的迅猛发展反而脱离实体经济，并且走得越来越远，没有实体经济做基础，虚拟经济就会逐渐膨胀，美国金融业的繁荣就成了虚拟经济泡沫的遮挡。

（二）美国国内经济背景

1. 长期实施低利率宽松的货币政策

美国在 2001 年采取宽松的货币政策的目的是击破新经济泡沫、稳定美国的经济发展。美联储连续 13 次降低利率，这样具有持续性的长时间宽松的货币政策，会使美国市场上的货币量激增，而市场上利率低、收益少，因此这些充斥在市场中的大量资金就会放弃收益低的产品，在美国现代金融体系下寻求高收益的产品，次级贷款顺势而生。次级贷款在当时来说是一种新型的住房按揭贷款方式，贷款给信用等级低于某个级别的人，通过这种方式来增加银行的收益。

2. 次贷方式的弊端不断凸显

对金融市场的风险没有准确估计导致次级贷款的弊端不断凸显，美国政府也为应对新经济泡沫造成的通货紧缩，推动房地产行业成为新促进经济增长的行业。在这样忽视次贷方式的一个时期，美国经济潜在隐藏的通货膨胀风险慢慢显现出来，对还款能力的忽略甚至是高估易引起还贷风险，尤其是当适应市场的货币政策变化时，危机就会随之而来。②

3. 监管机制不健全

虚拟经济飞速发展并脱离实体经济，次级贷款在全国范围内风靡，这

---

① 肖金成．虚拟经济对美国的影响及对我国的启示[J]．前线，2009(6)：23－25．

② 谢霖．美国金融危机对国际经济与政治格局的影响[D]．兰州：兰州大学，2010．

都需要健全的金融监管机制，但美国却忽视了这埋藏在经济繁荣背后的风险，没有建立起完善的监管机制，所以不能提前预估和及时处理金融危机。美国的金融监管具有多层次和多类型的特点，每一层次监督机构只能监管其对应的层次，因此，美国的监管机制处于滞后状态中，这加大了风险发生的可能性。

（三）国际分工格局的特点

冷战后期，美国主导国际格局，新兴国家也在不断崛起，国家经济秩序在经历着变化，国际分工格局也是如此。经济全球化导致的全球要素流动和世界产业结构变迁对国际分工格局的形成有一定程度的影响。国际分工格局一直在演化，20 世纪末以来，分工格局的特点包括以北美、欧洲、东亚三大主要贸易区域为主体；中、德、美三国为轴心国并形成联结枢纽；北美与东亚在产品内分工的基础上增强融合；外围国边缘化这四点。[①]在这样的国际分工格局中，形成了从研发设计、加工制造到销售服务的具有完整价值形式的链条，专业化的生产经营使得产品内分工不断发展。跨国公司作为产品内分工的主体，在产品内分工的基础上，考虑降低成本和追求专业化的分工细化，会将除研发和设计之外的环节外包给周边国家和拥有大量廉价劳动力的国家，这样可以节省加工制造的时间，能够更好地创新和研发以迎合消费者的需求，促进产品内分工网络不断扩展。

经济全球化促使各国为贸易往来和降低成本提供便利化的条件，推动分工细化，逐渐演变出核心是产业链和基础为要素配置的国际分工格局。研究生产模块化也为分解产品内分工提供了技术支撑，在这个基础上，新科技革命推动通信技术产业发展，使得跨国公司更容易掌握和远程控制外包环节，形成非关键生产环节向发展中国家转移，使发达国家居于价值链顶端。在这样的国际分工格局下，以美国为首的发达国家处于价值链顶端，在研发和创新环节不断投入，节约时间和成本，获得了巨大的收益，

---

① 马莉莉，卢尚义，任红梅．从全球分工格局变迁看中国跨越“中等收入陷阱”的路径选择[J]. 理论导刊，2012(12)：12－15.

同时也带来了难以避免的问题。

二、金融危机产生的内在机制分析

（一）不同国家在国际分工格局中所承担的角色

美国与东亚产品内分工体系逐步结合，在细化分工和自我产业演进中占据分工系统的领先地位。欧洲内部拥有庞大的分工体系，但是仍旧停留在产业内分工阶段。由于东亚分工网络发展迅速，韩国、新加坡等东亚国家和地区一直在进行产业演进，在价值链上攀升，国际地位日益提升。拉美等边缘化国家难以跨越“中等收入陷阱”，处于分工格局的外围。

（二）产品内分工运行机制的演化

产品内分工是国际分工深化以后出现的一种产品内部制造生产的各个环节被分拨到不同国家和地区的新型国际分工形态，也是众多研究者讨论的垂直专业化分工，这种分工形态的对象是制造的工序和环节，并且可以通过分散展开跨越国界的生产链条体系。全球价值链是指在产品内分工的国际化网络中，整体具有价值形式的环节相互协调和依赖，从产品设计、加工生产、销售管理直到报废的各个环节共同组成的一个连续完整的价值链。全球价值链侧重于产品内在“微观”运行，产品内分工则关注国际生产和贸易等“宏观”表现。①

发展中国家不断提升的经济水平使得其投资条件优化，由于其自然资源和人力资源价格相对于发达国家较低，发展中国家在加工制造环节的优势显现，全球价值链的制造环节就不断向发展中国家靠近，而这些生产制造也会不断推动技术进步，促使这一环节在全球价值链中攀升，并与发达国家在这一环节上产生竞争关系，推动发达国家越来越远离有形资产，品牌、销售和链条管理等无形资产逐渐积累。这种全球价值链的转移是产品内分工的另一种变形和演变机制，发达国家逐渐远离实体经济领域，发展

① 张纪．产品内国际分工动因、机制与效应研究[M]．北京：经济管理出版社，2009：86.

中国家接受制造业环节在产品内分工中朝自己转移，发达国家仍旧控制着具有高附加值的环节，将巨大的效益掌握在自己手中。

（三）产品内分工基础上国际格局的运行机制与矛盾

产品内分工作为新兴科技和生产方式的产物，在其起步阶段就给新兴国家带来了巨大的发展机遇，但其现行运行机制也存在深刻的内在矛盾，从而难免会使国际分工体系发展陷入困局。

20世纪末期以来的科技与生产发展，使分工细化到生产过程内部，发达国家和东亚国家在生产链条上展开新型国际分工。产品内分工基础上的国际格局为：东亚提供原材料及零部件，中国加工生产，中国集中面向欧美市场，欧美提供资金、技术和消费拉动力（见图6-1）。

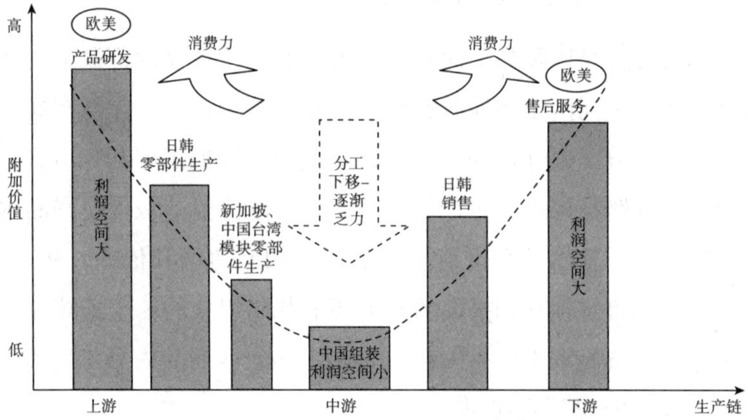

图6-1　产品内分工基础上国际格局的运行机制

从发达国家和东亚国家在生产链条上的分工地位来看，欧美发达国家凭借强大的研发和资本实力，主要负责研发、售后服务、核心零部件等高附加值生产环节，东亚国家和地区如日本、韩国、新加坡、中国台湾，主要发挥既有资本与技术优势，参与模块零部件生产、销售等中低附加值环节的生产，中国凭借廉价劳动力资源主要从事组装加工生产。

在生产链条的上游和下游，产品研发、售后服务等环节所生产的产品技术含量高、附加价值大、产品差异化显著、竞争相对缓和、产品利润空间大；零部件生产要求较高的生产技术标准和含量，销售对市场拓展技术等要求较高，中游环节产品附加价值继而利润空间相对较大；模块零部件生产对标准化技术与生产有一定要求，由于技术含量下降、竞争程度上升，模块零部件生产的利润空间趋于下降；中游组装环节对生产技术要求较低，主要取决于廉价劳动力的供应状况，产品附加值低且相对标准化，市场进入成本低导致竞争激烈，中游组装环节利润空间较小。因此，在东亚产品内分工体系所形成的价值链中，发达国家基于高附加值、高利润空间产品的生产获得更大的收益；东亚生产技术较为领先的国家基于零部件等较高附加值、较高利润空间产品的生产而获得较大收益；中国因主要发挥劳动资源优势从事加工组装，生产低附加价值和低利润空间产品，获得的收益相对较低。

在这条价值链中，国际格局的运行机制实质上是：其一，将生产链中所累积的财富，即消费能力不断向高端拉升，欧美因处于高端而获得庞大的消费支持，由此展开彼此间产业内分工和贸易；其二，在新兴科技和生产管理技术基础上，先进国家不断将中产品、生产环节的制造向下游转移，在分工迅猛扩张过程中获得中心地产业演进的动力；其三，发达国家在消费力和产业演进动力互动过程中，实现分工演进与产业升级，并使国际分工格局得以往复扩张。

但是，这种运行机制存在的内在矛盾是：后进国家因获利空间被挤压、消费力转移，而使自身分工深化的能力下降，由此使分工下移逐渐乏力，位居中高端环节的国家产业演进逐渐失去支撑力，国际分工体系发展趋缓。

就在这一矛盾累积过程中，美国金融创新的发展在消费力上移、科技创新的基础上，集聚全球资本，通过金融市场的财富效应进一步放大消费能力；当金融创新逐步扩展到次级债等低信用产品时，金融市场泡沫兴起，并催生过度消费。2007 年美国次贷危机爆发，全球消费动力衰退，东亚国家实体经济直接遭受冲击，雷曼银行、冰岛等宣告破产，继而希腊、欧债危机蔓延，全球经济形势动荡。

三、金融危机产生的影响及应对方式

（一）金融危机对世界经济的影响

不断蔓延的经济危机导致全球主要股市下跌，金融市场动荡，世界经济发展不平衡，国际经济问题凸显，贸易保护主义抬头。

美国虚拟经济受到重创，实体经济遭遇困境，危机进一步扩大范围，美国工业生产增长幅度减慢、停滞甚至出现负增长的形势，大量工人失业，就业情况严峻。次贷危机范围扩大到信贷和消费领域，资源产品需求减弱，资源价格下降，进口需求缩小，金融市场风险增大，通货膨胀持续存在并加重，货币体系无序。①

金融危机冲击欧洲经济程度较大，信用危机存在于欧洲各国银行之间，多家银行停止了信贷行为，遭遇巨额亏损并陷入困局，银行业的冲击使大幅波动存在于股市中。2008 年 1 月 21 日，英、法、德三国股市的跌幅都在 5% 以上，遭遇了“黑色星期一”，此后，美国三大股指的震荡也影响了欧洲股市的波动，对欧洲经济增长造成了严重冲击，出口增长减缓，进而影响经济复苏。②

日本的金融机构受次贷危机影响产生混乱，出口下滑和消费需求不足使得实体经济不断恶化，股市不振、外汇市场和金融体系不稳定也是日本经济恶化的加速器。住宅贷款利率提升引起还款压力加大，住宅抵押款、消费者信贷也出现问题，金融政策的颁布和实施困难增大。③

金融危机波及发展中国家的经济增长，由于发展中国家在国际分工格局中与发达国家经贸往来依存和互补，受金融危机的影响，发达国家对发展中国家的进口需求降低，发展中国家的出口受到影响。受美元大幅贬值

① 李明．次贷危机以来世界经济形势及对我国经济的影响[J]．中国商论，2016(2)：105.

② 赵坤．当前欧洲经济形势及次贷危机对欧洲经济的影响[J]．中国经贸导刊，2008(8)：15－16.

③ [日]齐藤美彦，崔岩．美国次贷危机对日本经济的影响[J]．日本研究，2008(4)：19－23.

影响，中国外汇储备缩水，国内股市产生动荡，多家公司融资功能消退，跌破净资产。

（二）金融危机对国际分工格局的影响

金融危机对各个国家和地区的冲击程度不一致，对欧美发达国家最为严重，经济持续低迷，而中国等新兴经济体在应对金融危机时展示出信心，不断修复自身经济，金融危机的爆发加速了国际分工格局和产品内分工的演化。虽然在金融危机之前，发展中国家在逐渐融入多边贸易体系后经济得到飞速发展，在价值链上也有攀升的趋势，但是金融危机发生后，欧美国家遭受沉重打击，而发展中国家相对来说修复危机带来的伤害较快，在价值链上的升级速度相对加快。

产品内分工、全球价值链以及外包体系在不断演化的过程中，发达国家处于价值链顶端，不断吸收资本逐渐脱离实体经济，对实体经济的消费需求减少，短期内很难扭转。以北美、欧洲和东亚三大贸易区域为主体的分工格局在受到金融危机的冲击后，北美和欧洲实体经济的消费进入瓶颈甚至不断衰退，而东亚经济发展水平还有待提升，以往国际分工格局的稳定被打破。

（三）欧美采取的应对方式

欧洲中央银行以4%的利率发布无限量的信贷，在2007年8月9日和10日分别注入约1300亿美元和540亿美元救市，美联储也在这两天里向金融体系注入240亿美元和380亿美元，欧洲中央银行和美联储的注资高达2500亿美元，世界各国的中央银行也纷纷注资，金额共达75000亿美元。虽然及时的注资补上了流动资金的不足，但是这样短时间大批量的注资行为无法达到收支平衡，不良资产依旧存在于资产负债表中。总体来看，这种及时的注入流动资金的行为对次贷危机还是十分有效的，在长期发展中并且没有冲击时，不良资产会从资产负债表中慢慢移除。美国政府的经济改革措施对金融危机的影响有加深作用，包括住房抵押贷款证券化、促进金融工具不断衍生、市值计价会计法、信用违约交换、可变利率抵押贷款等。美联储在2008年第三季度升值美元，美元兑欧元和黄金的汇率升高，降低通货膨胀率，紧缩货币，这是使得雷曼公司破产的原因之一，之后救助雷曼公司失败抑或是根本没有及时救助雷曼公司。[①] 美元在第三季度的升值毁掉了第二季度所作的努力，复苏难以实现，经济持续崩溃。

四、后危机时代的困局

（一）后危机时代困局的产生机制

为应对危机，美国接连推出量化宽松政策，并配合教育、医疗、先进制造等领域的鼓励措施，然而国际政治经济局势的动荡使复苏前景并不乐观。根据经合组织预测，美国2012年、2013年的增长率分别为1.8%和2.5%，均低于2010年3%的水平；欧元区分别增长0.3%和1.5%；20国集团则分别为3.8%和4.6%。作为全球最大的经济体，至今美国劳工市场依然疲软，楼价继续在低位徘徊，银行体系面对的困难仍然很多，经济增长呆滞，再加上欧债危机问题严重，美国整体经济压力仍然很大。

此外，就在信息技术革命将开启一个新时代的时候，也不得不看到国际分工体系的发展正陷入困局。当分工细化到生产过程内部时，各国根据各自产业升级进程不断向后进国家转移中生产环节或产业，相应地按照产业演进顺序梯度分列在同一价值链的不同位置，各国生产专业化水平大幅提高。由于生产环节和产业已转移，所剩较高端生产环节对于处于较低位置的国家来说，往往不具备承接高端生产环节所需要的人力资本、群体资本等要素和资源。因此，高度专业化使各国不得不主要向产业链附近国家进行分工扩张，而处于全球产业链底端的国家和地区则集聚大规模的相对落后生产环节和产业。当底端国家因消费约束无力再向后续国家产业扩张和转移的时候，其产业升级或承接高一层国家产业转移的能力衰竭。于

① 中国发展科学研究基金会，北京市人民政府．诺奖大师纵论金融重建与经济振兴[M]．北京：科学出版社，2011：90－91.

是，中高端位置的国家一方面难以向近邻国家转移产业，因后者也因同一问题而无力承接；另一方面也难以向产业链外未开发国家转移，因其不具备承接基础，而后者所需要的产业，先进国家已大多转移殆尽。国际分工体系在底端国家和地区无力进行分工扩张和产业升级的时候陷入发展困局，新技术也因缺乏大规模分工体系支撑而难以被产业化。底端国家和地区的分工深化成为驱动国际分工体系继续发展的基础和力量之源。

（二）困局后的调整仍在继续

1. 发达国家难以走出底端支撑不足的局面

国际分工体系陷入困局导致世界经济失衡，各国比较优势相对改变，战略思想逐渐深入，以全球价值链为基础的产品内分工模式成为主要形式。由发达国家主导的产品内分工的利益分配失衡，产业无力扩张，产业转移陷入困境，各国为走出困局也在不断探索。美国后危机时代还在沿用以消费为主导的经济模式，虽然金融危机给这种传统的经济增长模式带来了极大冲击，美国政府仍旧以复苏这种模式来拯救经济，通过量化宽松政策刺激消费，但是这种经济模式会使资本泡沫化越来越严重。以美国为首的发达国家位于全球价值链高端，缺乏底端的有力支撑，自身又离实体经济越来越远。

2. 发展中国家在价值链上攀升效率不高

正是因为各国和地区在产品内分工中通过竞争多于合作的方式来获得利益，才促使国际分工格局不断演进，在国际分工格局中竞争的目的就是通过攀升到价值链的中高端获得高收益。发展中国家在现在的价值链中攀升效率不高，想跳出产品内分工困局，在价值链中实现逐步上移，就应该掌握在突破中高端国家的研发设计以及标准化技术的垄断，技术型分工取代自然资源型分工成为后危机时代分工的主要形式，发展中国家通过创新提升在价值链中的竞争力。以低层次合作分工为主的发展中国家无法大幅提升在价值链中上移的效率，只有主动参与高层次分工合作才能提升效率，但是发达国家已经在高端环节形成垄断，主动参与陷入困境。

3. **各领域失衡问题的解决需要一个长期过程**

贸易、储蓄消费、南北发展等方面的问题存在于后危机时代，该领域的失衡需要世界各国共同解决，并且需要很长的时间来探索。

在贸易层面的失衡问题，以美国为首的发达国家采取的措施，如刺激人民币升值和实施贸易保护主义等，损害了发展中国家的利益，不利于发展中国家经济发展。虽然这些措施可以在短时间内对抑制应对发达国家国内巨额逆差有效，但是并不能从国际上大幅度减缓贸易失衡，产业和经济结构问题才是主要问题所在。通过调整货币数量的宏观经济政策不能在长期内有效解决贸易领域的失衡问题，反而会放任自己国内的结构问题，无法改变发达国家在全球价值链上无法支撑起自己的尴尬局面。

在消费储蓄方面，美国等发达国家是资本主义国家，又属于消费驱动型经济，这样的双重特性使得工人有效工资提升空间相对来说不大，继而私人储蓄率增加有限，经济只靠消费刺激很难在价值链中高端稳定。① 发展中国家又不能快速迈入消费和服务型大国，主要靠加工制造业游离在价值链底端，因此，这种消费储蓄方面的失衡也需要长时间去突破和改造。

南北发展失衡问题在后危机时代更需要持续关注下去，国际金融危机过后，全球经济形势恶劣，发达国家和发展中国家都受到了重大冲击，但是发达国家和发展中国家的差距一直存在。后危机时代发展中国家的话语权有所提升，尤其是中国要向全球展现负责任的大国形象，在不同时期选择不同的经济发展路径，积极营造和谐稳定的国际经济环境，尽全力缩小南北差距。但这一过程不只是需要发展中国家的努力，更是需要世界各国的参与，因此这个过程是漫长而艰辛的。

4. **产品内分工体系不公平特性一直存在**

不公平是后危机时代产品内分工体系存在的特征，无论是哪个国家和地区位于价值链的哪个环节，都不会改变中高端位置的国家会获取极大的收益交换高附加值产品和位于底端位置的国家获益较少交换低附加值产品

---

① 刘志明. 大转折:后危机时代的世界[M]. 北京:经济科学出版社,2013:86.

的情况。① 而处在价值链中端的国家既要压制位于底端的国家，又要受到位于高端国家的剥削，具有这样特性的分工格局在后危机时代的再调整过程中很难在短时期内发生变化，因此，根据自身国家的现实情况和需求，在产品内分工体系内寻找调整路径意义重大。后时代危机困局使得以WTO、IMF、WB为三大支柱的多边贸易体制存在感被渐渐削弱，区域化合作不断涌现，“一揽子”的多边贸易协定在后危机时代中慢慢被“有意识”的区域协定推向外围，定制化的FTA也成为一种调整贸易合作和往来的高效率方式。多边贸易体制的存在推动了全球价值链公平性的实现，在区域一体化和定制化FTA不断发展的同时，产品内分工的不公平性又释放出来，因此，不公平性是永恒存在的特性，在后危机时代需要各环节的国家和地区相互配合，共同抑制这种不公平性。

① 杨文武，罗文宝．国际分工体系的演进动因及启示[J]．人民论坛·学术前沿，2016(9)：44－55.

第四篇

“一带一路”建设引领新型全球化

第七章　新型全球化势在必行

近年来，以人工智能、3D 打印、新能源新材料技术等为代表的新科技革命在全球范围内蓬勃兴起，推动人类社会迎来新一轮产业革命。新科技产业革命呈现出发展速度指数化、发展广度多维化、发展趋势智能化、经济发展绿色化等特征，正在深刻改变着人类的生产生活方式，必将广泛推进社会进步。从全球经济发展来看，美国次贷危机和欧盟债务危机对发达国家造成了严重冲击，以中国为代表的“金砖国家”则保持了快速发展势头，这使得国际经济力量对比发生了明显变化。发达国家引领的传统全球化在促进世界经济发展的同时，也存在增长动能不足、经济治理滞后、全球发展失衡等问题，亟须对全球经济治理体系和国际经济秩序进行改革，以平等互利的新型全球化替代传统全球化。

第一节　新科技革命的进展与前景

进入 21 世纪以来，以信息技术为核心的众多学科交叉融合，由此产生的革命性创新促进了生产效率的提高，当今世界正酝酿着一场生产力的大变革，这必将对人类发展产生重大而深远的影响。

一、新科技革命的界定

2014 年 11 月 19 日，习近平主席在致首届世界互联网大会的贺词中指出：“当今时代，以信息技术为核心的新一轮科技革命正在孕育兴起。”理论与实践部门普遍认为，新科技革命已经到来，并将深刻影响人类生活（见表7－1）。

表7－1　新科技革命的概念

名称	提出者	主要特征	标志性技术	生产组织方式
第三次制造业革命	英国《经济学人》（2012）	增材式制造	3D打印	分散化
第三次工业革命	里夫金（2012）	可再生能源替代化石能源	可再生能源技术，作为微型发电厂的建筑，能源存储技术，类似于互联网的能源共享网络，电动车	分散化
新工业革命	彼德·马什（2013）	差异化制造	3D打印、灵活自动化、互联网、计算机辅助设计	定制化
第二次机器革命	埃里克·布莱恩约弗森等	知识性生产将被替代	智能机器人	智能化

资料来源：邓泳红，张其仔．中国应对第四次工业革命的战略选择［J］．中州学刊，2015（6）：23－28.

显然，国内外学者对新一轮科技革命的界定仍然有一些分歧，而目前学术界广泛接受的观点可划分为两种：新版“第三次工业革命”或第四次工业革命。

一类观点认为，新一轮科技革命可以称为新版的“第三次工业革命”。此次科技革命的核心是以3D打印、工业机器人为核心的智能制造技术，同时带动新材料、新能源、生物等技术的变革。2011年，美国未来学者杰里米·里夫金出版专著《第三次工业革命：新经济模式如何改变世界》。① 他在书中写到，人类历史上的生产力变革有两个共同特征：一是能源利用方式的创新，二是出现管理能源系统的新信息手段。在此次新技术革命中，可再生能源与互联网之间的耦合足以推动第三次工业革命，并且会对全球经济社会发展产生深刻影响。② 里夫金的“第三次工业革命说”横空出世，引起了全球各界人士的高度关注。

---

① ［美］杰里米·里夫金．第三次工业革命［M］．张体伟，孙预宁，译．北京：中信出版社，2012.

② 田露露，韩超．第三次工业革命：历史演进、趋势研判与中国应对［J］．经济管理研究，2015（7）：88－95.

紧随其后，《经济学人》主编保罗·麦基里于2012年4月在其杂志上发表《第三次工业革命：制造业与创新》一文，认为新科技革命的基石是新材料、3D打印、机器人与自动化技术以及基于互联网的众包、社交型制造和持续生产模式等，这将引发第三次工业革命。① 保罗·麦基里的这篇文章旨在提出智能制造技术和3D打印技术等新科技的应用，将引发工业制造的颠覆性变革。②

国内外不少学者与上述两人的观点一致，即把新科技革命视为第三次工业革命，并对两人的构思加以完善。应怀樵（2013）认为第三次工业革命由虚拟仪器技术（VR）、3D打印、移动互联网、云计算（包括大数据技术）和“软件制造”五大支持技术构成，而“软件制造”是第三次工业革命的核心技术。③ 贾根良（2013）认为，第三次工业革命不仅包括通常谈到的“新能源革命”、机器人、3D打印机和新材料为核心的“制造业智能化”革命，而且包括纳米技术、生物技术和生物电子等技术革命。④

另一类观点认为，本次新科技革命可称为“第四次工业革命”。一般而言，人类社会经历过三次工业革命：第一次工业革命以18世纪下半叶英国改良蒸汽机和纺织业机械化为标志；第二次工业革命以20世纪初的电气化和汽车流水线生产为标志；第三次工业革命以20世纪中期之后的计算机、互联网的发明应用为标志。专栏7－1展示了三次工业革命中要素生产率的变化。在系统梳理了18世纪中叶工业革命以来历次大的技术变革之后，越来越多的专业人士倾向于把这次新科技产业大变革归结为第四次工业革命。

---

① 王海燕，周华东，郝君超．“即将到来的”第三次工业革命真的会发生吗——对里夫金等人主要观点的评述[J]．中国科技论坛，2014(2)：98－103.

② Paul Markillie. A Third Industrial Revolution: Manufacturing and Innovation (Special Report) [J]. *The Economist*, 2012(4).

③ 应怀樵．云智慧技术引领高端制造业革命——第三次工业革命正在到来[J]．测控技术，2013(3)：1－4.

④ 贾根良．第三次工业革命与新型工业化道路的新思维——来自演化经济学和经济史的视角[J]．中国人民大学学报，2013(2)：43－52.

专栏7-1

历次工业革命中的要素生产率变化

从历史上看，工业革命是技术创新集聚产生的时期；同时，工业革命还往往伴随着大规模的组织创新和生产方式创新，使要素质量及配置效率得到明显改善，这一切都有力地促进了要素生产率的提高，从而使工业革命成为要素生产率提升的重要节点。

第一次工业革命。从1760年到1840年发生的第一次工业革命，由铁路建设和蒸汽机的发明引起。这次工业革命引领人类社会进入机械化时代，以蒸汽机为动力的纺织机彻底改变了产品生产方式，显著提高了生产效率。统计数据显示，与18世纪初相比，1781—1790年世界工业生产指数提高近2.3倍，而1812—1870年与19世纪初相比又提高了5.1倍多。Crafts（1985）的估计同样显示出，工业革命使英国劳动生产率从1700—1760年的0.3%增加到1831—1860年的1.0%。

第二次工业革命。第二次工业革命始于19世纪末，一直延续到20世纪初，以电力和流水线的出现为标志，使规模化大生产成为主导性生产方式，大大降低了工业生产的成本，并提高了生产效率。以德国钢铁产业为例，新技术与新工艺的引入使得1879年以后的30年间，德国每座高炉的生铁产量提高了3倍，工人劳动生产率提高了2.3倍以上。

第三次工业革命。从20世纪60年代开始，伴随着半导体技术、大型计算机、个人计算机以及互联网的出现与广泛应用，人类社会进入第三次工业革命时期，自动化机器设备不仅取代了相当比例的“体力劳动”，还替代了一定程度的“脑力劳动”，也同样显著提高了生产率水平。伴随第三次工业革命的发生发展，美国经济部门小时产出年均增长率从1970—1995年的1.68%增长到1996—2000年的2.98%，20年间提高了近1倍，2000—2005年更是达到了近3.4%的水平。

2008年国际金融危机发生之后，一场以大数据、物联网、移动互联网、云计算等新一代信息技术为主导的新的工业革命正在全球孕育发生，其对要素生产率提升乃至对全球经济复苏及走向的作用与影响，越来越成为全球关注的问题。

资料来源：杜传忠，郭美晨．第四次工业革命与要素生产率提升［J］．广东社会科学，2017（5）：5－13.

世界经济论坛创始人兼执行主席克劳斯·施瓦布于2016年出版专著《第四次工业革命：转型的力量》。在这本书中，施瓦布认为，这场新科技革命正以前所未有的态势向我们席卷而来，它发展的速度之快、范围之广、程度之深丝毫不逊于前三次工业革命。此次新技术革命把数字技术、物理技术、生物技术有机融合在一起，迸发出影响经济社会发展的强大力量，使要素质量和配置效率明显提高，因此可以将其界定为第四次工业革命。①

专栏7－2

克劳斯·施瓦布对新科技革命的看法

当今时代，我们面临着纷繁复杂的挑战，其中最严峻、最重大的挑战莫过于如何理解并塑造本次新技术革命，这个不亚于人类的一次变革。这次革命刚刚开始，正在彻底颠覆我们的生活、工作和相互关联的方式。无论是规模、广度还是复杂程度，第四次工业革命都与人类过去经历的变革截然不同。

我们尚未完全了解这次新技术革命的速度和广度。仅以移动设备为例，如今，移动设备将地球上几十亿人口连接到了一起，具有史无前例的处理和存储能力，并为人们提供获取知识的途径，由此创造了无限的可能性。另外，各种新兴突破性技术出人意料地集中出现，涵盖了诸如人工智能、机器人、物联网、无人驾驶交通工具、3D打印、纳米技术、生物技术、材料科学、能源储存、量子计算等诸多领域。尽管其中很多创新成果

① ［德］克劳斯·施瓦布．第四次工业革命：转型的力量［M］．北京：中信出版社，2016.

还处于初期阶段，但在物理、数字和生物技术相结合的推动下，它们在发展过程中相互促进并不断融合，现在已经发展到了一个转折点。各行各业都在发生着重大转变，主要表现为：新的商业模式出现，现有商业模式被颠覆，生产、消费、运输和交付体系被重塑。社会层面的一个范例是，我们的工作与沟通方式，以及自我表达、获取信息和娱乐的方式正在发生改变。同样，政府、各类组织机构以及教育、医疗和交通体系正在被重塑。如果我们用创新的方式利用技术，改变人们的行为和生产、消费体系，我们就有望为环境再生和保护提供支持，避免因外部效应产生隐性成本。无论从规模、速度还是广度来看，本次技术革命带来的变化都具有历史性意义。

新兴技术的发展和运用还存在巨大的不确定性，这意味着我们尚不清楚本次工业革命将如何推动各行业变革，但变革的复杂性和各行业的互联性表明，国际社会所有利益相关者，包括政界、商界、学术界和公民社会在内，都有责任共同努力，加深对新兴趋势的理解。

为了塑造一个反映我们共同目标和价值观的美好未来，共识至关重要。我们必须对下列问题形成全面了解并达成全球共识：技术正在如何改变当代人以及子孙后代的生活？技术正在如何塑造人类赖以生存的经济、社会、文化和环境？

这些改变是如此深刻，以至于人类在其发展历史上从未迎来如此美好的前景，也从未面临如此严峻的风险。然而我担心的是决策者往往囿于传统的（非颠覆性）线性思维，或者过于关注眼前的危机，而难以对影响未来的各种颠覆和创造力量进行战略性思考。

我知道，一些学者和专业人士认为我所讨论的这些进步只是第三次工业革命的延续。但在我看来，我们正在经历一场具有自身特性的第四次革命，主要有以下三大原因：

速度：和前几次工业革命不同，本次革命呈现出指数级而非线性的发展速度，这是因为我们目前生活在一个高度互联、包罗万象的世界，而且新技术也在不断催生更新、更强大的技术。

广度和深度：第四次工业革命建立在数字革命的基础之上，结合了各种各样的技术，这些技术正给我们的经济、商业、社会和个人带来前所未有的改变。它不仅改变着我们所做的事情和做事的方式，甚至在改变人类自身。

系统性影响：它包含国家、公司、行业之间（和内部）以及整个社会所有体系的变革。

资料来源：[德] 克劳斯·施瓦布．第四次工业革命：转型的力量 [M]．北京：中信出版社，2016：6-8.

李曼（2017）认为，在云计算技术和物联网技术的推动下，新科技革命的主导性成果是大规模定制化智能制造，可以将其称为以大数据和智能制造为典型表现形式的第四次工业革命 。国家发展和改革委对外经济研究所综合研究室副主任杨长湧（2018）总结了新一轮科技革命的内涵，将之划分为单维论、双维论、多维论与主维论等四种代表性观点（见表7-2）。

表7-2 关于新一轮科技革命内涵的代表性观点

	代表人物	代表观点
单维论	《经济学人》编辑麦基里	新一轮科技革命的核心是机器人和3D打印机代表的制造业数字化
	美国学者里夫金	新一轮科技革命是可再生能源和互联网技术相结合的革命
双维论	演化经济学家佩蕾丝、中国学者贾根良	新一轮科技革命包含信息通信技术革命和可再生能源革命两大领域
多维论	施瓦布	新一轮科技革命包括物理、信息、生物等三个领域的多个技术创新点
主维论	中国学者黄群慧	新一轮科技革命是以信息技术为核心，能源技术、材料技术和生物技术等共同构成的新一代高新技术群

资料来源：杨长湧．新一轮科技革命发展趋势及其对世界经济格局的影响 [J]．全球化，2018（8）：25-38.

二、新科技革命的演进及特征

（一）新科技革命的发展演进

演化经济学从技术创新的角度来剖析历次科技革命。演化经济学所划分的三次工业革命和六次科技革命浪潮中，标志性、革命性的科技创新在历次工业革命中扮演着不可替代的重要角色。新一轮科技革命可以被看作近代以来的第六次科技革命，新科技革命以3D打印、机器人、新能源汽车、智能装备制造业、清洁能源等科技为标志，其动力部门是可再生能源（见表7-3）。

表7-3 演化经济学中的三次工业革命与六次科技革命

历次科技革命	核心国家	动力部门	技术革命的标志	基础设施	工业革命区间、特征和主导工业体系
第一次科技革命（1771）：产业革命	英国	棉花生铁	纺纱机	运河轮船公路	第一次工业革命（1771—1875年）：机械生产方式革命，轻工业体系
第二次科技革命（1829）：蒸汽和铁路时代	英国（扩散到欧洲大陆和美国）	煤炭生铁	蒸汽机	铁路蒸汽船	
第三次科技革命（1875）：钢铁、电力和重工业化时代	美国和德国追赶并超越英国	钢	发电机发动机输电技术	钢铁电话	第二次工业革命（1875—1971年）：大批量生产方式革命，重化工业体系
第四次科技革命（1908）：石油、汽车和大批量生产时代	美国，后扩散到欧洲	石油	内燃机通信技术	高速公路无线电机场	
第五次科技革命（1971）：信息和远程时代	美国，扩散到欧洲和亚洲	芯片	信息技术与远程通信	互联网	新一轮科技革命（1971—2070年）：智能与清洁生产方式革命，信息与绿色工业体系
第六次科技革命（2030）：智能和清洁技术时代	美国、日本、欧盟、中国	可再生能源	3D打印、机器人、无人驾驶、智能装备制造业、清洁能源	智能电网、高速铁路、智能化绿色交通体系	

资料来源：（1）贾根良．新一轮科技革命：来自世界经济史的长期透视［J］．学习与探索，2014（9）：97-104.（2）田露露，韩超．第三次工业革命：历史演进、趋势研判与中国应对［J］．经济管理研究，2015（7）：88-95.

3D打印、工业机器人、无人驾驶汽车是新科技革命兴起的重要标志，接下来我们以这三项具有重大创新意义的标志性科技的发展情况为代表，来具体阐述新科技革命的演进。

1. 3D 打印

3D 打印又名增材制造，是从散碎的物料入手，根据数字 3D 图像或模型，一层一层地打印出 3D 实物。3D 打印从 20 世纪 80 年代起源，到 1995 年前后主要集中于制造工程领域。例如，这一时期成立的 3D Systems 公司拥有 3D 打印核心技术——熔融沉积成型（FDM）技术，于是成为该行业的领先龙头企业。1995 年以后，围绕 3D 打印进行研究的领域变得越发广泛，其中在软件建模技术领域达到高潮。进入 21 世纪以来，3D 打印的研究多围绕产业链展开。3D 打印产业价值链上游涉及 3D 打印数字化建模软件、3D 打印材料和 3D 打印工艺部分；中游主要是 3D 打印设备的制造；下游主要是 3D 打印产品的应用。总体而言，3D 打印技术的演进过程，就是整条产业链不断完善的协调发展过程。

目前，3D 打印主要应用于汽车、航空航天和医疗等行业，3D 打印产品和规模化生产的商品不同，可以很容易地进行量身定制。不过 3D 打印目前还受到体积、成本和生产速度等方面的限制。随着这些问题的逐步攻克，3D 打印技术的应用范围将变得更加广阔。数据显示，2015 年全球有 62 家制造商销售工业级的 3D 打印自动化系统，整个 3D 打印产业产值达到 51.65 亿美元；1990—2016 年，3D 打印行业的年复合增长率为 26.2%，其中 2013—2015 年复合年增长率高达 33.8%，产业增长势头强劲。①

2. 工业机器人

机器人是运动学和动力学、机械设计与制造、计算机软件与硬件、控制与传感器、模式识别等多个学科领域先进技术的综合产物，在新一轮科技革命中，机器人的发展趋势是结合人工智能将其智慧化。随着人工智能的进步和发展，机器人技术的发展在不断完善，其应用领域也在不断扩展。

21 世纪以来，工业机器人根据智能程度可以分为三代。② 第一代是示教再现型机器人，按照示教程序重复工作，该机器人的缺陷是不能根据外

① 资料来源：美国专门从事 3D 打印技术咨询服务的 Wohlers Associates 发布的 *Wohlers Report* 2016。

② 蔡鹤皋．机器人技术的发展与在制造业中的应用[J]．机械制造与自动化，2004(1)：6-7.

界环境变化而改变自身的运动功能和作业能力，因此难以在复杂多变的作业环境下应用；第二代是具有感知功能的机器人，通过传感器系统从环境中获取和处理多种信息，对机器人的运动进行实时修正，从而完成更为复杂的任务；第三代是智能机器人，不仅具有感知功能，而且具有一定的决策和规划能力。目前，第一代和第二代机器人的运用已比较成熟，第三代机器人的运用尚处于探索阶段。截至2016年，中国已经成为全球最大的机器人市场，机器人销量达到87000台，市场占有率提高至31%。① 相关研究预计，中国机器人的使用覆盖率和使用密度将在2025年前后接近先进国家水平。②

3. 无人驾驶汽车

近年来，人工智能被广泛应用于交通领域，无人驾驶已经成为国际产业科技竞争的突破口。美国、日本、欧盟及中国等全球主要经济体已经开始了人工智能应用于无人驾驶的技术竞赛。人工智能与交通的结合不仅是无人驾驶技术本身的变革，还包括城市交通公路、公交站、红绿灯等各种场景的持续演进。因此，我们从技术演进的角度将无人驾驶的变革过程分为三个阶段。③

第一阶段：数字化阶段。该阶段包含三个方面。首先，在全球卫星定位系统诞生的背景下，公路交通数字地图在20世纪90年代开始逐步产业化。时至今日，人们对百度地图和高德地图等数字地图在生活中的应用已习以为常。其次，车辆制造在1980年也开始了数字化制造。在此基础上，汽车运行过程的各项参数实现了数字化转变。最后，中国大部分红绿灯道路交通指挥系统也已实现数字化，今后有望实现道路全程数字化。

第二阶段：车联网阶段。车联网是无人驾驶的基础，其发展将正常驾驶和无人驾驶相结合转变为纯无人驾驶。车联网能够使所有车辆的信息汇聚到道路交通信息服务云，汽车能够依据实时道路交通信息自主判断最优车速、最佳路径以及前后车距离，有效提升了城市交通效率。

---

① 曾昶畅．工业机器人的技术发展趋势及产业应用现状[J]．产业与科技论坛，2016(17)：50－51.

② 程虹，陈文津，李唐．机器人在中国：现状、未来与影响——来自中国企业—劳动力匹配调查(CEES)的经验证据[J]．宏观质量研究，2018(3)：1－21.

③ 唐怀坤．浅析无人驾驶演进的三个阶段[J]．通信世界，2018(21)：30－32.

第三阶段：专用人工智能阶段。无人驾驶是人工智能在交通领域的典型应用，需要满足道路识别、路标识别、自动导航、物体识别、车速识别、车辆属性识别等，而且需要满足一些特定的交通场景。今后可能会有更强大的通用人工智能，为汽车增加更多的人工智能功能。截至目前，大型互联网公司围绕无人驾驶车辆已经开展了广泛测试，事故率远低于正常有人驾驶，但离真正普及仍有很长的路要走。专栏 7－3 展示了美国无人驾驶的发展情况。

专栏7－3

无人驾驶汽车

引爆点：美国道路上驾驶的汽车中无人驾驶汽车达到 10%。

展望 2025：79% 的受访者认为引爆点会在此之前出现。

奥迪和谷歌等大公司已经致力于无人驾驶汽车的开发试验，而其他许多企业也在加大力度，开拓新的解决方案。无人驾驶汽车有望在能效和安全上超越需要人掌控方向盘的普通汽车。此外，它们也可以缓解交通压力、降低排放，并对现有的交通及物流模式产生颠覆性的影响。

正面影响：安全性提升；腾出更多时间专心工作或消费媒体内容；有益环境；缓解压力和路怒症；为年长者及残障人士提供更多出行选择；采用电力驱动。

负面影响：失业；颠覆保险业和道路救援业务（人工驾驶花费更高）；违章罚款的收入减少；汽车保有率下降；冲击汽车驾驶相关的法律构架；反对自动化的声音（不被允许在高速公路上驾驶的人）；网络入侵或网络攻击。

正在发生的变化

·2015 年 10 月，特斯拉通过软件升级，使其过去一年内在美国卖出的汽车实现半自动化。

·谷歌计划在 2020 年之前实现无人驾驶汽车的量产。

·2015 年夏天，两位黑客侵入一辆行驶的汽车，操控了其仪表盘、方向盘及刹车等部件，而这一切都是通过该车的娱乐系统实现的。

·2012年，内华达州成为美国第一个官方承认无人驾驶（自动驾驶）汽车合法的州。

资料来源：[德] 克劳斯·施瓦布．第四次工业革命：转型的力量 [M]. 北京：中信出版社，2016：158－160.

我们观察到，在全球范围内无论是各国政府和公共机构，还是企业及个人，几乎所有群体对这轮新科技革命都展现出了包容性态度，并迸发出极大的热情与活力。在此背景下，这场变革规模极大、范围极广，颠覆和创新显得如此激烈，以至于由新科技革命引发的变化层出不穷，不仅仅局限于3D打印、无人驾驶汽车等技术的发展（见表7－4）。

表7－4　新科技革命引发的变化

已经出现的现象	2015—2017年	2018—2020年
· 手机网络和云服务技术 · 扩大计算器处理能力和大数据 · 云服务采购，共享经济和个人间（P2P）平台 · 跃升新兴市场的中产阶层和青年阶层 · 急速的城市化 · 工作环境变化以及劳动的柔性 · 随气候变化，限制自然资源而推动绿色经济发展	· 共赢新能源和技术 · 物体组成的因特网（IoT） · 尖端制造业和3D打印 · 增加平均寿命和老龄化社会 · 出现伦理和个人信息保护问题带来的消费者忧虑 · 女性的社会地位和经济能力上升	· 尖端机器人工程学和无人驾驶汽车 · 人工智能（AI）和机器学习（machine learning） · 尖端材料，生命工程技术和基因组学

资料来源：笔者整理自World Economic Forum相关资料。

（二）新科技革命的特征

新科技革命引发的巨大技术进步，正在深刻改变着人类的生产生活方式，必将广泛推动社会进步。邓泳红等（2015）从生产力和生产关系两个层面，将新科技革命视为第四次工业革命的开端，并将其特征概括为：深度网络化、绿色化、智能化和生产组织方式的分散化。[①] 我们结合

① 邓泳红，张其仔．中国应对第四次工业革命的战略选择[J]．中州学刊，2015(6)：23－28.

麦基里[①]、里夫金[②]、施瓦布[③]和贾根良[④]等学者的观点，将新科技革命的特征总结为如下四点：

第一，发展速度指数化。在新科技革命中，新兴技术和各领域创新成果的传播速度和广度远超前几次科技革命。纺锤是第一次技术革命的标志，它走出欧洲、迈向世界花了 120 年。相比之下，移动互联网仅用了不到 10 年时间，便传到了世界各个角落。爱彼迎（Airbnb）、中国滴滴等颠覆者，几年前才刚刚诞生，不过是无名之辈，但如今已是家喻户晓。第一代智能手机 iPhone1 于 2007 年问世，不过 10 年时间，各种类型的智能手机在街头巷尾随处可见。成立于 2010 年 4 月的中国小米公司也随着这波浪潮成为国际行业巨头，并于 2018 年上市，市值高达 3000 多亿元人民币。2015 年方才成立上线的网商新势力拼多多更是创造了 3 年上市的奇迹，成为中国市值排名第三的网商，其用户总数甚至超过了在此行业耕耘十余年的京东。苹果、亚马逊等创新型企业市值一度超过万亿美元，远远超过美孚石油、强生等老牌跨国企业。在这个时代，由科技创新引发的行业颠覆正以惊人的速度向我们袭来，科技创新的发展速度呈现出指数化的跳跃式发展。

第二，发展广度多维化。历次科技革命都是以一两项新技术作为支柱，而与以往不同，人们很难简单地将新科技革命归结为某种通用技术的突破性创新，这次新科技革命由多个领域先进技术的集中爆发所引发，呈现出发展广度多维化的特质。在这次新科技革命中，诸如人工智能技术、生物工程技术、3D 打印技术等都取得了重大突破，在制造业内引起“机器人革命”“3D 打印技术革命”等革命性变革，培育出了众多新产业，并广泛应用于其他相关产业领域。各领域内广泛发生的变革，深刻反映了这

---

① Paul Markillie. A Third Industrial Revolution: Manufacturing and Innovation (Special Report) [J]. *The Economist*, 2012(4).

② [美]杰里米·里夫金. 第三次工业革命[M]. 张体伟，孙预宁，译. 北京：中信出版社，2012.

③ [德]克劳斯·施瓦布. 第四次工业革命：转型的力量[M]. 北京：中信出版社，2016.

④ 贾根良. 第三次工业革命与新型工业化道路的新思维——来自演化经济学和经济史的视角[J]. 中国人民大学学报，2013(2)：43－45.

次科技革命发展广度的多维化特征。

第三，发展趋势智能化。新科技革命使劳动者和劳动工具、劳动对象之间的关系发生了重大变化，人类将迈向与人工智能AI共存的时代。人工智能将无处不在，它在手机、汽车里，在我们购物、游戏的过程中，它甚至遍布医院、银行、政府、媒体和家庭等方方面面的生活场景中。例如，人工智能应用于汽车驾驶而产生的无人驾驶的典型代表特斯拉，于2015年10月通过软件升级，使其过去一年内在美国卖出的汽车实现半自动化。再如，将人工智能应用于城市管理方面产生了智慧化城市，新加坡和巴塞罗那已经开始实施许多数据驱动服务，如智能停车方案、智能照明等，这反映了新科技革命的智能化发展趋势。

第四，推动经济发展绿色化。新科技革命是一场能源和资源利用效率提升的重大革命，其推动经济发展呈现出绿色化的特征，有助于人与自然和谐相处。历次科技革命使人类改造和征服自然的能力得到迅速提升，但也由此造成了人类对自然的巨大破坏。21世纪以来，资源与环境问题虽然受到人类前所未有的关注，但距离达到人类与自然和谐相处的理想状态依然遥远，人类仍没有完全摆脱对不可再生资源的严重依赖。新科技革命虽然不能使人类从对不可再生资源的依赖中完全解放出来，但必将推进能源利用方式的变革。例如，新能源汽车的快速发展和广泛应用，将实现人类交通出行从以消耗化石能源为主转向消耗可再生能源为主。同样，3D打印在技术上的突破，将使减材制造的制造业模式转变为增材制造的制造业模式，从而改变人类利用资源的方式，带来资源利用效率的极大提高。① 多领域创新科技将协同推动经济发展绿色化。

三、新科技革命的发展前景

2015年，全球经济论坛全球议程理事会“软件与社会的未来”议题组做了一次调查，共有800多位来自信息与通信技术行业的专家学者参与其

① 邓泳红，张其仔．中国应对第四次工业革命的战略选择[J]．中州学刊，2015(6)：23-28.

中，此次调查筛选出了未来10年可能出现的21个技术引爆点，这些技术将塑造未来高度互联的数字化世界。① 在这次调查中，引爆点是指某项特定的技术变革冲击主流社会的时间节点（见表7－5）。

表7－5 预计将在2025年前出现的引爆点

（%）

引爆点	受访者认同到2025年出现的比重
10%的人穿戴接入互联网的服饰	91.2
90%的人享受免费的（广告商赞助的）无限储存空间	91.0
1万亿传感器接入互联网	89.2
美国出现首个机器人药剂师	86.5
10%的阅读眼镜接入互联网	85.5
80%的人在互联网上拥有数字身份	84.4
首辆3D打印汽车投产	84.1
政府首次用大数据源取代人口普查	82.9
首款植入式手机将商业化	81.7
5%的消费品都是3D打印而成	81.1
90%的人使用智能手机	80.7
90%的人可经常接入互联网	78.8
无人驾驶汽车占到美国道路行驶车辆的10%	78.2
首例3D打印肝脏实现移植	76.4
30%的企业审计由人工智能执行	75.4
政府首次采用区块链技术收税	73.1
家用电器和设备占到一半以上的互联网流量	69.9
全球拼车出行、出游的数量超过私家车	67.2
出现首个人口超过5万但没有红绿灯的城市	73.7
全球10%的GDP由区块链技术进行存储	57.9
第一个人工智能机器将加入公司董事会	45.2

资料来源：世界经济论坛全球理事会“软件与社会的未来”议题组．深度转变：技术引爆点与社会影响［R］．2015.

① World Economic Forum, Deep Shift－Technology Tipping Points and Societal Impact［R］. Survey Report, Global Agenda Council on the Future of Software and Society, September 2015.

新科技革命以新一代信息技术为引领，生物技术、新能源技术、新材料技术等多领域技术相互渗透、交叉融合，重大颠覆性创新不时出现。在前文分析的基础上，可以将新科技革命的发展前景总结为以下三点：①

一是信息技术带动产业变革，呈现出智能化发展趋势。在互联程度越来越高的世界中，人工智能的进一步发展会使机器人被企业广泛使用，取代传统的流水线人工生产。伴随着新材料的使用，产品的生产成本有望明显下降，产品性能逐步提升。此外，定制化与个性化生产将会成为主流生产模式。在全球经济论坛全球议程理事会“软件与社会的未来”议题组开展的调查中，有 89.2% 的受访者认为 2025 年前全球将有 1 万亿传感器接入互联网。专业人士认为，未来世界每种实体产品都可以与无处不在的网络连接，同时无处不在的传感器也能使人们充分感知周围环境，人们可以通过智能终端控制各种家用电器。据宝马公司统计，截至 2015 年，全球有 8%（约 8400 万台）的汽车通过各种方式连接到互联网。到 2020 年，这个数字会增加到 22%，即 2.9 亿台。② 智能化新科技的大规模运用，将推动人类社会朝智能化方向发展。

二是新能源技术推动绿色低碳产业蓬勃发展。世界经济在持续发展的同时，环境和资源问题也日益显现，近年来，频发的环境问题为人类以往的能源消费模式和经济发展方式敲响了警钟，要求世界范围内展开围绕新能源的技术创新，推动绿色低碳产业发展。在新科技革命中，中国以风电为代表的新能源自 2004 年起步，2008 年步入高速发展的快车道，装机容量持续攀升。继风电之后，光电在 2010 年后也呈现出“井喷式”发展，装机容量不断倍增，带动了中国风电、光伏产业链的高速增长。③ 截至 2015 年底，中国风电、光电装机容量均位居世界首位。据胡鞍钢等估计，中国的单位 GDP 能耗在 2020 年相比 2010 年将下降 35%，2030 年下降

① 杨长湧．新一轮科技革命发展趋势及其对世界经济格局的影响[J]．全球化，2018(8)：25－38.

② 资料来源：http://www.politico.eu/article/google－vs－german－car－engineerindustry－american－competition/。

③ 李生福，张爱玲，李少华等．“风火打捆”交直流外送系统的暂态稳定控制研究[J]．电力系统保护与控制，2015(1)：108－114.

55.4%。2020年中国的非化石能源比例将达到18%，2030年会达到26%，到2050年可能会超过55%。[①] 由此可见，围绕新能源兴起的技术创新，将推动人类社会朝绿色低碳的方向发展。

三是科技与经济领域的普惠化在智能时代成为必然趋势。在科技领域，据阿里巴巴研究院测算，云计算可以使企业使用IT的成本降低70%、创新效率提升3倍。在金融领域，以互联网为基础的新型信用评分模型，使得不同主体的风险可以得到精准评估，从而大大推动普惠金融实现。在贸易领域，数字时代推动各类贸易主体特别是弱势群体都能参与全球贸易并从中获利，贸易流程更加方便透明，全球消费者能够很方便地购买来自全球任何地方的商品，跨境电商预计成为国际贸易的重要组成部分，甚至成为主流。预计到2046年，80%的国际贸易将由小企业和个人主导。[②]

专栏7－4展示了一些专业人士对新科技革命前景的看法。

专栏7－4

哪些新科技将引领“第四次工业革命”？

世界经济论坛2016年年会聚焦“掌控第四次工业革命”主题。哪些技术将引领第四次工业革命？瑞士冰雪小城达沃斯有不少答案。

在最新著作《第四次工业革命》中，世界经济论坛创始人兼执行主席克劳斯·施瓦布分别从物理、数字和生物领域列举了新工业革命中的核心推动技术，分别是无人交通工具（自动驾驶汽车和无人机）、3D打印、高级机器人、新材料、物联网与基因工程。

在新工业革命的大框架下，各种技术彼此交融、相互促进。正如没有超级计算能力的出现，就难以实现基因测序；没有人工智能的技术进步，就无法推动高级机器人的发展。

---

① 胡鞍钢，等．中国2030——迈向共同富裕［M］．北京：中国人民大学出版社，2011：96.

② 高红冰．数字经济2.0［R］．阿里研究院，2017.

美国高通公司首席技术官马修·格罗布在接受新华社记者采访时表示，第四次工业革命绝不仅受一种技术驱动，人工智能与学习算法、高速度与低成本的通信技术将是新工业革命的重要组成部分。

以人工智能为例，苹果手机 Siri 语音控制系统通过预设答案及网络搜索手段实现了初步智能应用。但参加达沃斯年会的科技界人士预测，未来人工智能完全可以实现理解语言、读懂文件、自我学习甚至情感理解。

美国脸书公司设在达沃斯的互动体验区展示了人工智能在社交媒体中的应用，如利用人工智能技术自动识别照片主体、人物甚至城市地标，不但能为盲人语音读图，用户还可根据识别的对错给予反馈，帮助提高技术准确率。

世界经济论坛会场内，关于脑科学、降低碳排放技术、人类与机器的讨论会如火如荼，一部名为《碰撞》的虚拟现实纪录片吸引了大量政商界精英。

比尔·盖茨对新华社记者表示，许多科技领域的创新正在快速推进，数字领域的创新可能继续领跑。电脑认知能力、机器人从事人类工作、物联网以及大数据分析模式，可成为包括医药在内所有行业的基础工具。

伴随新技术和创新层出不穷，今年的达沃斯年会吸引了不少初创科技企业前来淘金，众多风险投资与跨国公司也兴趣浓厚。新技术激活新的经济增长点，新工业革命的未来值得期待。

资料来源：张淼，赵晓娜．哪些新科技将引领“第四次工业革命”[N]．新华社，瑞士达沃斯，2016－01－23.

第二节　世界经济发展与中国经济崛起

进入 21 世纪以来，发达国家受国际金融危机影响而增长动力不足，以中国为代表的金砖国家则保持了较快的经济增长势头。经过改革开放 40 多年的发展，中国跃升为世界第二大经济体，成为改革国际经济格局的重要力量。

一、金融危机以来发达国家的经济表现

美国次贷危机和欧盟债务危机对发达国家造成了重创，使发达国家一度出现经济衰退。近年来，发达国家逐步实现了经济复苏，但经济增长动力仍相对不足。

（一）美国：经济复苏，但长期增长势头不足

美国经济总量在19世纪末20世纪初跃居世界首位，两次世界大战后进一步确立了美国经济在世界范围内的龙头地位，二战结束时美国经济规模占全球的30%以上。20世纪中后期，美国经济基本保持了持续繁荣，冷战结束后，美国成为唯一的超级大国，但随着其他发达国家的发展和新兴市场国家的崛起，世界经济多极化的趋势也日益明显。2008年次贷危机给美国经济造成了重创，2008年美国GDP增长率出现了负值，为-0.292%。2009年，美国GDP增长率进一步下降至-2.776%。[①] 此后美国积极调整经济政策，2010年之后GDP增长率大致在2%上下波动，基本恢复到金融危机之前的增长水平。

近年来，美国经济形势向好，但背后却存在一系列制约其经济长期发展的因素。首先，美国面临劳动力供给不足的问题。从2018年4月开始，美国劳动力市场上出现了职位空缺数超过失业人数的现象，这反映出美国当前社会老龄化问题严重，出生率低下且劳动力参与积极性不足。当前美国的失业已经演变为结构性失业并且与经济发展周期无关，劳动力供给不足势必会推动物价上涨最终带来严重的通货膨胀。[②] 其次，近年来美联储多次加息，高利率在导致美元升值的同时也导致其他货币的贬值，资金回流美国加重了负债国的压力，最终可能演变为大面积的金融危机和经济衰退。最后，美国的财政状况面临挑战。美国财政赤字占GDP的比重在2016年为3.2%，2017年上升至4.4%，预计2019年美国的财政赤字有可

---

① 资料来源：世界银行数据库，https://data.worldbank.org/。

② 张宇燕.2019年世界经济形势分析与预测[M].北京：社会科学文献出版社，2019：24.

能高达1010亿美元，占GDP的比重将高达5.1%。居高不下的财政赤字将会推动美国进行税改和加强加息效应。虽然特朗普政府出台了减税方案，但是政府的自主开支下降的空间已经不大，政府债务负担不但会影响国民储蓄和收入水平，最终还可能演化为财务危机。①

除上述问题之外，美国经济还长期存在经济失衡的问题，经济失衡主要表现为贸易失衡，而造成贸易失衡的原因主要有以下两点：一方面，美元一直在国际货币体系中处于主导地位，因此美元长期享受着"铸币税"的好处，这使得美国人可以以低价购入外国产品，从而导致美国长期进口大于出口；另一方面，美国存在着储蓄不足、投资过多的情形，这在一定程度上加剧了美国的贸易失衡问题。②

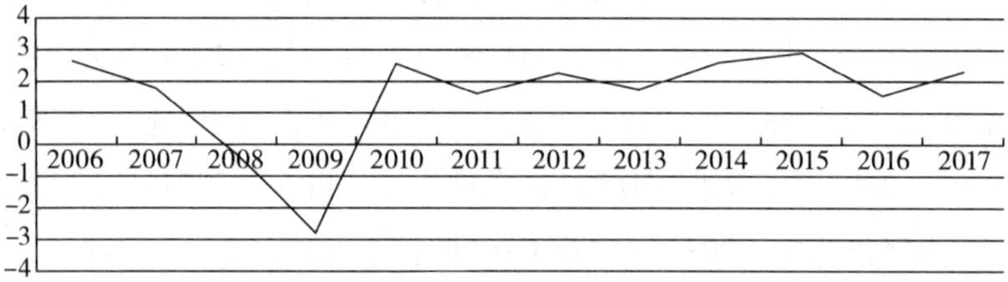

图7-1　金融危机前后美国GDP增长率

资料来源：世界银行数据库（World Bank Datebase），https：//data. worldbank. org/。

（二）日本：经济缓慢复苏

日本是亚洲最发达的国家之一，由于经济高度开放，日本在2008年次贷危机中也遭受了重创，连续三年出现经济衰退。2010年以后日本经济呈现出缓慢复苏的态势。日本经济在缓慢复苏的同时，也存在一些问题。首先，日本实施存款低利率甚至负利率政策，刺激居民消费，促进基础设施建设，这对促进经济复苏发挥了积极作用，但近年来该政策对于日本经济的刺激作用已经减弱。其次，日本政府在推进财政整顿的同时，大力推进

① 张宇燕．2019年世界经济形势分析与预测[M]．北京：社会科学文献出版社，2019：31－35.

② 国乐．浅析后金融危机时期的世界经济失衡及其调整[J]．经济论坛，2018(6)：150.

"人力资源开发革命"和"生产效率革命"，来促进经济复苏。上述政策在促进经济增长的同时，也在一定程度上推动了财政支出的上升，影响了经济的可持续发展 。最后，国际贸易对日本经济发展有着重要影响，近年来世界范围内贸易保护主义盛行，会对日本产品出口造成不利影响。①

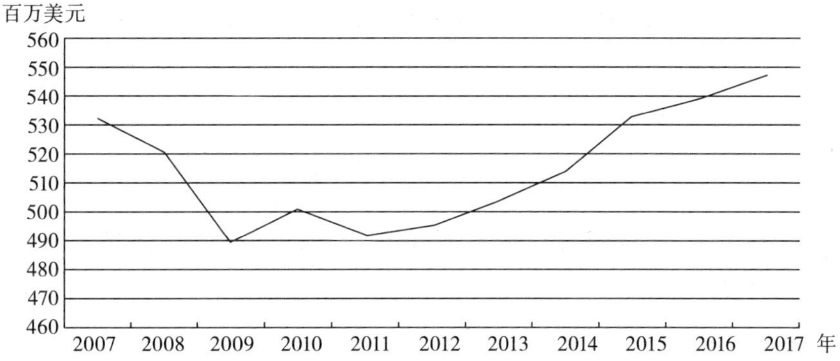

图 7－2 金融危机前后日本 GDP

资料来源：世界银行数据库（World Bank Datebase），https：//data. worldbank. org/。

（三）欧洲：经济复苏减速，外部风险积聚

受美国次贷危机和欧盟债务危机的影响，欧洲经济整体上缺乏稳定性，近年来经济复苏态势进一步减缓。在经济危机的冲击下，整个欧元区面临解体的可能，欧洲经济呈现出的最明显特征就是脆弱性和风险性。②欧盟 2015 年的 GDP 增速为 2.32%，2016 年为 1.97%，2017 年为 2.45%。③ 2017 年德国、法国、意大利和西班牙四国对整个欧洲 GDP 的贡献率高达 75.47%，这四个国家的经济明显主导着整个欧洲的经济，但 2017 年这四个国家都出现了经济增速下滑的趋势，这可能是导致欧洲经济出现复苏减速的主要原因。除此之外，金融危机以来整个欧洲经济风险不断积聚，具体表现为以下三点：一是欧债危机以来，意大利经济复苏乏

① 张宇燕. 2019 年世界经济形势分析与预测[M]. 北京：社会科学文献出版社，2019：61－79.

② 汤柳. 危机后欧洲金融结构的演变[J]. 银行家，2018(9)：108－109.

③ 数据来源于世界银行数据库，https：//data. worldbank. org/。

力，其经济体量在欧元区占比为16%，但人均GDP明显低于其他欧洲发达国家，政府不惜借用大量主权债务投资于改善国民福利，导致高福利与其综合经济实力形成强烈反差。截至2018年7月，意大利负债2.31万亿欧元，巨额负债使得意大利面临严重的债务危机，给整个欧洲经济的发展带来了极大的不确定性。二是受到贸易保护主义的影响，全球贸易减速在一定程度上影响了整个欧洲经济的发展。三是能源价格上涨给整个欧洲经济发展增加了不确定性。①

表7-6　金融危机之后七国集团经济增长情况

（%）

国家	2009	2010	2011	2012	2013	2014	2015	2016	2017	平均
美国	-2.8	2.5	1.6	2.2	1.7	2.4	2.6	1.5	2.3	1.56
英国	-4.3	1.9	1.5	1.3	0.9	3.0	2.2	1.9	1.8	1.13
法国	-2.9	2.0	2.1	0.2	0.6	0.6	1.3	1.2	1.8	0.77
日本	-5.4	4.2	-0.1	1.5	2.0	0.3	1.2	0.9	1.7	0.70
德国	-5.6	4.1	3.7	0.5	0.5	1.6	1.7	1.9	2.2	1.18
意大利	-5.5	1.7	0.6	-2.8	-1.7	0.1	0.7	0.9	1.5	-0.5
加拿大	-3.0	3.1	3.1	1.7	2.2	2.5	1.1	1.4	3.0	1.68

资料来源：世界银行数据库（World Bank Datebase），https://data.worldbank.org/。

由表7-6可以看出，2008年金融危机给七国集团的经济都造成了严重打击，最明显的表现就是2009年七国集团经济都出现了负增长。通过对比2009—2017年七国集团的经济增长率，可以发现以下几点问题：一是2009—2017年七国集团经济平均增速较慢；二是意大利由于债务压力过大，平均增长率出现了负值；三是2010年以后七国集团的经济增长率总体上都出现了不同程度的下降趋势，其中日本和德国的下降幅度最明显。

① 张宇燕.2019年世界经济形势分析与预测[M].北京：社会科学文献出版社，2019：42-60.

二、金融危机以来新兴市场国家的经济表现

（一）俄罗斯：大体保持稳步增长

金融危机之后，俄罗斯经济大体上呈现出稳步增长的态势。俄罗斯经济在金融危机后之所以能维持稳步增长，主要得益于近年来国际油价上涨和国内经济政策总体较为稳定。从具体数值来看，俄罗斯 2016 年实际 GDP 为 87.48 万亿卢布，较上年增长 1.55%；2017 年实际 GDP 为92.03 万亿卢布，增长率上涨至 6.8%（见图 7－3）。① 俄罗斯经济严重依赖于石油出口，近年来全球经济逐渐复苏，市场需求开始上升，加上原油价格的上升，从而提高了俄罗斯的石油出口收入。此外，俄罗斯政府负债率较低，并且在 2018 年上半年实现了 2013 年以来财政的首次盈余，逐渐好转的财政收支情况和较低的外债风险，为俄罗斯经济的稳定发展提供了强有力的保障。②

但是俄罗斯经济发展在金融危机后并不是一帆风顺的。一方面，2018 年 8 月美国出台了一系列制裁俄罗斯的政策，这势必会影响影响俄罗斯经济的发展；另一方面，美联储近期多次加息，导致俄罗斯资本外流，这会加剧俄罗斯金融市场的波动性。③

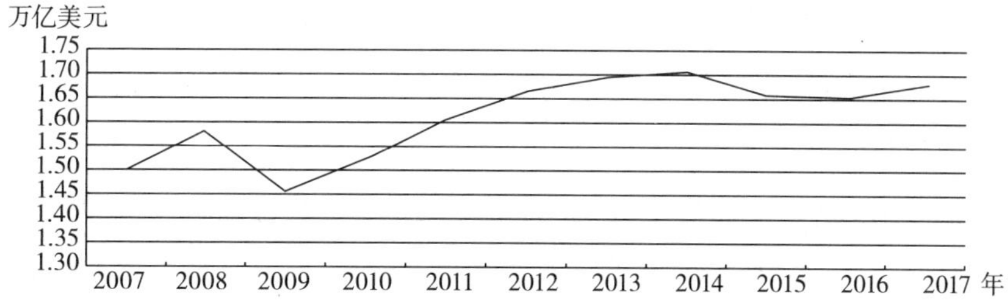

图 7－3 金融危机前后俄罗斯 GDP 情况

资料来源：世界银：数据库（World Bank Datebase），https：//data. worldbank. org/。

---

① 资料来源：世界银行数据库，https://data. worldbank. org/。

② 李洋．透视俄罗斯 2018—2020 年中期财政预算、影响因素分析及各方争论焦点[J]. 环球财经，2018(9)：112－113.

③ 张宇燕．2019 年世界经济形势分析与预测[M]. 北京：社会科学文献出版社，2019：109.

（二）印度：基本保持快速增长

金融危机以来，印度经济保持了持续快速增长，人均国民收入呈现出直线上升趋势。印度拥有丰富的廉价劳动力，随着近年来中国的劳动力成本逐渐上升，大批制造业企业纷纷迁出中国在印度设厂，这在很大程度上带动了印度就业率的提升，进一步刺激了印度国内消费品市场的繁荣，这对印度经济增长起到了积极的推动作用。虽然印度经济在2018年出现了通货膨胀现象，但是同时印度央行调整基准利率来紧缩经济，这可以在一定程度上缓解通货膨胀对经济造成的不利影响。总体而言，印度过去10年间保持了稳定增长，这一趋势在未来可能还会维持。①

过去3年多莫迪政府执政以来，出台了一系列有利于印度经济发展的政策，使物价趋于稳定，这为印度中央银行用宽松政策刺激经济提供了一定的余地。此外，金融危机之后，印度政府财政赤字占GDP的比重不断下降，为经济发展创造了稳定的环境。随着经济快速增长，印度吸引外资的能力也不断增强，过去几年印度吸引外资的数量不断增加。②

（三）巴西：低速复苏，不确定因素过多

巴西经济在过去的10年中呈现出较大的波动，从具体的增长率来看，2009年巴西受经济危机的影响跌落谷底，2010年短暂回升后又不断下滑，2015年和2016年经济增长率连续出现了负数，2017年转负为正。这为巴西经济增长提供了重要动力。③ 除此之外，2017年巴西出口增速为5.2%，私人消费增长1%。这两者也为巴西经济的增长做出了贡献。④ 从整体上来看，巴西经济虽然在金融危机后呈现出较大的波动，但是大部分年份仍然正向增长，巴西过去10年总体呈现出低速的复苏态势。在过去10年间，巴西经济的另一个特征是经济发展的不确定因素过多。主要表现在以下两

---

① 张宇燕．2019年世界经济形势分析与预测[M]．北京：社会科学文献出版社，2019：90－91.

② 殷勇林．莫迪政府执政以来的印度经济[J]．南亚研究集刊，2018(2)：35－36.

③ 谢玮．巴西农业出口的中国期待[J]．中国经济周刊，2018(20)：71－73.

④ 数据来源：世界银行数据库，https://data.worldbank.org/。

点：一方面，巴西社会秩序不稳定，经常发生的社会动乱使经济发展缺少一个稳定的外部环境，长期来看不利于经济的可持续发展；另一方面，腐败、决策透明度低、创办公司的便利度低等因素，是影响巴西经济持续增长的长期问题，这些都无疑加剧了巴西经济发展的不确定性。

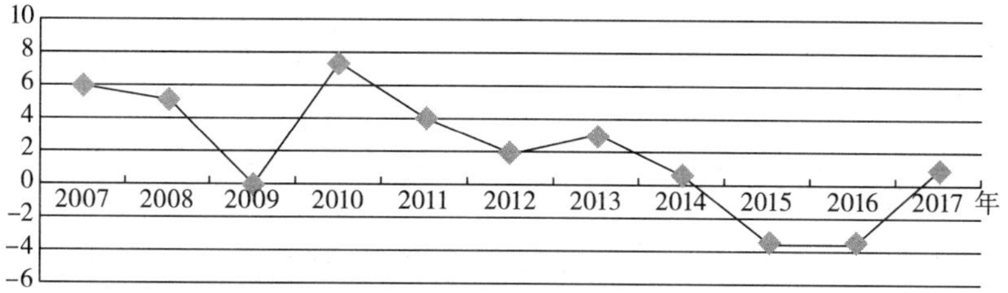

图 7-4　金融危机前后巴西 GDP 增长率

资料来源：世界银行数据库（World Bank Datebase），https：//data. worldbank. org/。

（四）南非：缓慢复苏，不确定因素积聚

南非在经济发展落后的南部非洲地区“一枝独秀”，南非有丰富的自然资源，金融、法律体系比较完善，基础设施健全。从支柱产业来看，南非的矿业、制造业、农业和服务业较为发达，这些产业支撑南非经济保持了较快增长。与此同时，南非国民经济在部门之间、地区之间分布不平衡，尤其是城市与乡村之间、黑人与白人之间存在明显的二元经济结构。

南非经济在 2009 年滑落谷底，2010 年快速回升到 3% 的增长率，此后经济增长率呈现出波动下降趋势。2018 年上半年，南非经济增长率一季度下降 2.6%，二季度再次下降 0.7%，这主要是由农业产出下降所导致的。其一，2018 年，南非政府出台政策赋予政府无偿使用土地的权利，这在一定程度上打击了投资者的信心，并且导致了农业发展的低迷。其二，美联储加息，导致资金回流美国，加重了南非企业的融资压力。其三，全球贸易保护主义盛行，不利于南非产品出口，以上因素都在不同程度上损害了南非经济的增长。[①]

---

① 张宇燕. 2019 年世界经济形势分析与预测[M]. 北京：社会科学文献出版社，2019：140－141.

表 7－7　金融危机后金砖五国 GDP 增长率

（%）

国家	2009	2010	2011	2012	2013	2014	2015	2016	2017	平均
中国	9.4	10.6	9.5	7.9	7.8	7.3	6.9	6.7	6.9	8.11
俄罗斯	−7.8	4.5	4.3	3.5	1.3	0.7	−2.8	−0.2	1.5	0.56
印度	8.5	10.3	6.6	5.6	6.6	7.2	7.6	7.1	6.7	7.36
巴西	−0.1	7.5	3.9	1.9	3	0.1	−3.8	−3.5	1	1.11
南非	−1.5	3	3.3	2.3	2.3	1.6	1.3	0.6	1.3	1.58

资料来源：世界银行数据库（World Bank Datebase），https：//data.worldbank.org/。

通过对金融危机以来金砖五国经济增长情况的对比可以看出，金砖国家的经济增长在金融危机后主要呈现出以下几点特征：首先，2008 年经济危机以后，中国和印度经济恢复较快，2009 年仍呈快速增长趋势，俄罗斯、南非、巴西的经济增长则为负数。其次，金砖五国经济 2009—2017 年都呈现出波动下滑的趋势，其中巴西经济增速下降最明显，俄罗斯、南非的经济增长动力也不充足。最后，金砖五国中，中国和印度虽然经济增速下降，但总体上增速仍然处于较高水平，是拉动金砖国家乃至世界经济增长的主要引擎。

对比金融危机以来金砖五国和七国集团 GDP 占世界比重的变动情况，可以看出：一方面，最明显的变化是中国经济总量占世界比重呈现出大幅上升的趋势，从 2009 年的 8.48% 上升至 2017 年的 15.16%，稳居世界第二大经济体。经过长期发展尤其是金融危机以来的良好表现，金砖国家在全球经济中的比重已经不容小觑。另一方面，发达国家的经济都出现了不同程度的衰退现象，随着广大发展中国家和新兴经济体的兴起，全球经济重心逐渐呈现出由发达国家转向发展中国家和新兴经济体的趋势。总体而言，世界经济格局已经发生了翻天覆地的变化，发达国家经济出现衰退迹象，随之出现的是广大发展中国家和新兴经济体的迅速崛起（见表 7－8）。

表 7-8 金融危机后世界主要国家 GDP 占世界 GDP 比重情况

(%)

	国家	2009	2010	2011	2012	2013	2014	2015	2016	2017
金砖五国	中国	8.48	9.25	10.33	11.41	12.46	13.14	14.77	14.73	15.16
	俄罗斯	2.03	2.32	2.86	2.95	2.98	2.63	1.83	1.70	1.96
	印度	2.19	2.52	2.48	2.44	2.41	2.51	2.80	2.99	3.22
	巴西	2.77	3.35	3.57	3.29	3.20	3.08	2.40	2.37	2.55
	南非	0.50	0.58	0.57	0.53	0.48	0.44	0.43	0.39	0.43
七国集团	美国	23.92	22.68	21.16	21.54	21.65	21.84	24.19	24.51	24.02
	英国	3.95	3.70	3.57	3.55	3.55	3.79	3.85	3.49	3.25
	法国	4.46	4.01	3.66	3.58	3.65	3.57	3.25	3.24	3.20
	日本	8.68	8.64	8.40	8.27	6.69	6.08	5.87	6.51	6.03
	德国	5.67	5.18	5.13	4.73	4.87	4.88	4.51	4.58	4.55
	意大利	3.63	3.22	3.10	2.76	2.76	2.70	2.45	2.45	2.40
	加拿大	2.27	2.45	2.44	2.43	2.39	2.25	2.08	2.02	2.05

资料来源：世界银行数据库（World Bank Datebase），https://data.worldbank.org/。

三、中国经济的崛起及其世界影响

改革开放40多年来，中国经济保持了持续快速增长，跃升为仅次于美国的第二大经济体，中国成功实现了从站起来、富起来到强起来的伟大转变，中国经济的崛起对世界产生了广泛深刻的影响。

（一）中国经济崛起的表现

据统计，2017年中国人均可支配收入为25973.8元，属于中上等收入国家。随着中国人均收入和综合国力的日益提高，中国经济的发展已经成为引领世界经济发展的重要引擎。突飞猛进的中国经济主要体现在制造业、贸易、投资、消费、金融和科技6个方面。①

① 白永秀，等．全球经济格局背景下丝绸之路经济带建设的战略研究[R]．国家社会科学基金重点项目结题报告，2018.

1. **首屈一指的“制造大国”**

改革开放以来，中国在承接国际产业转移的过程中快速推进工业化，成长为世界上首屈一指的制造业大国。制造业一直是中国经济发展的支柱性产业，中国的制造业增加值占GDP的比重在2004—2013年均保持在30%以上，尽管在2014—2016年呈现出下降趋势，但是2016年仍然保持28.8%的比重。① 我国制造业的总产值从2004年的大约5万亿元增长到2016年的22.35万亿元。虽然制造业总体产值一直保持持续增长态势，但是从制造业的增速来看，从2011年开始我国制造业产值增速大体上处于波动下滑趋势，2013年开始我国制造业占全国GDP总值的增速一直保持在7%左右，2016年我国制造业占GDP总值的30%，同比增长6.8%，但低于2005—2012年16%的增速。从增速上来看，近年来我国制造业的增速有所下降，远远低于2008年金融危机之前大约23%的增速，但是增速仍较为平稳地维持在7%左右。②

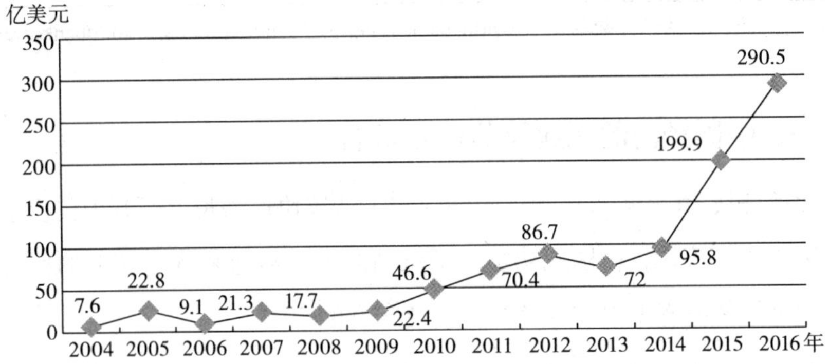

图7-5　2004—2016年制造业对外直接投资流量

资料来源：国家统计局《中国对外直接投资统计公报》（2005—2017）。

由图7-5可知，中国制造业2004—2013年先是处于波动上升状态，近些年呈急剧上升态势。2001年加入WTO后，巨大的国际市场吸引着中国制造业企业，中国制造业OFDI流量总体上呈上升趋势，但是在个别年

① 王颂吉，魏后凯．中国“过度去工业化”现象剖析与理论反思[J]．中国工业经济，2019(1)：10.

② 历年《中国统计年鉴》。

份，如受2008年全球金融危机以及2003年非典疫情等因素的影响，中国制造业OFDI也出现了下降现象。作为世界制造业大国，2012年以来中国已连续5年位列世界跨国公司对外直接投资的前三位，同时中国也是全球对外直接投资最多的发展中国家。① 根据世界银行的统计结果，2011年中国在全球制造业中的比重达到了20.7%，成为世界第一大制造业国家。② 中国不仅着重于制造业总量的提升，而且能积极顺应世界经济发展潮流，主动推进中国制造业走出国门，积极进行制造业对外直接投资的发展，随着"一带一路"建设的推进，将会推动中国制造业进一步走向世界，推动沿线国家制造业的共同发展。

2. 位居前列的"贸易大国"

改革开放使中国市场的大门向世界敞开，随着2001年加入WTO，中国对外开放和国际贸易水平得到进一步的深化。越来越多的中国商品走出国门，走向世界，进口规模也不断增加，尤其是近些年随着中国经济的飞速发展，中国的贸易总量不断提升，外贸结构不断优化。如今，中国已经成功在世界上树立了"贸易大国"的形象。

2010—2016年，我国的服务与货物进出口总额占GDP的比重虽然低于德国，但是略高于美国和日本，虽然这一比重有所下降的原因可能是全球范围内的贸易保护主义盛行之风。据统计，2018年世界500强企业前10名就有中国石油天然气集团公司和中国石油化工集团两家公司（见图7-6）。

2001年加入WTO以来，中国的对外贸易发展可以分为三个阶段：第一个阶段（2001—2008年）是飞速发展阶段：2001年中国加入WTO时的外贸总额为5823亿美元，2008年外贸总额增至28693亿美元，在短短的7年间实现了将近5倍的增长。2008年爆发于美国的次贷危机迅速席卷全球，给各国经济造成了不同程度的重创，2009—2013年中国的外贸发展步入第二阶段——缓慢发展。在2008年美国次贷危机之后，很长一段时间世

① 刘伟. 我国制造业对外直接投资区位选择研究[D]. 石家庄：河北经贸大学，2014.

② 《中国发展对世界经济的影响》课题组. 中国发展对世界经济的影响[J]. 管理世界，2014(10)：1-2.

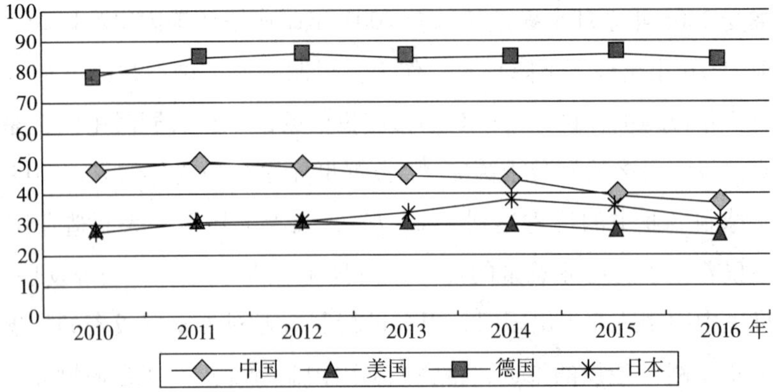

图 7－6　2010—2016 年中国与全球主要国家进出口总额占 GDP 比重对比

资料来源：世界银行数据库（World Bank Datebase），https：//data. worldbank. org/；白永秀，等．全球经济格局背景下丝绸之路经济带建设的战略研究［R］．国家社会科学基金重点项目结题报告，2018.

界经济都处于持续低迷时期，2009 年中国外贸进出口总规模为 22071 亿美元，这也是加入世贸组织之后中国外贸总规模出现的首次下滑，在之后的 2009—2013 年，中国外贸总额虽然总体上处于上升态势，但增长速度有所放缓。第三阶段（2014 年至今）是加快转变经济发展方式阶段，在这一阶段最突出的莫过于中国服务业的快速增长，2015 年中国服务业进出口总规模为 6520 亿美元，同比增长率达到了 21.3%，而此时中国货物进出口总规模同比增长率仅为 3.4%。[①] 在全球经济飞速发展的今天，依靠传统的劳动密集型和资源密集型的粗放式发展让中国经济发展缺乏长期动力，此时加快产业结构的优化升级已成为中国经济发展的唯一出路。鼓励创新、延长产品价值链、增加中国外贸出口品的附加值，中国的外贸企业纷纷探寻出路来完成转型，在此期间大大促进了中国第三产业在进出口规模中所占的比重，中国逐渐从“外贸大国”向“外贸强国”转变。[②]

① 数据来自世界银行数据库。

② 白永秀，等．全球经济格局背景下丝绸之路经济带建设的战略研究［R］．国家社会科学基金重点项目结题报告，2018.

3. 体量巨大的“投资大国”

中国经济在实现总量增长的同时，也积极进行 OFDI，推动资本走出国门进行对外投资，在开拓国际市场的同时探寻更高的资本收益率水平。

表 7-9　我国各年份的 OFDI 流量和在全球中的位次情况

年份	2008	2009	2010	2011	2012	2013	2014	2015	2016	2017
流量/亿美元	559.1	565.3	688.1	746.5	878	1078.4	1231.2	1456.7	1961.5	1582.9
在全球的位次	12	5	5	6	3	3	3	2	2	3

资料来源：商务部《对外直接投资统计公报（2017）》。

从总量上来看，中国对外直接投资规模总体上不断增长。2008 年金融危机爆发以来，中国对外直接投资的流量总额和在全球中的位次均呈现出上升趋势。从横向上来看，中国的对外直接投资流量已经连续 6 年在全球稳居前三位，中国已经成为世界“投资大国”。根据联合国发布的世界投资报告，2017 年世界范围内对外直接投资前三位的国家及其占比分别为：美国（23.9%）、日本（11.2%）、中国（11.1%）。① 从纵向上来看，中国制造业对外直接投资从 2008—2017 年总体实现了将近三倍的增长。并且除 2017 年有小幅下降之外，其他年度均呈正向的增长态势。

从结构上来看，中国对外直接投资结构不断优化，对第三产业的投资额不断上升。从图 7-7 中我们可以看出，2017 年年末中国对外直接投资存量处于前四位的行业分别是租赁和商务服务业、批发和零售业、软件信息服务业和金融业。由此我们不难看出，中国对于高新技术产业和服务业等附加值较高的行业投资额较大，这有助于中国综合国力和竞争力的提升。

从投资区位的选择角度来看，中国充分展现了大国形象，积极援助周边国家，实现共同发展。2017 年中国对外直接投资流量排名前三位的地区分别是亚洲（69.5%）、欧洲（11.7%）、拉丁美洲（8.9%）。② 除此之

① 中华人民共和国商务部，国家统计局，国家外汇管理局. 2017 年度中国对外直接投资统计公报[M]. 北京：中国统计出版社，2018：4.

② 中华人民共和国商务部，国家统计局，国家外汇管理局. 2017 年度中国对外直接投资统计公报[M]. 北京：中国统计出版社，2018：14.

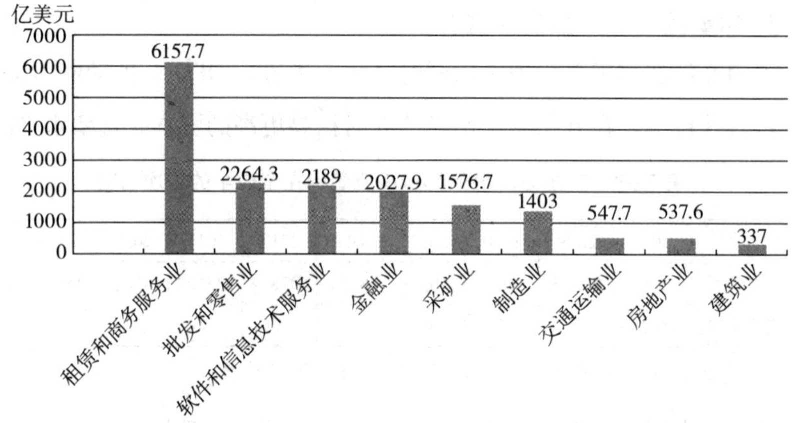

图7—7 2017年年末中国对外直接投资存量主要行业分布

资料来源：《对外直接投资统计公报（2017）》。

外，随着“一带一路”建设的推进，2017年中国对“一带一路”沿线国家的累计投资额为201.7亿美元，同比增长31.5%，占同期中国对外直接投资流量的12.7%。中国对周边国家的投资情况，说明中国在关注自身发展的同时，也不忘带动周边国家的共同发展，向世界展示了中国负责任的“国际大国形象”。

4. 日益扩张的“消费大国”

党的十八大以来，中国进入了中国特色社会主义新时代，在这个新时代，中国将实现从“富起来”到“强起来”的转变，在这个新时代，人民生活质量得到了提高，人民的消费水平得到了提升。根据相关统计，2012年全球个人奢侈品消费市场中21%的收入来自中国消费者，到2016年这一比例上升至32%，根据麦肯锡的估计，2015年，中国市场将占全球个人奢侈品市场份额的44%。2008—2014年，在奢侈品购买渠道日益丰富和我国人均收入提高的背景下，中国购买奢侈品的人数翻了一番，并且中国越来越多的奢侈品消费者已经从首次消费转变为增量消费。随着中国经济的发展，中国人越来越成为国际消费品市场的主力军，中国人的消费水平已经得到了很大程度的提升。

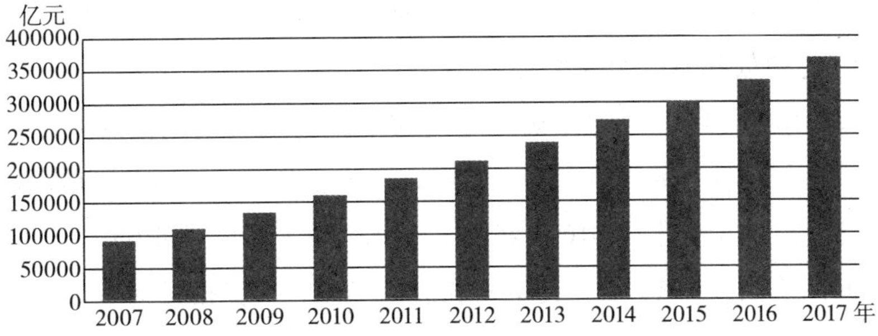

图 7-8　2007—2017 年中国社会消费品零售总额

资料来源：国家统计局《中国统计年鉴》(2008—2018)。

首先，金融危机爆发以来，中国的消费总水平得到了大幅提升。2008 年，中国社会消费品零售呈直线上升趋势，大体上 108487.7 亿元上升至 2017 年的 366261.6 亿元，上涨了 3 倍之多。中国居民的消费水平总体上没有因为 2008 年席卷全球的次贷危机而遭受重创，这主要得益于次贷危机爆发后，我们及时将经济增长的动力由投资调整为内需，充分利用中国巨大的市场潜力。中国的居民消费品零售总额在 2008 年金融危机之后一直保持着每年大于 10% 的高速增长。2015 年中国的社会消费品零售总额仅次于美国，成为全球第二大“消费大国”。

其次，人均消费水平也得到大幅度的提升。国家统计局的统计数据显示，2008—2017 年中国城镇居民人均可支配收入从 15780.8 元上升至 25973.8 元，增长率达到了 64.59%。城镇人均消费性支出从 2008 年的 11242.85 元上升至 2017 年的 18322.1 元，增长了 62.97%。如此高的增长率显示出，2008 年金融危机以来中国不仅实现了消费总量的大幅提升，人均消费水平也得到了很大程度的提高。

最后，中国居民的消费结构也不断优化。根据中国统计年鉴的数据，中国 2008 年的城镇居民恩格尔系数为 37.9，2017 年城镇恩格尔系数为 29.3，恩格尔系数的下降说明中国居民的生活水平得到提升，食品支出占总支出的比重下降。新时代下，人民更加注重对吃得好的追求。消费已经取代投资成为拉动中国经济增长的第一动力，随着中国经济的进一步发展，随着供给侧改革的进一步深入，中国居民对于消费质量的追求将会进一步提高。

5. **走向世界的“金融大国”**

人民币的国际影响力是衡量中国在全球金融市场地位的一个重要标准。2009 年中国开始跨境贸易人民币结算试点以来，使用人民币进行结算的贸易额大幅度上升，2016 年我国全年处理业务支付业务 63.61 万笔，金额 4.36 万亿元，2016 年人民币顺利加入 SDR，人民币成为全球第五大国际支付货币，这不仅显示出中国金融市场的巨大发展潜力，更标志着人民币国际化得到进一步推进。虽然推进人民币国际化的进程不可能一蹴而就，但是随着越来越多的周边国家进行贸易时愿意使用人民币来进行结算，2013 年人民币成为全球第三大信用证币种，人民币国际化指日可待。人民币跨境支付系统（CIPS）的建立，离岸债券、人民币资本项目可兑换的实现，亚洲基础设施投资银行的建立……都显示出中国正积极推进国际金融发展，在国际市场上树立起一个“金融大国”的形象。

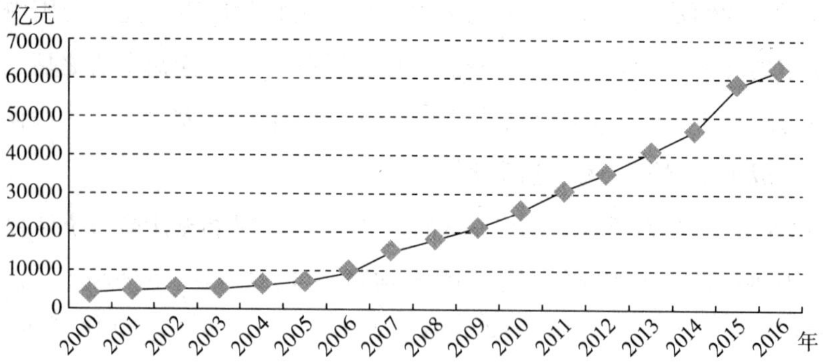

图 7-9　2000—2016 年中国金融业增加值

资料来源：国家统计局《中国统计年鉴》(2001—2017)。

中国的“金融大国”地位还体现在中国支持发展中国家在国际经济中享有更多的话语权，与周边国家一起建设金融基础设施。当今国际经济格局实际上是以美国为代表的发达国家为主导的，带有极大的不公平性。尽管人民币在国际金融市场的地位日益提升，但美元仍然“一家独大”，一个更加公正的国际金融格局亟待建立，中国应积极承担大国的责任。为有效减轻金砖国家对于美元的依赖，保障成员国之间的正常贸易往来和资金流通，2013 年 3 月，金砖国家第五次领导人峰会决定建立金砖国家开发银行，共同应对风险和挑战，增加经济发展的包容性。2015 年 12 月 25 日成立的亚洲基础设施投资银行（AIIB）是第一个由发展中国家主导的全球性多边金融机构。亚投行的主要业务是援助亚太地区国家的基础设施建设，全面投入运营后，亚投行运用一系列方式为亚洲各国的基础设施项目提供融资支持——包括贷款、股权投资以及提供担保等，以振兴包括交通、能源、电信、农业和城市发展在内的各个行业投资。

6. **稳步提升的“技术大国”**

中国在经济发展过程中，越来越注重创新能力的提升。2011 年中国的科研投入为 8687 亿元，是 2000 年的十倍，2017 年科研投入进一步增至 17606.1 亿元。根据统计数据，2017 年中国专利申请授权数为 3697845 项，同期英国为 2110 项，美国为 28776 项，法国为 4185 项，日本为 36224 项，[①] 中国 2017 年的专利申请授权量远远高于这些国家，这也反映出中国技术水平的提升。

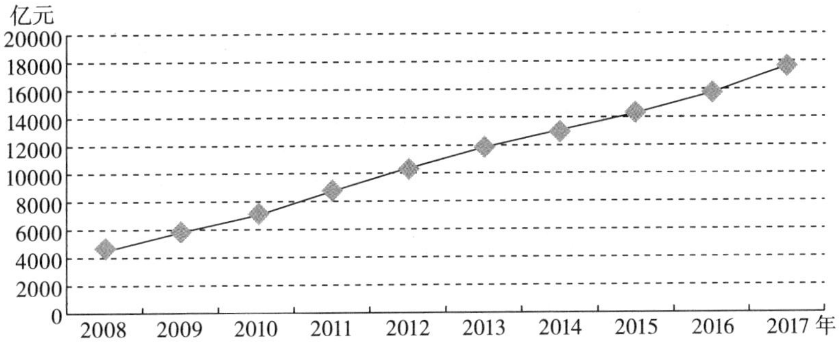

图 7－10　中国 2008—2017 年 R&D 投入情况

资料来源：国家统计局《全国科技投入经费统计公报》（2008—2017）。

根据世界银行统计数据，2016 年中国在科技期刊上发表文章 426165 篇，占当年世界科技期刊论文发表总数的 18.56%，成为仅次于美国的科

① 中国国家统计局数据库，http://data.stats.gov.cn.

技期刊论文发表大国。[①] 2018 年 10 月 24 日通车的港珠澳大桥，是连接香港、珠海、澳门的超大型跨海通道，港珠澳大桥规模大、工期短、经验少，修建过程中攻克了人工岛快速成岛、深埋沉管结构设计、隧道复合基础等十余项世界级技术难题，带动 20 个基地和生产线的建设，形成拥有中国自主知识产权的核心技术，建立了中国跨海通道建设工业化技术体系。此外，天宫二号升空、神威超级计算机的成功研发、中国高铁走向世界……越来越多的中国技术正在达到世界领先水平。

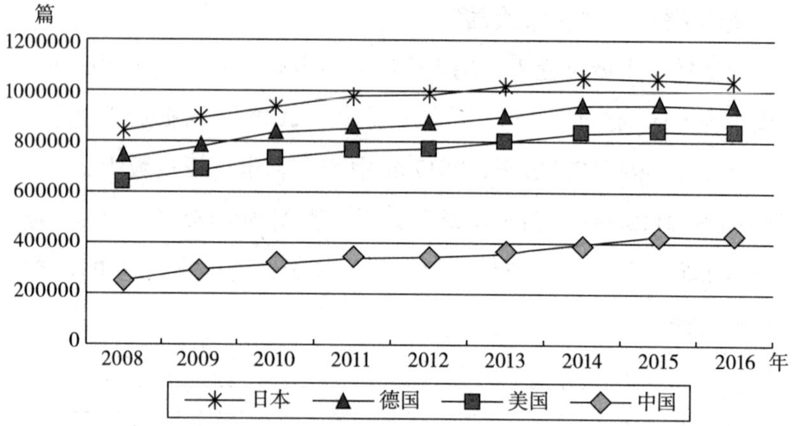

图 7－11　世界主要国家 2008—2016 年科技期刊文章发表情况

资料来源：世界银行，https：//data. worldbank. org. cn/。

（二）中国经济崛起对世界的影响

1. 保持全球经济稳定增长

中国在经济持续快速增长过程中不仅跃升为世界经济大国，而且成为推动世界经济繁荣的重要动力，中国在国际上一直倡导互利共赢的发展模式，主张各国在满足自身经济发展的同时不应以损害别国利益为代价。中国的经济发展模式成功打破了以往那些超级大国的方式，党的十八大以来，致力于建设人类命运共同体，与世界各国同呼吸共命运，与各国共同携手维护世界经济的稳定与增长。

---

① 资料来源：世界银行数据库，https：//data. worldbank. org/。

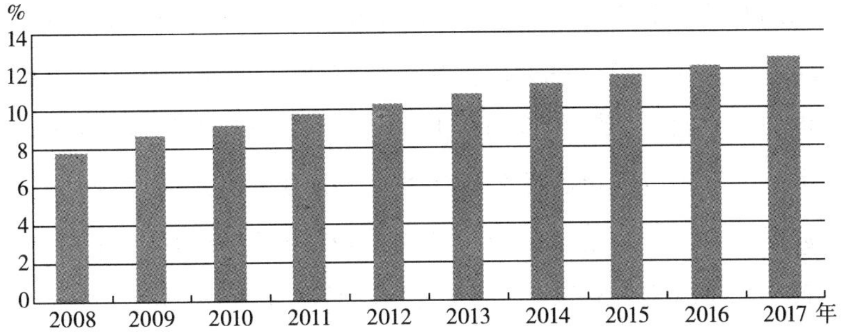

图 7－12　中国 GDP 占世界 GDP 的比重（以 2010 年为不变价）

资料来源：世界银行数据库（World Bank Datebase），https：//data. worldbank. org/。

从图 7－12 中可以看出，2008 年以来中国 GDP 占世界 GDP 的比重呈直线上升趋势，这说明了次贷危机以后中国经济呈现出两个特点：一方面，金融危机以后，中国经济对世界经济的繁荣起到了重要的推动作用；另一方面，虽然遭受了金融危机的冲击，但是中国在世界 GDP 总量中的比重却一直是呈现上升趋势的。2009 年中国在世界 GDP 总量中占比仅为 8.48%，到 2017 年，世界 GDP 总量的 15.16% 是由中国创造的。中国在对世界经济增长做出贡献的同时，也为世界上其他国家经济发展提供了契机。近年来，中国对世界经济的贡献逐渐赶超美国，已经成为推动世界经济繁荣与稳定的重要引擎。①

2. 促进贸易投资便利化

中国的对外投资与发达国家相比起步较晚，但发展速度较快。改革开放以来，中国积极推进商品和资本在国际范围内的自由流动，不断降低中国市场的准入门槛，同时设置一系列优惠的政策。在欢迎外国商品和资本进入中国的同时，中国积极推进本国商品和资本“走出去”的步伐。中国企业“走出去”有利于和国外企业展开技术和管理经验之间的交流和借鉴，有助于我国企业整合产业链，掌握国际市场的发展趋势，增加中国企业和中国品牌的国际影响力和知名度。近年来，越来越多的中国企业走出

① 《中国发展对世界经济的影响》课题组．中国发展对世界经济的影响[J]．管理世界，2014(10)：3－4.

国门，利用对外投资的方式来开拓国际市场，学习外国企业的先进技术和管理经验，增加自己产品的竞争力和影响力。今后，随着“中国制造2025”以及“一带一路”建设的推进，未来中国将会更加成为外商投资的热土，中国巨大的市场和发展潜力对全球企业具有很大的吸引力。根据商务部的数据，中国企业在2008年对外直接投资额为5590717万美元，这一数值在2017年飙升至15828830万美元，增长率高达183%。中国在积极推进本国企业进行对外直接投资的同时，也欢迎外国资本进入中国。2008年的中国吸引外商直接投资额为9239544万美元，2017年吸引外商直接投资额为13103513万美元。[①]

3. **推动全球经济格局变迁**

一方面，全球经济重心呈向东迁移的趋势。2008年的金融危机让发达国家遭受了重创，之后的很长一段时间里，全球经济都呈现出一片低迷的景象，但是以中国为代表的少数新兴经济体却表现出了一片向好的景象。这种现象在一定程度上加速了国际经济格局的变迁，逐渐改变了原有的以美国等发达国家主导的经济格局。新兴市场和发展中经济体的增长势头明显高于发达经济体，特别是以中国为代表的亚洲国家的崛起，极大地提高了亚洲国家在国际社会中的地位。2016年世界经济增长率为3.2%，发达国家经济增长率仅为1.7%，发展中经济体和新兴市场增长率为4.3%，其中2016年中国经济增长对世界经济增长的贡献率达到33.2%。[②] 近年来，随着以中国为代表的亚洲国家经济的崛起，推动着国际经济重心逐渐由西向东转移。

另一方面，世界经济格局多极化趋势日益明显。近年来，美联储多次加息，使得美国经济泡沫化严重，未来的不确定性增加，美国虽然还是世界第一大经济体，但是其经济明显长期增长势头不足。受贸易保护主义影响，欧洲经济内生动力减弱，外部风险增加。与此同时，中国经济却迅速

① 资料来源：《中国统计年鉴》（2008—2017）。

② 资料来源：世界银行数据库，https://data.worldbank.org/。

崛起，全球涌现出了一批极具发展势头的新兴经济体，区域经济合作已经成为经济发展的潮流，上合组织、金砖国家、东盟自由贸易区等都为世界经济格局多极化起到了积极推动作用。

第三节　从传统全球化到新型全球化

新科技革命的蓬勃发展深刻改变着人类的生产生活方式，推动经济全球化进一步向纵深发展。在国际经济力量对比发展显著变化的时代背景下，传统全球化所存在的增长动力不足、治理体系滞后、全球发展失衡等弊端日益显露，新兴市场国家推动经济全球化朝着平等互利的方向演进。

一、经济全球化的演进与问题

经济全球化是近代以来最令人瞩目的经济现象，也一直是学术研究的热点问题。从经济全球化的发展历程来看，与经济全球化相关的现象最早可追溯到 15 世纪。新航线的开辟与新大陆的发现，使全球性在人们的意识中有了萌芽，客观上为世界市场的形成和全球经济的紧密联系奠定了基础。在工业革命的推动下，英国等新兴的工业国需要在全球寻找工业品市场和原材料产地，蒸汽机的出现使火车、轮船成为联通世界各地的重要交通工具，生产力的高速发展也推动市场规模不断扩大，经济全球化随之出现第一轮浪潮，19 世纪形成了以英国为中心的世界经济体系。到 20 世纪中叶，经过两次世界大战的冲击，欧洲经济相对衰落，美国则跃升为推动经济全球化的“领头羊”，美国领导构建了包括关税及贸易总协定（1995 年之后更名为世界贸易组织）、国际货币基金组织、世界银行等在内的国际经济治理架构，在世界范围内推进贸易与投资自由化，使经济全球化出现第二轮浪潮。在此过程中，苏联试图通过计划经济发展模式，在美苏冷战背景下构建与资本主义市场体系“平行”的社会主义经济体系，但最终走向失败，20 世纪 90 年代之后美国成为唯一的超级大国。21 世纪以来，中国等新兴市场国家崛起，要求在全球范围内提升贸易投资便利化水平，欧美发达国家则在金融危机的冲击下走向贸易保护主义，以美国为代表的发达经济体“逆全球化”思潮泛滥且行动不断升级。① 经济全球化需要重新校正航向、增添动力。

从学术界对经济全球化的研究来看，“经济全球化”概念的出现滞后于经济发展实践。1960 年，加拿大学者马歇尔·麦克卢汉提出了“地球村”的概念，认为广播、电视、计算机的有效应用会拉近人们的距离（马歇尔·麦克卢汉，2000）。② 此后，美国经济学家 T. 莱维用“全球化”这一概念来描述世界经济发生的巨大变化。以此为开端，学术界开始了关于经济全球化概念界定及其作用的广泛探讨，出现了新自由主义的经济全球化理论、西方左翼经济全球化理论、依附论与世界经济体系理论等不同的理论体系。总体而言，目前学术界广泛接受的观点是，经济全球化的本质是通过经济、贸易、信息网络把世界各地越来越紧地联系在一起，把全球作为一个统一的自由市场，有效地分配与再分配资源，进而充分发挥世界各地的资源优势。③

专栏7-5

经济全球化的概念界定及其表征

经济全球化是一个涉及内容比较广泛的现象，不仅包括资金、信息、商品的全球流动，也包括企业的全球性战略、一些非经济事件的全球经济影响（如移民、恐怖事件），以及全球性组织和文化对经济要素流动的影响等。总体上看，全球化反映了一个突出的现象，即在经济和技术力量的

---

① 董琴．“逆全球化”及其新发展对国际经贸的影响与中国策略研究[J]．经济学家，2018(12)：91-98.

② [加]马歇尔·麦克卢汉．理解媒介——论人的延伸[M]．何道宽，译．北京：商务印书馆，2000：16-30.

③ 黄范章．宏观经济政策国际合作——经济全球化所需要的新机制[J]．经济学家，2012(5)：5-11.

共同推动下，世界正在被塑造为一个紧密的社会经济空间，某个主体的经济决策能够对另一个地区的经济或社会群体产生深远影响。在经济领域，全球化表现为商品、服务、生产要素和信息的跨国界流动的规模不断扩大，形式不断变化，通过国际分工和跨国投资，世界市场范围内的资源配置效率不断提高，各国经济的相互依赖程度也日益加深。因此，经济合作与发展组织（OECD）对经济全球化的定义为“在货物和劳务贸易、资本流动和技术转移、扩散基础上，不同国家市场和生产依赖程度不断加深的动态过程”，也即生产要素在全球范围内广泛流动、以实现资源最佳配置的过程。

在这个过程中，全球经济系统正在发生巨大的变化。例如，金融资本与工业积累的分离，导致资本在全球范围内快速流动，与此同时，金融机构在空间上日益集中；知识作为一种重要的生产要素，其生产、分配和流动在生产系统中日益重要；伴随着技术的快速增长而出现技术国际化趋势；跨国公司的国际垄断不断加深；主要国家的发展战略全球化倾向十分明显。其中，跨国公司是经济全球化的核心力量，对外直接投资和国际贸易（商品和服务）的大幅度增长是其最直接的表现。

20 世纪 70 年代以来，经济全球化可以通过以下表征性现象更加具体地认识：第一，全球贸易增长速度快于经济增长速度；第二，全球对外直接投资增速快于贸易增速；第三，跨国公司的数量及其垄断地位快速上升；第四，全球经济一体化与碎片化共存；第五，全球生产网络正在成为世界经济的主要组织形式。

资料来源：刘卫东．“一带一路”——引领包容性全球化［M］．北京：商务印书馆，2017：36－42.

经济全球化在为世界各国带来发展机遇的同时，也产生了诸多问题。第一，全球经济发展不均衡，收入不平等。经济全球化放大了资本主义制度本身固有的不平等问题，导致国际财富分配出现巨大差距，产生了贫者更贫、富者更富的“马太效应”，欠发达国家的不满情绪持续增长。第二，发达国家带动世界经济增长的动能不足。发达国家对全球经济增长的贡献率从 20 世纪 70 年代的 81.6%[①]下降到 2014 年的 48.3%[②]，“七国集团”[③] GDP 占全球总量的比重由 2001 年的 65.3%降至 2016 年的 46.9%[④]。在传统经济全球化之下，世界经济增长主要依靠发达国家，由于近年来发达国家经济增长低迷，使得世界经济发展动力不足。第三，西方主导国际规则，国际治理体系不合理。经济全球化是在发达国家主导下进行的，西方少数发达国家拥有绝对的话语权甚至控制权，而发展中国家则处于弱势地位，没有充分参与国际治理的机会，导致国际经济秩序不合理。[⑤] 第四，西方强推“普世”价值，文明冲突剧烈。在经济全球化过程中，个别发达国家实行文化霸权主义，将其价值观强加于他国，在发展中国家引发了本土文化与外来文化之间的剧烈冲突，对世界文化多样性造成了严重威胁。

随着经济全球化过程中各种问题的不断凸显和新的问题日益增多，国际社会出现了声势浩大的反全球化运动。反全球化思潮萌发于 20 世纪 90 年代中期的美国和欧洲，此后逐渐演变成游行、示威活动。最典型的是巴西于 2002 年 1 月召开世界经济论坛期间，反全球化的世界社会论坛也于同期在巴西召开，并以反对“由自由市场控制”的全球化和反对“不平等和不公正的现象”为主题，与世界经济论坛进行远程抗辩。反全球化运动试图通过终止全球化来消除全球化过程中的问题，维护利益受损者的应得利益。在反全球化群体看来，全球经济出现的不平等、生态恶化都是由于经济全球化造成的，[⑥] 这显然有失偏颇。我们认为，要从根本上解决全球化过程中的问题，需要改革国际经济治理体系，以新型全球化代替传统的经济全球化模式。[⑦]

---

① 于唐，任伍．经济全球化的实质与中国的对策[J]．世界经济，2000(10).

② 数据来源：世界银行数据库，https://data.worldbank.org/。

③ G7 即七国集团，指世界上最发达的七个工业化国家，分别为美国、日本、德国、英国、法国、加拿大、意大利。

④ 资料来源：世界银行数据库，https://data.worldbank.org/。

⑤ 郁建兴．全球化：一个批评性考察[M]．杭州：浙江大学出版社，2003：153－185.

⑥ 宏量．经济全球化观察[J]．当代思潮，2000(3)：10－16.

⑦ 王颂吉，谷磊，苏小庆．“一带一路”引领新型全球化：变局研判与建设任务[J]．西北大学学报(哲学社会科学版)，2019(2)：148－149.

专栏7－6

经济全球化的问题与挑战

有一种观点把世界乱象归咎于经济全球化。经济全球化曾经被人们视为“阿里巴巴的山洞”，现在又被不少人看作“潘多拉的盒子”。国际社会围绕经济全球化问题展开了广泛讨论。今天，我想从经济全球化问题切入，谈谈我对世界经济的看法。

我想说的是，困扰世界的很多问题，并不是经济全球化造成的。比如，过去几年来，源自中东、北非的难民潮牵动全球，数以百万计的民众颠沛流离，甚至不少年幼的孩子在路途中葬身大海，让我们痛心疾首。导致这一问题的原因，是战乱、冲突、地区动荡。解决这一问题的出路，是谋求和平、推动和解、恢复稳定。再比如，国际金融危机也不是经济全球化发展的必然产物，而是金融资本过度逐利、金融监管严重缺失的结果。把困扰世界的问题简单归咎于经济全球化，既不符合事实，也无助于问题的解决。

历史地看，经济全球化是社会生产力发展的客观要求和科技进步的必然结果，不是哪些人、哪些国家人为造出来的。经济全球化为世界经济增长提供了强劲动力，促进了商品和资本流动、科技和文明进步、各国人民交往。

当然，我们也要承认，经济全球化是一把“双刃剑”。当世界经济处于下行期的时候，全球经济“蛋糕”不容易做大，甚至变小了，增长和分配、资本和劳动、效率和公平的矛盾就会更加突出，发达国家和发展中国家都会感受到压力和冲击。反全球化的呼声，反映了经济全球化进程的不足，值得我们重视和深思。当前，最迫切的任务是引领世界经济走出困境。世界经济长期低迷，贫富差距、南北差距问题更加突出。究其根源，是经济领域三大突出矛盾没有得到有效解决。

一是全球增长动能不足，难以支撑世界经济持续稳定增长。世界经济增速处于7年来最低水平，全球贸易增速继续低于经济增速。短期性政策刺激效果不佳，深层次结构性改革尚在推进。世界经济正处在动能转换的换挡期，传统增长引擎对经济的拉动作用减弱，人工智能、3D 打印等新技术虽然不断涌现，但新的经济增长点尚未形成。世界经济仍未能开辟出一条新路。

二是全球经济治理滞后，难以适应世界经济新变化。前不久，拉加德女士告诉我，新兴市场国家和发展中国家对全球经济增长的贡献率已经达到 80%。过去数十年，国际经济力量对比深刻演变，而全球治理体系未能反映新格局，代表性和包容性很不够。全球产业布局在不断调整，新的产业链、价值链、供应链日益形成，而贸易和投资规则未能跟上新形势，机制封闭化、规则碎片化十分突出。全球金融市场需要增强抗风险能力，而全球金融治理机制未能适应新需求，难以有效化解国际金融市场频繁动荡、资产泡沫积聚等问题。

三是全球发展失衡，难以满足人们对美好生活的期待。施瓦布先生在《第四次工业革命》一书中写道，第四次工业革命将产生极其广泛而深远的影响，包括会加剧不平等，特别是有可能扩大资本回报和劳动力回报的差距。全球最富有的 1% 人口拥有的财富量超过其余 99% 人口财富的总和，收入分配不平等、发展空间不平衡令人担忧。全球仍然有 7 亿多人口生活在极端贫困之中。对很多家庭而言，拥有温暖住房、充足食物、稳定工作还是一种奢望。这是当今世界面临的最大挑战，也是一些国家社会动荡的重要原因。

这些问题反映出，当今世界经济增长、治理、发展模式存在必须解决的问题。

资料来源：习近平．共担时代责任 共促全球发展——在世界经济论坛 2017 年年会开幕式上的主旨演讲 [N]. 人民日报，2017 -01 -18（03）.

二、新型全球化的提出及其特点

进入 21 世纪以来，国际经济格局的一个显著变化是新兴经济体（Emerging Economy）的群体性崛起。[①] 根据世界银行的统计，新兴经济体和发展中国家在国际贸易总额中所占的比重，由 1995 年的 30%[②]跃升至 2015 年的 49%。[③] 基于张宇燕、田丰（2010）的研究，[④] 我们认为“新兴经济体”指的是二战后经济增速较快、具有较大经济规模和人口总量、经济开放程度较高的发展中经济体。目前，世界上公认的新兴经济体主要是“金砖五国”（BRICS）。近年来，新兴经济体的经济增速明显超过发达国家“七国集团”，这表明全球经济增长的主要动力不再单纯依赖发达国家，而是向发达国家和新兴经济体并重转变。

新兴经济体的不断发展壮大，引发国际经济格局出现巨大变化，主要表现在以下三个方面：第一，新兴经济体的崛起加速了世界经济的多极化进程，经济增长重心正从发达国家向亚洲、东欧、中东、拉美等地的新兴市场国家转移；[⑤] 第二，新兴经济体推动国际货币体系发生巨大变化，金融中心和国际货币的币种随着新兴经济体的崛起而变得多样化；第三，全球经济治理格局的不合理性日益凸显，目前国际经贸规则仍由少数发达国家主导，这不仅难以适应国际经济发展形势，而且无助于解决全球经济失衡问题。鉴于此，国际社会应加快改革全球治理体系，构建平等互利的新型国际关系。

传统的经济全球化以及与之相配套的一系列规则，已经不能完全满足当下国际经济出现的新形势，国际社会呼吁校正经济全球化航向，推进以“平等互利”为核心理念的新型全球化。针对全球经济发展形势，习近平主席 2017 年 1 月 17 日在达沃斯经济论坛上发表了题为《共担时代责任，

① 王勋，方晋．新兴经济体崛起：概念、特征事实与实证研究［J］．山西财经大学学报，2011（6）：1－10.

② 刘洪钟，杨攻研．新兴经济体的崛起与世界经济格局的变革［J］．经济学家，2012（1）.

③ 资料来源：世界银行数据库，https://data.worldbank.org/。

④ 张宇燕，田丰．新兴经济体的界定及其在世界经济格局中的地位［J］．国际经济评论，2010（4）：7－26.

⑤ 姜跃春．新兴经济体崛起及其对世界经济格局的影响［J］．国际问题研究，2011（6）：82－89.

共促全球发展》的主旨演讲,[①] 2017 年 1 月 18 日在联合国日内瓦总部发表了题为《共同构建人类命运共同体》的演讲,[②] 2018 年 4 月 10 日在博鳌亚洲论坛开幕式上发表了题为《开放共创繁荣，创新引领未来》的主旨演讲，这些演讲全面梳理了传统全球化存在的问题及应对之策，倡导建立“人类命运共同体”，共同打造富有活力的增长模式、开放共赢的合作模式、公正合理的治理模式、平衡普惠的发展模式。我们认为，习近平主席所倡导的世界发展新模式，其要义是推动以平等互利为核心理念的“新型全球化”。新型全球化的核心理念是“平等互利”，它倡导各国以平等身份参与国际经济合作，共促世界经济增长，共享世界经济发展成果。我们认为，与传统经济全球化相比，新型全球化的特征主要体现在以下三个方面:[③]

第一，新型全球化下，全球经济发展模式更侧重于合作共赢和协同发展。传统经济全球化经济发展的主要动力来源于苛刻的竞争机制，即所谓的“大鱼吃小鱼”，各个国家的核心侧重于本国经济的发展和国际地位提升，尽可能地超越甚至压迫其他国家，无视全球经济的互补性和协同性，从而导致了全球经济发展失衡，不同国家的经济发展出现难以逾越的差距，国际反全球化情绪高涨。而新型全球化更侧重于各个国家和经济体之间的平等互利、合作共赢，逐渐缩小不同国家之间的发展鸿沟，推动全球经济均衡协同发展。

第二，世界经济发展动能由发达国家转向发达国家与新兴经济体并重，新兴经济体成为全球经济发展的重要引擎。在传统的经济全球化下，世界经济被鲜明地分成两部分：一部分是发达的经济体，另一部分是欠发达或者发展中的经济体。全球经济的发展主要靠发达经济体，因此导致全

---

① 习近平．共担时代责任 共促全球发展——在世界经济论坛 2017 年年会开幕式上的主旨演讲[N]．人民日报,2017 – 01 – 18(03).

② 习近平．共同构建人类命运共同体——在联合国日内瓦总部的演讲[N]．人民日报,2017 – 01 – 20(02).

③ 王颂吉,谷磊,苏小庆．“一带一路”引领新型全球化:变局研判与建设任务[J]．西北大学学报(哲学社会科学版),2019(2):149 – 151.

球经济增长动力单一。新型全球化下，新兴经济体的崛起促进全球经济增长引擎多极化，[①] 并且经济增长重心更多地转向新兴经济体。此外，经济发展动能多样化还表现在全球消费市场进一步扩大，全球资本流向多样化，国家资本输出多元化。传统经济全球化下，全球主要的消费市场集中在人口密集、经济发达的地区，资本输出是单向的，资本由发达国家转移到发展中国家。而随着新兴经济体的出现和发展，欠发达国家经济发展水平提升，国民收入水平提高带来消费能力的增加，很多欠发达国家也成为巨大的消费市场；资本流动也呈现出由发展中国家或新兴的经济体流入发达国家的态势，这意味着全球资本流动模式已经由单向转变为双向甚至多向，促进世界经济协同发展。

第三，新型全球化倡导平等协作、互利共赢。传统经济全球化下，国际治理主要由发达国家主导，发展中国家则没有发言权。传统经济全球化是一种相对激进的全球化，只注重经济发展的硬性要求，本国自利性和自私性特征明显，国际经济强权压迫、歧视等问题严重，文化侵略与霸权不断涌现，由此引发地区战争、动乱等现象此起彼伏，在某种程度上说，世界经济呈现出残酷性和冷血性特征。新型全球化倡导全球各国以平等互利的理念，携手共同应对国际上的种种问题，充分发挥每个国家的主动权和积极性，建立全球新型治理框架。全球经济发展到今天，世界各国相互依存、命运休戚与共，新型全球化有助于各国之间相互理解、包容、关爱甚至融合，携手推动本国经济和世界经济的共同发展，逐步构建人类命运共同体。

金碚（2016）把19—20世纪中叶之前称为第一次经济全球化，或经济全球化1.0时代；把20世纪中叶到当前称为第二次全球化，或经济全球化2.0时代；世界正在兴起第三次经济全球化浪潮，进入经济全球化3.0时代。新的经济全球化阶段将更具包容性，各主要经济体之间的礼仪互相渗透，全球经济朝着“利益共同体”的方向发展。我们认为，以“平等互利”为核心理念的新型全球化有助于解决国际经济存在的诸多问题，符合

① 刘洪钟，杨攻研．新兴经济体的崛起与世界经济格局的变革[J]．经济学家，2012(1)：81－88.

全球经济发展的大趋势，充分反映了国际社会的愿景和期许，是传统经济全球化的转变方向。

专栏7-7

促进全球经济健康发展的路径

我们既要有分析问题（世界经济发展存在的问题）的智慧，更要有采取行动的勇气。

第一，坚持创新驱动，打造富有活力的增长模式。世界经济面临的根本问题是增长动力不足。创新是引领发展的第一动力。与以往历次工业革命相比，第四次工业革命是以指数级而非线性速度展开。我们必须在创新中寻找出路。只有敢于创新、勇于变革，才能突破世界经济增长和发展的瓶颈。二十国集团领导人在杭州峰会上达成重要共识，要以创新为重要抓手，挖掘各国和世界经济增长新动力。我们要创新发展理念，超越财政刺激多一点还是货币宽松多一点的争论，树立标本兼治、综合施策的思路。我们要创新政策手段，推进结构性改革，为增长创造空间、增加后劲。我们要创新增长方式，把握好新一轮产业革命、数字经济等带来的机遇，既应对好气候变化、人口老龄化等带来的挑战，也化解掉信息化、自动化等给就业带来的冲击，在培育新产业新业态新模式过程中注意创造新的就业机会，让各国人民重拾信心和希望。

第二，坚持协同联动，打造开放共赢的合作模式。人类已经成为你中有我、我中有你的命运共同体，利益高度融合，彼此相互依存。每个国家都有发展权利，同时都应该在更加广阔的层面考虑自身利益，不能以损害其他国家利益为代价。我们要坚定不移发展开放型世界经济，在开放中分享机会和利益、实现互利共赢。不能一遇到风浪就退回到港湾中去，那是永远不能到达彼岸的。我们要下大气力发展全球互联互通，让世界各国实现联动增长，走向共同繁荣。我们要坚定不移发展全球自由贸易和投资，在开放中推动贸易和投资自由化、便利化，旗帜鲜明反对保护主义。搞保护主义如同把自己关进黑屋子，看似躲过了风吹雨打，但也隔绝了阳光和空气。打贸易战的结果只能是两败俱伤。

第三，坚持与时俱进，打造公正合理的治理模式。小智治事，大智治制。全球经济治理体系变革紧迫性越来越突出，国际社会呼声越来越高。全球治理体系只有适应国际经济格局新要求，才能为全球经济提供有力保障。国家不分大小、强弱、贫富，都是国际社会平等成员，理应平等参与决策、享受权利、履行义务。要赋予新兴市场国家和发展中国家更多代表性和发言权。2010 年国际货币基金组织份额改革方案已经生效，这一势头应该保持下去。要坚持多边主义，维护多边体制权威性和有效性。要践行承诺、遵守规则，不能按照自己的意愿取舍或选择。《巴黎协定》符合全球发展大方向，成果来之不易，应该共同坚守，不能轻言放弃。这是我们对子孙后代必须担负的责任！

第四，坚持公平包容，打造平衡普惠的发展模式。“大道之行也，天下为公。”发展的目的是造福人民。要让发展更加平衡，让发展机会更加均等、发展成果人人共享，就要完善发展理念和模式，提升发展公平性、有效性、协同性。我们要倡导勤劳俭朴、努力奋进的社会风气，让所有人的劳动成果得到尊重。要着力解决贫困、失业、收入差距拉大等问题，照顾好弱势人群的关切，促进社会公平正义。要保护好生态环境，推动经济、社会、环境协调发展，实现人与自然、人与社会和谐。要落实联合国 2030 年可持续发展议程，实现全球范围平衡发展。

资料来源：习近平．共担时代责任 共促全球发展——在世界经济论坛 2017 年年会开幕式上的主旨演讲［N］．人民日报，2017－01－18（03）．

第八章　共建“一带一路”的时代意义

着眼于中国和世界发展大局，习近平主席2013年9月在哈萨克斯坦纳扎尔巴耶夫大学演讲中提出共建“丝绸之路经济带”，2013年10月在印度尼西亚国会演讲中提出共建“21世纪海上丝绸之路”，二者构成的“一带一路”倡议为新形势下加强国际经济合作提供了新平台。在2013年11月召开的中共十八届三中全会上，《中共中央关于全面深化改革若干重大问题的决定》明确提出“推进丝绸之路经济带、海上丝绸之路建设，形成全方位开放新格局”，“一带一路”倡议上升为国家战略，成为中国深化改革顶层设计的重要组成部分。此后，“一带一路”倡议高频次出现在中国对外交往场合和国内各类高层次会议上。“一带一路”是世界上最大的国际经济合作平台，它秉承共商、共建、共享的原则，重点开展政策沟通、设施联通、贸易畅通、资金融通和民心相通，是引领平等互利的新型全球化和构建人类命运共同体的重要载体。

第一节　“一带一路”倡议的推进方式

我们认为，“一带一路”是以“和平合作、开放包容、互学互鉴、互利共赢”的丝路精神为纽带，倡导以共商大计、共建项目、共享收益的方式，在亚欧非沿线国家和地区开展政策沟通、设施联通、贸易畅通、资金融通、民心相通等全方位合作，形成开放、包容、均衡、普惠的新型国际合作平台。接下来，我们对“一带一路”建设的空间范围、重点领域、共建原则进行梳理，思考“一带一路”建设的推进方式。

专栏8－1

丝路精神——“一带一路”建设的纽带

古丝绸之路绵亘万里，延续千年，积淀了以和平合作、开放包容、互学互鉴、互利共赢为核心的丝路精神。这是人类文明的宝贵遗产。

——和平合作。公元前140多年的中国汉代，一支从长安出发的和平使团，开始打通东方通往西方的道路，完成了“凿空之旅”，这就是著名的张骞出使西域。中国唐宋元时期，陆上和海上丝绸之路同步发展，中国、意大利、摩洛哥的旅行家杜环、马可·波罗、伊本·白图泰都在陆上和海上丝绸之路留下了历史印记。15世纪初的明代，中国著名航海家郑和七次远洋航海，留下千古佳话。这些开拓事业之所以名垂青史，是因为使用的不是战马和长矛，而是驼队和善意；依靠的不是坚船和利炮，而是宝船和友谊。一代又一代“丝路人”架起了东西方合作的纽带、和平的桥梁。

——开放包容。古丝绸之路跨越尼罗河流域、底格里斯河和幼发拉底河流域、印度河和恒河流域、黄河和长江流域，跨越埃及文明、巴比伦文明、印度文明、中华文明的发祥地，跨越佛教、基督教、伊斯兰教信众的汇集地，跨越不同国度和肤色人民的聚居地。不同文明、宗教、种族求同存异，开放包容，并肩书写相互尊重的壮丽诗篇，携手绘就共同发展的美好画卷。酒泉、敦煌、吐鲁番、喀什、撒马尔罕、巴格达、君士坦丁堡等古城，宁波、泉州、广州、北海、科伦坡、吉达、亚历山大等地的古港，就是记载这段历史的“活化石”。历史告诉我们：文明在开放中发展，民族在融合中共存。

——互学互鉴。古丝绸之路不仅是一条通商易货之道，更是一条知识交流之路。沿着古丝绸之路，中国将丝绸、瓷器、漆器、铁器传到西方，也为中国带来了胡椒、亚麻、香料、葡萄、石榴。沿着古丝绸之路，佛教、伊斯兰教及阿拉伯的天文、历法、医药传入中国，中国的四大发明、养蚕技术也由此传向世界。更为重要的是，商品和知识交流带来了观念创新。比如，佛教源自印度，在中国发扬光大，在东南亚得到传承。儒家文化起源于中国，受到欧洲莱布尼茨、伏尔泰等思想家的推崇。这是交流的魅力、互鉴的成果。

——互利共赢。古丝绸之路见证了陆上“使者相望于道，商旅不绝于途”的盛况，也见证了海上“舶交海中，不知其数”的繁华。在这条大动脉上，资金、技术、人员等生产要素自由流动，商品、资源、成果等实现共享。阿拉木图、撒马尔罕、长安等重镇和苏尔港、广州等良港兴旺发达，罗马、安息、贵霜等古国欣欣向荣，中国汉唐迎来盛世。古丝绸之路创造了地区大发展、大繁荣。

资料来源：习近平．携手推进“一带一路”建设——在“一带一路”国际合作高峰论坛开幕式上的演讲［N］．人民日报，2017－05－15（03）．

一、“一带一路”建设的空间范围与重点领域

（一）空间范围

从空间范围来看，“一带一路”源自中国，重点面向亚欧非大陆及周边海域，但向所有国家和地区开放，“一带一路”致力于打造开放包容的全球合作平台，维护和发展开放型世界经济，促进世界范围内的生产要素有序流动、资源高效配置、市场深度融合，引领经济全球化朝着互利共赢的正确方向发展。

依据推进“一带一路”建设工作领导小组办公室 2017 年 5 月发布的《共建“一带一路”：理念、实践与中国的贡献》一文，[①] 丝绸之路经济带有“三大走向”：一是从中国西北、东北经中亚、俄罗斯至欧洲、波罗的海；二是从中国西北经中亚、西亚至波斯湾、地中海；三是从中国西南经中南半岛

① 推进“一带一路”建设工作领导小组办公室. 共建“一带一路”：理念、实践与中国的贡献（2017年5月）[M]//“一带一路”国际合作高峰论坛重要文辑. 北京：人民出版社，2017：72－73.

至印度洋。从线路走向分布来看，丝绸之路经济带辐射蒙俄、中亚、西亚、南亚、东欧、中欧、北欧、西欧、南欧、北非、中南半岛等地区。21 世纪海上丝绸之路有“两大走向”：一是从中国沿海港口过南海，经马六甲海峡到印度洋，延伸至欧洲；二是从中国沿海港口过南海，向南太平洋延伸。

根据“一带一路”的“五大走向”，中国进一步提出了“六廊六路多国多港”的空间合作框架。“六廊”是指新亚欧大陆桥、中蒙俄、中国—中亚—中亚、中国—中南半岛、中巴和孟中印缅六大国际经济合作走廊；“六路”是指铁路、公路、航运、航空、管道和空间综合信息网络；“多国”是指一批先期合作国家；“多港”是指若干保障海上运输大通道安全畅通的合作港口。[①] 接下来，我们重点阐述“六大国际经济合作走廊”。在“一带一路”建设过程中，中国同沿线国家共同打造国际经济合作走廊，通过便捷的交通网络把沿线国家和中心城市连接起来，开展全方位合作，可以为沿线国家提供广阔的发展机遇。

——新亚欧大陆桥经济走廊东起中国连云港，向西经中国西北地区和中亚、俄罗斯抵达东欧、中欧，进而到达荷兰鹿特丹。目前，中国同欧洲之间的班列成为新亚欧大陆桥经济走廊经贸及产能合作的重要依托。

——中蒙俄经济走廊连接中国、蒙古国、俄罗斯，三国元首在 2016 年 6 月 23 日签署《建设中蒙俄经济走廊规划纲要》，标志着中蒙俄经济走廊进入实施阶段。

——中国—中亚—西亚经济走廊由中国西北地区出境，向西经中亚至波斯湾、阿拉伯半岛和地中海沿岸，辐射中亚、西亚和北非国家。目前，中国同中亚、西亚的多个国家签署了共建丝绸之路经济带的合作文件。

——中国—中南半岛经济走廊连接中国和中南半岛各国，是中国同东盟国家加深合作的重要载体。

——中巴经济走廊连接中国和巴基斯坦，是“一带一路”建设的旗舰

① 推进“一带一路”建设工作领导小组办公室. 共建“一带一路”：理念、实践与中国的贡献（2017 年 5 月）[M]//“一带一路”国际合作高峰论坛重要文辑. 北京：人民出版社，2017：73.

项目。目前中巴经济走廊进展顺利，成为丝绸之路经济带建设的“示范”和“排头兵”。

——孟中印缅经济走廊涉及中国、缅甸、孟加拉国、印度，连接东亚、东南亚、南亚三大次区域，沟通太平洋、印度洋两大海域。

（二）重点领域

习近平主席在哈萨克斯坦纳扎尔巴耶夫大学的演讲中，对丝绸之路经济带“互联互通”的建设内容进行了阐释，具体包括政策沟通、道路联通、贸易畅通、货币流通、民心相通五方面。在“加强互联互通伙伴关系”东道主伙伴对话会的讲话中，习近平把五大领域的互联互通进一步概括为“政策沟通、设施联通、贸易畅通、资金融通和民心相通”，“五通”具体内容如下：

第一，政策沟通。受具体国情、发展阶段等因素的影响，“一带一路”相关国家的发展政策和发展战略存在较大差异。为保障丝绸之路经济带建设的顺利推进，各国应建立多层次的沟通平台，不惧怕分歧、不回避问题，就经济发展战略和对策进行充分交流。各国本着求同存异的原则，协商制定推进“一带一路”建设的规划和措施，在政策上为经济合作“开绿灯”。

第二，设施联通。基础设施建设是“一带一路”互联互通的基础和优先发展方向，尤其是要加强相关国家的道路联通。道路联通有助于人畅其行、物畅其流，使“一带一路”相关国家尽早分享到早期收获，充分发挥“一带一路”的吸引力和生命力。在“一带一路”建设过程中，将打通从太平洋到波罗的海的运输大通道，开辟从中亚到印度洋和波斯湾的交通运输走廊，逐步形成连接中亚、西亚、东亚、南亚的交通运输网络，实现“一带一路”沿线的交通运输便利化，从而为各国经济发展和人员往来创造条件。

第三，贸易畅通。“一带一路”沿线幅员辽阔、人口众多，相关国家大多为新兴经济体和发展中国家，具有极为广阔的市场规模和发展潜力。当前，中国已成为不少沿线国家的最大贸易伙伴、最大出口市场和主要投资来源国，各国在贸易和投资领域仍有巨大的合作潜力。为此，“一带一路”沿线国家应就贸易和投资便利化问题进行探讨并作出适当安排，消除贸易壁垒，降低贸易和投资成本，提高区域经济循环速度和质量，实现互利共赢。

第四，资金融通。据亚洲开发银行测算，2020 年以前亚洲地区每年基础设施投资需求高达 7300 亿美元。“一带一路”沿线国家大多为发展中国家，普遍缺乏建设资金，因此需要加强资金融通工作。一方面，中国倡导设立的亚洲基础设施投资银行和丝路基金，可以为“一带一路”互联互通项目提供投融资支持；另一方面，相关国家在经常项下和资本项下推进本币兑换和结算，可以大大降低流通成本，增强抵御金融风险的能力，提高国际经济竞争力。

第五，民心相通。习近平主席在中国国际友好大会暨中国人民对外友好协会成立 60 周年纪念活动的讲话中指出：“国之交在于民相亲，民相亲在于心相通。”在中阿合作论坛第六届部长级会议开幕式上的讲话中，习近平主席指出：“民心相通是‘一带一路’建设的重要内容，也是关键基础。”在韩国国立首尔大学的演讲中进一步指出：“以利相交，利尽则散；以势相交，势去则倾；惟以心相交，方成其久远。国家关系发展，说到底要靠人民心通意合。”“一带一路”涉及数十个国家，因此必须加强人民友好往来，在文化、教育、影视、卫生、体育、旅游、艺术等领域广泛开展合作，促进青年、智库、非政府组织、社会团体等的友好交流，为建设“一带一路”奠定坚实的民意基础和社会基础。

二、“一带一路”建设的基本原则

共商大计、共建项目、共享收益，是“一带一路”建设的基本原则。2014 年 6 月 5 日，习近平主席在中阿合作论坛第六届部长级会议开幕式上的讲话中指出：“中阿共建‘一带一路’，应该坚持共商、共建、共享原则。”① 2014 年 9 月 12 日，习近平主席在上海合作组织成员国元首理事会

① 推进“一带一路”建设工作领导小组办公室. 共建“一带一路”：理念、实践与中国的贡献（2017 年 5 月）[M]//“一带一路”国际合作高峰论坛重要文辑. 北京：人民出版社，2017：73.

第十四次会议的讲话中，欢迎上海合作组织成员国、观察员国、对话伙伴积极参与“一带一路”建设，“共商大计、共建项目、共享收益，共同创新区域合作和南南合作模式”。[①] 国家三部委联合受权发布的《推动共建丝绸之路经济带和21世纪海上丝绸之路的愿景与行动》中，提出“‘一带一路’建设是一项系统工程，要坚持共商、共建、共享原则，积极推进沿线国家发展战略的相互对接”。[②] 由此可见，“一带一路”的建设原则是共商大计、共建项目、共享收益。

（一）共商大计

“一带一路”倡议源自中国，重点面向亚欧非大陆，同时向所有国家和地区开放，[③] 因此是一个开放包容的全球合作平台，需要各国共商发展大计。习近平总书记在主持中共十八届中央政治局第三十一次集体学习时指出：“我国是‘一带一路’的倡导者和推动者，但建设‘一带一路’不是我们一家的事。”[④] 习近平提出“‘一带一路’建设将由大家共同商量”，是指“一带一路”的理念设计、规划编制以及重大项目的选择并非由中国单独决定，而是由相关国家经过共同协商来完成。“一带一路”的共商原则就是要各国集思广益，使“一带一路”兼顾各方利益和关切，体现各方的智慧和创意，实现互利共赢。

（二）共建项目

“一带一路”建设是一项长期复杂的艰巨工程，需要凝聚各方共识、对接各方战略、协调各方利益，应按照“由易到难、由近及远，以点带线、由线到面”的路径由各国共同推进，并且需要一步一个脚印地付出长

---

① 习近平. 凝心聚力 精诚合作 推动上海合作组织再上新台阶——在上海合作组织成员国元首理事会第十四次会议上的讲话（2014年9月12日）[N]. 人民日报，2014-09-13（03）.

② 国家发展改革委，外交部，商务部. 推动共建丝绸之路经济带和21世纪海上丝绸之路的愿景与行动[M]. 北京：人民出版社，2015：2.

③ 习近平. 携手推进“一带一路”建设——在“一带一路”国际合作高峰论坛开幕式上的演讲[N]. 人民日报，2017-05-15.

④ 习近平. 推进“一带一路”建设，努力拓展改革发展新空间[M]//习近平谈治国理政（第二卷）. 北京：外文出版社，2017：501.

期的努力。习近平主席提出“一带一路”是一项“造福沿途各国人民的大事业”，倡导各国用创新的合作模式共建“一带一路”，是指在“一带一路”基础设施联通、支点城市建设、国际产能合作、贸易投资便利化等相关项目建设过程中，沿线国家应该各施所长、各尽所能，把各方的优势和潜能充分发挥出来，聚沙成塔，积水成渊，把这项各国共同的事业持之以恒地加以推进。

（三）共享收益

“一带一路”沿线各个国家和地区处于不同发展阶段，“一带一路”建设过程中应统筹各方的利益关切，寻找利益交汇点，这样才能调动各方参与“一带一路”建设的积极性。习近平总书记在主持中共十八届中央政治局第三十一次集体学习时指出：“‘一带一路’建设不应仅仅着眼于我国自身发展，而是要以我国发展为契机，让更多国家搭上我国发展‘快车’，帮助他们实现共同发展。”习近平主席在博鳌亚洲论坛2018年年会开幕式的主旨演讲中，提出“把‘一带一路’打造成为顺应经济全球化潮流的最广泛国际合作平台，让共建‘一带一路’更好造福各国人民”。“一带一路”的共享收益原则，就是要通过建设“一带一路”实现各个国家、地区、民族之间的优势互补，促进生产要素有序流动、资源高效配置、市场深度融合，构建互利共赢的人类命运共同体。

专栏8－2

“一带一路”倡议的提出背景与推进方式

“一带一路”建设是我在2013年提出的倡议。它的核心内容是促进基础设施建设和互联互通，对接各国政策和发展战略，深化务实合作，促进协调联动发展，实现共同繁荣。

这项倡议源于我对世界形势的观察和思考。当今世界正处在大发展大变革大调整之中。新一轮科技和产业革命正在孕育，新的增长动能不断积聚，各国利益深度融合，和平、发展、合作、共赢成为时代潮流。与此同时，全球发展中的深层次矛盾长期累积，未能得到有效解决。全球经济增长基础不够牢固，贸易和投资低迷，经济全球化遇到波折，发展不平衡加剧。战乱和冲突、恐怖主义、难民移民大规模流动等问题对世界经济的影响突出。

面对挑战，各国都在探讨应对之策，也提出很多很好的发展战略和合作倡议。但是，在各国彼此依存、全球性挑战此起彼伏的今天，仅凭单个国家的力量难以独善其身，也无法解决世界面临的问题。只有对接各国彼此政策，在全球更大范围内整合经济要素和发展资源，才能形成合力，促进世界和平安宁和共同发展。

"一带一路"建设根植于历史，但面向未来。古丝绸之路凝聚了先辈们对美好生活的追求，促进了亚欧大陆各国互联互通，推动了东西方文明交流互鉴，为人类文明发展进步作出了重大贡献。我们完全可以从古丝绸之路中汲取智慧和力量，本着和平合作、开放包容、互学互鉴、互利共赢的丝路精神推进合作，共同开辟更加光明的前景。

"一带一路"源自中国，但属于世界。"一带一路"建设跨越不同地域、不同发展阶段、不同文明，是一个开放包容的合作平台，是各方共同打造的全球公共产品。它以亚欧大陆为重点，向所有志同道合的朋友开放，不排除、也不针对任何一方。

在"一带一路"建设国际合作框架内，各方秉持共商、共建、共享原则，携手应对世界经济面临的挑战，开创发展新机遇，谋求发展新动力，拓展发展新空间，实现优势互补、互利共赢，不断朝着人类命运共同体方向迈进。这是我提出这一倡议的初衷，也是希望通过这一倡议实现的最高目标。

我高兴地看到，这一倡议提出以后，得到国际社会积极响应和广泛支持。100 多个国家和国际组织参与其中，一大批合作项目陆续启动，有的已经落地生根。基础设施联通网络初步成型，沿线产业合作形成势头，各国政策协调不断加强，民众已经开始从合作中得到实惠，彼此距离进一步拉近。

资料来源：习近平．开辟合作新起点，谋求发展新动力——在“一带一路”国际合作高峰论坛圆桌峰会上的开幕辞［N］．光明日报，2017－05－16（3）．

第二节　“一带一路”建设引领新型全球化

“一带一路”倡议是解决传统全球化问题、探索新型全球化路径的中国方案，同时是推动以“平等互利”为核心理念的新型全球化的强大引擎。[①] 当今世界处在大发展大变革大调整之中，“一国独霸”或“几方共治”都难以解决全球发展矛盾，世界各国需要携手应对挑战。在此背景下，“一带一路”传承“和平合作、开放包容、互学互鉴、互利共赢”的丝路精神，倡议世界各国共商大计、共建项目、共享收益，有助于更好地发挥经济全球化的好处，促进世界经济增长更为强劲、治理机制更为民主、发展成果分享更为包容，推动经济全球化朝着平等互利的正确方向发展，构建平等、和平、繁荣、文明、绿色的人类命运共同体。

在新型全球化视角下，“一带一路”旨在构建开放、包容、均衡、普惠的新型国际经济合作平台，[②] 进而引领新型全球化进程。为此，国际经济合作就成为“一带一路”建设的基础和重点，从国际经济合作视角来看，基础设施联通、支点城市建设、国际产能合作、贸易投资便利化可以共同为“一带一路”国际经济合作提供支撑。其中，基础设施联通是“一带一路”建设的优先领域，完善的基础设施为“一带一路”人员、商品、资金自由流动提供硬件支持；支点城市是“一带一路”互联互通的空间载

---

① 卫玲．“一带一路”：新型全球化的引擎［J］．兰州大学学报（社会科学版），2017（3）：23－29．

② 白永秀，王颂吉．丝绸之路经济带战略实施：目标、重点任务与支持体系［J］．兰州大学学报（社会科学版），2015（4）：1－6．

体，为“一带一路”沿线“串轴”“结网”提供支点；产业分工合作是“一带一路”经济合作的核心内容，为建设“一带一路”提供经济载体；贸易投资便利化是“一带一路”深化经济合作的重要条件，为“一带一路”建设提供良好的营商环境支持。[①]

一、“基础设施联通”为新型全球化提供硬件支持

加快“一带一路”基础设施建设，打通“一带一路”沿线的陆海合作通道，既是“一带一路”建设能否成功的关键，又是新型全球化过程中人员、商品、资金自由流动的载体。2015 年 3 月 28 日，国家发展改革委、外交部、商务部联合发布的《推动共建丝绸之路经济带和 21 世纪海上丝绸之路的愿景与行动》中，明确提出基础设施互联互通是“一带一路”建设的优先领域。沿线国家应加强基础设施建设规划和标准对接，逐步形成连接亚洲各次区域以及亚欧非之间的基础设施网络，为新型全球化框架下的国际经济合作提供硬件支撑。

“一带一路”基础设施联通包括交通、能源、通信等三个方面。交通基础设施联通，应依托“一带一路”大通道走向，以经济走廊为框架，以亚欧大陆铁路网建设为抓手，促进国际通关、换装、多式联运有机衔接，同步加快公路和铁路设施建设、航空互联互通、支点港口建设，从而串联起便捷高效的全球海上大通道。能源设施联通，应抢抓新一轮能源结构调整和能源技术革命，以“一带一路”能源合作为基础，不断完善和扩大油气互联通道建设，共同维护油气管道安全，积极推动传统能源资源贸易便利化，实现能源资源更大范围内的优化配置，推动全球绿色发展合作。通信基础设施联通，应加快欧亚陆地光缆向沿线国家的辐射，实现“一带一路”沿线国家全域的跨境电信设施联通，共同推进跨境光缆等通信干线网络建设，规划建设洲际海底光缆项目；同时，协调“一带一路”沿线国家

---

① 王颂吉，谷磊，苏小庆.“一带一路”引领新型全球化：变局研判与建设任务[J].西北大学学报(哲学社会科学版)，2019(2)：151－153.

电信网络技术标准的统一，提高信息传输的效率。

二、“支点城市建设”为新型全球化提供空间依托

城市是区域经济的增长极，可以通过集聚扩散效应带动周边区域发展，同时也是新型全球化和“一带一路”建设的空间依托。20 世纪 90 年代以来，Krugman（克鲁格曼）、Masahisa Fujita（藤田昌久）、Henderson（亨德森）等学者把地理因素引入经济学研究之中，论证了经济活动的空间集聚和分散问题，他们认为城市集聚建立在规模经济和市场作用的基础之上，可以在区域范围内产生溢出效应，因此应重视城市在区域经济发展中的作用。[①]“一带一路”跨越亚、欧、非三大洲，在如此广袤的地域范围内加强国际经济合作，必须充分发挥支点城市的辐射带动作用。[②]

“一带一路”支点城市建设的目标，是在加强支点城市建设的基础上，通过提升支点城市之间的分工合作水平，从空间上支撑起“一带一路”的主要线路和经济走廊，为推进新型全球化提供空间载体。要加强“一带一路”支点城市建设，我们认为应从以下三方面着力。一是明确各支点城市的功能定位。由于各支点城市在发展基础、产业结构、地理区位、交通设施、政策法规等方面存在很大的差异，不可能追求统一的发展模式，各支点城市应依托各自的比较优势明确功能定位，通过差异化、特色化路径来提升自身发展水平。二是发挥支点城市对城市群的带动作用。支点城市要实现可持续发展，必须同周边的中小城市、小城镇形成有效的协作关系：一方面，中小城市和小城镇可以向支点城市集聚优质生产要素；另一方面，支点城市能够辐射带动中小城市和小城镇的发展。在此基础上，以支点城市为中心的城市群内部可以逐步实现合理分工，从而全面提升区域经济社会发展水平。三是加强支点城市之间的分工合作。在推进各个支点中

---

① 冯俊新.经济发展与空间布局:城市化、经济集聚和地区差距[M].北京:中国人民大学出版社,2012:24－27.

② 王颂吉.丝绸之路经济带国内段中心城市产业合作研究:基于价值链分工视角[J].西北大学学报(哲学社会科学版),2016(6):89－96.

心城市建设的基础上，还应加强“一带一路”各线路及经济走廊上的支点城市之间的分工合作，通过价值链分工等多种方式构建“一带一路”支点城市发展轴，进而发挥支点城市发展轴对沿线区域的引领作用，逐步实现“一带一路”的大合作、大发展、大繁荣，推动形成开放、包容、均衡、普惠的新型全球化合作架构。

三、“产业分工合作”为新型全球化提供经济载体

产业分工合作是“一带一路”建设的核心内容，肩负着促进区域内国家产业转型、经济发展的重任，也是新型全球化的经济载体。中国与“一带一路”沿线国家在产业发展水平上存在梯度差异，为产业分工合作的实施提供了基础。通过加强“一带一路”产业分工合作，一方面可以推动中国实现产业转型升级，加快构建开放型经济新体制；另一方面能够满足于“一带一路”沿线发展中国家的产业发展需求，提升其产业发展水平。随着“一带一路”产业分工合作的深化，有望建立容纳更多的发展中国家、更加开放和优势互补的国际产业分工合作架构，推动“一带一路”沿线国家实现产业协同发展，逐步建成经济融合、互利共赢、发展成果共享的利益共同体和命运共同体，推进互利共赢的新型全球化。

当前“一带一路”产业分工合作的主要方式是国际产能合作，主要平台是中国同相关国家共建经贸产业园区。国际产能合作的前提是准确把握目标国家的发展需求、寻找合作契合点，以政府推动、企业主导、互利共赢为主要原则，实施项目带动，推动中国优质的产品和服务、先进的技术和标准“走出去”。国际产能合作的内容广泛，除帮助伙伴国家补齐产业短板之外，还应注重在传统产业升级、新兴产业开发等方面加强合作。境外经贸产业园区在“一带一路”产业分工中发挥着平台作用，是中国企业“走出去”的落脚点，也是带动当地产业集群式发展的火车头。在“一带一路”各类经贸产业园区内，应促进各类生产要素自由流通，为自由贸易区建设积累经验和基础。

四、“贸易投资便利化”为新型全球化提供营商环境

贸易投资便利化是对国际贸易投资制度、程序和规范的简化与协调，是实现“一带一路”国际区域经济合作的重要推动力，同时可以为推进新型全球化创造条件。“一带一路”沿线国家众多，各国贸易投资条件迥异，应当从战略上重视贸易投资便利化问题。“一带一路”沿线区域蕴含着巨大的贸易投资潜力，如果能够持续提高基础设施投资规模和效率，产生的效益将非常明显。2015 年 OECD 贸易便利化指标（TFI）显示，全面实施贸易便利化协定的国家贸易成本比仅实施最低要求的国家下降 1.4 ~3.9 个百分点，边境通关程序成本占总交易成本的 2% ~15%。[①] “一带一路”广大的中间区域大多属于发展中国家，市场化程度较低，贸易投资壁垒较多，如果各国共同降低贸易和投资成本，推进贸易投资便利化，则可以为促进“一带一路”沿线的国际区域经济合作创造良好的营商环境。

推进“一带一路”贸易投资便利化，应依照地缘空间和次序安排进行顶层设计，并采取相关措施来削减贸易投资壁垒。在空间范围上，应根据“一带一路”不同地域的贸易投资状况，逐步有针对性地推进泛中亚地区、亚洲地区、欧亚大陆的贸易投资便利化；在次序安排上，应优先与条件成熟的地区国家进行合作，不受地缘关系远近的限制。此外，提高贸易投资便利化还应从以下两方面措施着手：一方面，加强贸易投资便利化的机制化与能力建设，可以共同设立“一带一路”贸易投资便利化委员会，以此来协调各国在贸易投资便利化方面的措施，并落实各国领导人在各项国际会议上达成的促进贸易投资便利化的决定。另一方面，营造良好的贸易投资环境，各国协同合作加强制度建设，增强政策法规和行政程序的公开透明度，营造公开、透明的营商环境。

① 张建平，樊子嫣.“一带一路”国家贸易投资便利化状况及相关措施需求[J].国家行政学院学报，2016(1)：23 -29.

第三节 “一带一路”建设与构建人类命运共同体

构建人类命运共同体是推动世界和平与发展的中国方案。2013 年 3 月 23 日，习近平同志担任中国国家主席之后首次出访，他在莫斯科国际关系学院发表演讲时提出了“命运共同体”概念，指出“这个世界，各国相互联系、相互依存的程度空前加深，人类生活在同一个地球村里，生活在历史和现实交汇的同一个时空里，越来越成为你中有我、我中有你的命运共同体”。[①] 2015 年 9 月 28 日，习近平主席在第七十届联合国大会一般性辩论的讲话中，对“人类命运共同体”思想作了进一步阐发，提出“我们要继承和弘扬联合国宪章的宗旨和原则，构建以合作共赢为核心的新型国际关系，打造人类命运共同体”。[②] 2017 年 1 月 18 日，习近平主席在联合国日内瓦总部作了题为《共同构建人类命运共同体》的演讲，全面阐发了构建人类命运共同体的时代背景、基本遵循和具体内涵，阐明了推动世界和平与发展的中国方案，得到了国际范围内的广泛支持和赞同。

人类命运共同体，是指“每个民族、每个国家的前途命运都紧紧联系在一起，应该风雨同舟、荣辱与共，努力把我们生于斯、长于斯的这个星球建成一个和睦的大家庭，把世界各国人民对美好生活的向往变成现实”。[③] 简言之，人类命运共同体就是倡导世界各国携手推进和平与发展。“一带一路”是开放、包容、均衡、普惠的新型国际合作平台，其最终建设目标是推动世界构建人类命运共同体，换句话说，“一带一路”是推动构建人类命运共同体的重要实践平台。

---

① 习近平. 顺应时代前进潮流 促进世界和平发展——在莫斯科国际关系学院的演讲[N]. 人民日报,2013-03-24.

② 习近平. 携手构建合作共赢新伙伴,同心打造人类命运共同体(2015 年 9 月 28 日). 论坚持推动构建人类命运共同体[M]. 北京:人民出版社,2018:252-258.

③ 习近平. 携手建设更加美好的世界——在中国共产党与世界政党高层对话会上的主旨讲话[N]. 人民日报,2017-12-02.

一、构建人类命运共同体的时代背景

当今世界处于大发展大变革大调整时期，人类面临百年未有之变局。倡导构建人类命运共同体，是习近平总书记着眼于人类发展大局提出的旨在推动世界和平与发展的中国方案，其时代背景包括以下三方面内容。

一是全球联系日益紧密，人类命运休戚与共。近代以来，在历次工业革命和科技革命的推动下，人类社会创造了比以往任何时代都要丰富的物质财富和精神产品，人类的生活水平有了质的提升，世界人民对未来美好生活充满向往。信息化快速发展，全球基础设施日益联通，身处地球各个角落的人们可以实现即时通信，世界各国之间的经济、社会、信息、文化等全方位联系日益紧密，地球村变得越来越小，机遇与危险都可以快速蔓延。在此背景下，各国各地区、各民族各群体已经被紧密地联系在一起，利益彼此相关，命运休戚与共。

二是国际政治秩序不公正，冲突战乱频仍。冷战结束以来，大国之间的对抗趋缓，但冷战思维和强权政治依旧阴魂不散，国际政治秩序不公正的问题未得到根本解决。以美国为首的北约在军事上对俄罗斯步步紧逼，美国把中国作为假想敌实施所谓的“亚太再平衡战略”，大国之间缺乏有效的战略合作。美国作为当今世界唯一的超级大国，在全球范围内强推“普世价值”，肆意干涉他国内政，接连发动了阿富汗战争、伊拉克战争、利比亚战争。美国尽管通过不对称战争在多国强行实现了政权更迭，但这些国家在政权更迭之后反而更加动荡，在世界多极化和国际力量对比发生明显变化的今天，美国充当“全球警察”已显得力不从心。此外，地区冲突、民族摩擦、宗教矛盾时有激化，传统安全威胁未见有效缓解，恐怖主义、难民危机、网络安全、重大传染性疾病、气候变化等非传统安全威胁在全球范围内持续蔓延，世界并不太平。

三是国际经济秩序不合理，经济全球化面临波折。经济全球化发展到今天，一方面为世界经济增长提供了强劲动力，跨国公司通过全球生产网络把世界各地联系在一起，资本的全球流动创造了丰富的商品，提高了全人类的生活水平；另一方面也对世界经济增长造成了冲击，在不合理的国际经济旧秩序之下，全球经济治理体系改革滞后，欠发达国家从经济全球化中获益偏少，缺乏监管的金融资本在全球范围内引发金融危机，导致全球经济增长动力明显不足，世界经济面临的不确定性上升，经济全球化走到了十字路口。

在上述背景下，和平赤字、发展赤字、治理赤字成为摆在全人类面前的严峻挑战。在困难和挑战面前，单个国家或某几个国家既不能独善其身，也不可能通过“一国独霸”或“几方共治”解决全部问题。当今世界，各国相互依存、命运休戚相关，全人类的利益系于“你中有我、我中有你”的命运共同体之中，因此，各国需要携手应对挑战，以人类命运共同体理念构建新型国际秩序，推动经济全球化朝着更加开放、包容、普惠、平衡、共赢的正确方向发展。①

二、构建人类命运共同体的思想渊源

人类命运共同体理念是以习近平同志为代表的中国共产党人在马克思主义指导下，在认识和解决世界发展问题的过程中形成和发展起来的重要思想。马克思主义社会共同体思想、中国共产党历代领导人的国际战略思想、近代以来建立公正合理国际秩序的理念与实践、中国古代哲人的“大同”思想，共同构成了人类命运共同体理念的思想渊源。

（一）马克思主义社会共同体思想

马克思主义社会共同体思想为人类命运共同体理念提供了理论指南。社会共同体思想是马克思主义的重要组成部分，人类命运共同体理念是中国共产党人对马克思主义社会共同体思想的创造性发展。社会共同体是人们以血缘或社会关系为纽带联系起来所构成的集合体，随着生产力的不断发展，人类社会从原始社会向共产主义社会演进，其本质就是社会共同体

① 习近平. 携手推进“一带一路”建设——在“一带一路”国际合作高峰论坛开幕式上的演讲[N]. 人民日报,2017－05－15.

从低级向高级演进的过程。基于不同的生产力和生产关系，马克思区分了三种不同类型的社会共同体，即“人的依赖关系”时期的前资本主义社会共同体、“物的依赖关系”时期的资本主义社会共同体、“个人全面发展”时期的共产主义社会共同体。① 在生产力高度发展的基础上，“个人全面发展”的共产主义社会共同体是“自由人联合体”。共产主义社会的“自由人联合体”不再有阶级和阶级对立关系，每个人都是自由而全面发展的有个性的“自由人”，因此，人们构成了“真正的共同体”。共产党人的奋斗目标是实现共产主义，“自由人联合体”是人类社会的发展方向。

（二）中国共产党历代领导人的国际战略思想

人类命运共同体理念是对中国共产党历代领导人的国际战略思想的继承与发展。中国共产党历代领导人的国际战略思想，包括毛泽东的“永远不称霸”和“三个世界”思想、邓小平的当代世界主题和建立国际政治经济新秩序思想、江泽民推动建立公正合理的国际政治经济新秩序思想、胡锦涛的“和谐世界”思想，为人类命运共同体理念的形成提供了最直接的思想基础。②

毛泽东的“三个世界”思想。20 世纪 70 年代初，根据当时美苏争霸和世界发展形势，毛泽东提出了“三个世界”划分的战略思想。毛泽东指出：“美国、苏联是第一世界。中间派，日本、欧洲、澳大利亚、加拿大，是第二世界”；“亚洲除了日本，都是第三世界。整个非洲都是第三世界，拉丁美洲也是第三世界”；③ “我们是第三世界，我赞成第三世界的国家要互相帮助。第三世界人民要团结起来”。④ “三个世界”思想对于中国反对美苏霸权主义、开展同“第三世界”国家的友好合作提供了理论指导。

---

① 石云霞. 马克思社会共同体思想及其发展[J]. 中国特色社会主义研究,2016(1):23 – 25.

② 石云霞. 习近平人类命运共同体思想科学体系研究[J]. 中国特色社会主义研究,2018(2):19.

③ 毛泽东. 关于三个世界划分问题(1974 年 2 月 22 日)[M]//毛泽东文集:第 8 卷. 北京:人民出版社,1996:441 – 442.

④ 毛泽东. 关于国际问题几次谈话的要点(1974 年)[M]//建国以来毛泽东文稿:第 13 册. 北京:人民出版社,1998:418.

邓小平建立国际政治经济新秩序的思想。20 世纪 80 年代，邓小平根据当时国际形势的新发展，作出了“和平与发展成为当代世界的两大问题”的科学论断，进一步提出“世界上现在有两件事情要同时做，一个是建立国际政治新秩序，一个是建立国际经济新秩序”;① “考虑国与国之间的关系主要应该从国家自身的战略利益出发。着眼于自身长远的战略利益，同时也尊重对方的利益，而不去计较历史的恩怨，不去计较社会制度和意识形态的差别，并且国家不分大小强弱都相互尊重，平等相待。这样，什么问题都可以妥善解决”。② 邓小平关于当今世界主题和建立国际政治经济新秩序的思想，对于中国开展改革开放、推进世界和平与发展产生了重要的指导作用。

江泽民推动建立公正合理的国际政治经济新秩序思想。20 世纪 90 年代到 21 世纪初，江泽民进一步发展了国际政治经济新秩序思想，他在党的十六大报告中针对“不公正不合理的国际政治经济旧秩序没有根本改变”的现实，倡导建立包含以下内容的国际政治经济新秩序:“各国政治上应相互尊重，共同协商，而不应把自己的意志强加于人；经济上应相互促进，共同发展，而不应造成贫富悬殊；文化上应相互借鉴，共同繁荣，而不应排斥其他民族的文化；安全上应相互信任，共同维护，树立互信、互利、平等和协作的新安全观，通过对话和合作解决争端，而不应诉诸武力或以武力相威胁。反对各种形式的霸权主义和强权政治”，同时进一步强调“中国永远不称霸，永远不搞扩张”。③

胡锦涛的“和谐世界”思想。胡锦涛在建立国际政治经济新秩序思想的基础上，在党的十七大报告中进一步提出推动建设持久和平、共同繁荣的和谐世界，他指出“应该遵循联合国宪章宗旨和原则，恪守国际法和公认的国际关系准则，在国际关系中弘扬民主、和睦、协作、共赢精神。政

① 邓小平. 邓小平文选:第 3 卷[M]. 北京:人民出版社,1993:282.

② 邓小平. 邓小平文选:第 3 卷[M]. 北京:人民出版社,1993:330.

③ 江泽民. 全面建设小康社会,开创中国特色社会主义事业新局面——在中国共产党第十六次全国代表大会上的讲话(2002 年 11 月 8 日)[M]//改革开放三十年重要文献选编. 北京:中央文献出版社,2008:1264.

治上相互尊重、平等协商，共同推进国际关系民主化；经济上相互合作、优势互补，共同推动经济全球化朝着均衡、普惠、共赢方向发展；文化上相互借鉴、求同存异，尊重世界多样性，共同促进人类文明繁荣进步；安全上相互信任、加强合作，坚持用和平方式而不是战争手段解决国际争端，共同维护世界和平稳定；环保上相互帮助、协力推进，共同呵护人类赖以生存的地球家园”，并指出“当代中国同世界的关系发生了历史性变化，中国的前途命运日益紧密地同世界的前途命运联系在一起”，“中国发展离不开世界，世界繁荣稳定也离不开中国”。① 上述思想论断，为中国共产党人进一步提出人类命运共同体理念提供了基础。

（三）近代以来建立公正合理国际秩序的理念与实践

近代以来，为争夺丰厚的物质利益和有利的国际地位，人类经历了两次残酷的世界大战，经历了不可计数的地区冲突，经历了剑拔弩张的冷战，为推动世界和平与发展，一代代杰出的政治家为建立公正合理的国际秩序付出了艰辛努力，积累了一系列国际公认的基本原则。习近平主席 2017 年 1 月 18 日在联合国日内瓦总部的演讲中指出：“从三百六十多年前《威斯特伐利亚和约》确立的平等和主权原则，到一百五十多年前日内瓦公约确立的国际人道主义精神；从七十多年前联合国宪章明确的四大宗旨和七项原则，到六十多年前万隆会议倡导的和平共处五项原则，国际关系演变积累了一系列公认的原则。这些原则应该成为构建人类命运共同体的基本遵循”。②

（四）中国古代哲人的“大同”思想

中国古代儒家“大同”思想有着深刻丰富的内涵，为人类命运共同体

---

① 胡锦涛. 高举中国特色社会主义伟大旗帜，为夺取全面建设小康社会新胜利而奋斗——在中国共产党第十七次全国代表大会上的讲话（2007 年 10 月 15 日）［M］//改革开放三十年重要文献选编. 北京：中央文献出版社，2008：1736－1738.

② 习近平. 共同构建人类命运共同体（2017 年 1 月 18 日）［M］//论坚持推动构建人类命运共同体. 北京：人民出版社，2018：416.

理念提供了思想滋养。中国古代先秦时期社会动荡不安，儒家、墨家等提出了对于天下太平的理想社会的设想，尤以儒家“大道之行也，天下为公”的大同思想为其代表，成为“天下为公”的大同思想的源头，对后世产生了深远影响。儒家创始人孔子提出了“博施济众”“老安少怀”的主张，倡导积极帮助人民解除苦难，这成为中国古代大同思想的发端。① 孟子倡导“出入相友，守望相助，疾病相扶持”。墨家提出了“兼相爱，交相利”“尚同”“非攻”的思想，希望以此实现天下太平，这对中国古代大同思想的形成和发展产生了重要影响。

《礼记》约成书于战国末年或秦汉之际，是儒家托名孔子答问的著作。在《礼记·礼运篇》中，作者提出了对于大同社会的设想：“大道之行也，天下为公，选贤与能，讲信修睦。故人不独亲其亲，不独子其子；使老有所终，壮有所用，幼有所长，矜、寡、孤、独、废疾者皆有所养，男有分，女有归。货，恶其弃于地也，不必藏于己；力，恶其不出于身也，不必为己。是故谋闭而不兴，盗窃乱贼而不作，故外户而不闭，是谓大同。”在大同社会中，政治上选贤任能，人人平等，没有战争和倾轧；经济上人人参与生产劳动，并以此为乐；社会生活中人们和睦相处，每个人都有合适的归宿。《礼记·礼运篇》中的大同思想，是以儒家思想为基础，同时在吸收先秦诸子关于理想社会设想的基础上而形成的，反映了中国古代哲人对美好社会的向往和追求，为后世思想家所继承和发展，对人类命运共同体理念具有重要的思想启发意义。

三、构建人类命运共同体的内涵与本质

从本质上讲，人类命运共同体理念就是回答“建设什么样的世界，如何建设这一世界”的问题，同时也是回答“建设什么样的国际秩序，如何建设这一国际秩序”的问题，是倡导国际社会携手推进世界和平与发展的

---

① 彭明. 从空想到科学——中国社会主义思想发展的历史考察[M]. 北京：中国人民大学出版社，1991：25.

中国方案。从和平维度看，人类命运共同体倡导建立平等公正的国际政治新秩序，维护世界持续和平、交流互鉴与普遍安全；从发展维度看，人类命运共同体倡导建立互利共赢的国际经济新秩序，促进世界共同繁荣和清洁美丽。

构建人类命运共同体，就是推动国际社会从伙伴关系、安全格局、经济发展、文明交流、生态建设等方面共同努力，建设持久和平、普遍安全、共同繁荣、开放包容、清洁美丽的世界：① 一是坚持对话协商，建设一个持久和平的世界；二是坚持共建共享，建设一个普遍安全的世界；三是坚持合作共赢，建设一个共同繁荣的世界；四是坚持交流互鉴，建设一个开放包容的世界；五是绿色低碳，建设一个清洁美丽的世界。这“五个世界”，阐释了人类命运共同体的核心内涵，涵盖和平与发展两个主题，涉及国际政治、经济、社会、文化、生态环境各个方面，构成了一个逻辑严密、内涵深刻、外延周全的有机整体，系统回答了“建设什么样的世界，如何建设这一世界”的问题。

构建人类命运共同体，“需要世界各国人民普遍参与”“努力把我们生于斯、长于斯的这个星球建成一个和睦的大家庭，把世界各国人民对美好生活的向往变成现实”“应该坚持你好我好大家好的理念，推进开放、包容、普惠、平衡、共赢的经济全球化”。此外，“构建人类命运共同体是一个历史过程，不可能一蹴而就，也不可能一帆风顺，需要付出长期艰辛的努力”。② 以上论述，实际上回答了“建设什么样的国际秩序，如何建设这一国际秩序”的问题，倡导世界各国人民通过共同构建人类命运共同体，建立平等公正、互利共赢的国际政治经济新秩序。因此可以说，人类命运共同体理念是推动世界和平与发展、建立公正合理的国际政治经济新秩序的中国方案。

---

① 习近平. 共同构建人类命运共同体(2017 年 1 月 18 日)[M]//论坚持推动构建人类命运共同体. 北京：人民出版社，2018：418－422.

② 习近平. 携手建设更加美好的世界(2017 年 12 月 1 日)[M]//论坚持推动构建人类命运共同体. 北京：人民出版社，2018：508－516.

专栏8-3

构建人类命运共同体的背景与内涵

人类正处在大发展大变革大调整时期。世界多极化、经济全球化深入发展，社会信息化、文化多样化持续推进，新一轮科技革命和产业革命正在孕育成长，各国相互联系、相互依存，全球命运与共、休戚相关，和平力量的上升远远超过战争因素的增长，和平、发展、合作、共赢的时代潮流更加强劲。

同时，人类也正处在一个挑战层出不穷、风险日益增多的时代。世界经济增长乏力，金融危机阴云不散，发展鸿沟日益突出，兵戎相见时有发生，冷战思维和强权政治阴魂不散，恐怖主义、难民危机、重大传染性疾病、气候变化等非传统安全威胁持续蔓延。

让和平的薪火代代相传，让发展的动力源源不断，让文明的光芒熠熠生辉，是各国人民的期待，也是我们这一代政治家应有的担当。中国方案是：构建人类命运共同体，实现共赢共享。

理念引领行动，方向决定出路。纵观近代以来的历史，建立公正合理的国际秩序是人类孜孜以求的目标。从360多年前《威斯特伐利亚和约》确立的平等和主权原则，到150多年前日内瓦公约确立的国际人道主义精神；从70多年前联合国宪章明确的四大宗旨和七项原则，到60多年前万隆会议倡导的和平共处五项原则，国际关系演变积累了一系列公认的原则。这些原则应该成为构建人类命运共同体的基本遵循。

大道至简，实干为要。构建人类命运共同体，关键在行动。我认为，国际社会要从伙伴关系、安全格局、经济发展、文明交流、生态建设等方面作出努力。

——坚持对话协商，建设一个持久和平的世界。国家和，则世界安；国家斗，则世界乱。从公元前的伯罗奔尼撒战争到两次世界大战，再到延续40余年的冷战，教训惨痛而深刻。“前事不忘，后事之师。”我们的先辈建立了联合国，为世界赢得了70余年相对和平。我们要完善机制和手段，更好化解纷争和矛盾、消弭战乱和冲突。瑞士作家、诺贝尔文学奖获得者黑塞说：“不应为战争和毁灭效劳，而应为和平与谅解服务。”国家之间要构建对话不对抗、结伴不结盟的伙伴关系。大国要尊重彼此核心利益和重大关切，管控矛盾分歧，努力构建不冲突不对抗、相互尊重、合作共赢的新型关系。只要坚持沟通、真诚相处，“修昔底德陷阱”就可以避免。大国对小国要平等相待，不搞唯我独尊、强买强卖的霸道。任何国家都不能随意发动战争，不能破坏国际法治，不能打开潘多拉的盒子。核武器是悬在人类头上的“达摩克利斯之剑”，应该全面禁止并最终彻底销毁，实现无核世界。要秉持和平、主权、普惠、共治原则，把深海、极地、外空、互联网等领域打造成各方合作的新疆域，而不是相互博弈的竞技场。

——坚持共建共享，建设一个普遍安全的世界。世上没有绝对安全的世外桃源，一国的安全不能建立在别国的动荡之上，他国的威胁也可能成为本国的挑战。邻居出了问题，不能光想着扎好自家篱笆，而应该去帮一把。“单则易折，众则难摧。”各方应该树立共同、综合、合作、可持续的安全观。近年来，在欧洲、北非、中东发生的恐怖袭击事件再次表明，恐怖主义是人类公敌。反恐是各国共同义务，既要治标，更要治本。要加强协调，建立全球反恐统一战线，为各国人民撑起安全伞。当前，难民数量已经创下第二次世界大战结束以来的历史纪录。危机需要应对，根源值得深思。如果不是有家难归，谁会颠沛流离？联合国难民署、国际移民组织等要发挥统筹协调作用，动员全球力量有效应对。中国决定提供2亿元人民币新的人道援助，用于帮助叙利亚难民和流离失所者。恐怖主义、难民危机等问题都同地缘冲突密切相关，化解冲突是根本之策。当事各方要通过协商谈判，其他各方应该积极劝和促谈，尊重联合国发挥斡旋主渠道作用。禽流感、埃博拉、寨卡等疫情不断给国际卫生安全敲响警钟。世界卫生组织要发挥引领作用，加强疫情监测、信息沟通、经验交流、技术分享。国际社会应该加大对非洲等发展中国家卫生事业的支持和援助。

——坚持合作共赢，建设一个共同繁荣的世界。发展是第一要务，适用于各国。各国要同舟共济，而不是以邻为壑。各国特别是主要经济体要加强宏观政策协调，兼顾当前和长远，着力解决深层次问题。要抓住新一轮科技革命和产业变革的历史性机遇，转变经济发展方式，坚持创新驱动，进一步发展社会生产力、释放社会创造力。要维护世界贸易组织规则，支持开放、透明、包容、非歧视性的多边贸易体制，构建开放型世界经济。如果搞贸易保护主义、画地为牢，损人不利己。经济全球化是历史大势，促成了贸易大繁荣、投资大便利、人员大流动、技术大发展。本世纪初以来，在联合国主导下，借助经济全球化，国际社会制定和实施了千年发展目标和2030年可持续发展议程，推动11亿人口脱贫，19亿人口获得安全饮用水，35亿人口用上互联网等，还将在2030年实现零贫困。这充分说明，经济全球化的大方向是正确的。当然，发展失衡、治理困境、数字鸿沟、公平赤字等问题也客观存在。这些是前进中的问题，我们要正视并设法解决，但不能因噎废食。我们要从历史中汲取智慧。历史学家早就断言，经济快速发展使社会变革成为必需，经济发展易获支持，而社会变革常遭抵制。我们不能因此踟蹰不前，而要砥砺前行。我们也要从现实中寻找答案。2008年爆发的国际金融危机启示我们，引导经济全球化健康发展，需要加强协调、完善治理，推动建设一个开放、包容、普惠、平衡、共赢的经济全球化，既要做大蛋糕，更要分好蛋糕，着力解决公平公正问题。去年9月，二十国集团领导人杭州峰会聚焦全球经济治理等重大问题，通过《创新增长蓝图》，首次将发展问题纳入全球宏观政策框架，并制定了行动计划。

——坚持交流互鉴，建设一个开放包容的世界。“和羹之美，在于合异。”人类文明多样性是世界的基本特征，也是人类进步的源泉。世界上有200多个国家和地区、2500多个民族、多种宗教。不同历史和国情，不同民族和习俗，孕育了不同文明，使世界更加丰富多彩。文明没有高下、优劣之分，只有特色、地域之别。文明差异不应该成为世界冲突的根源，而应该成为人类文明进步的动力。每种文明都有其独特魅力和深厚底蕴，都是人类的精神瑰宝。不同文明要取长补短、共同进步，让文明交流互鉴成为推动人类社会进步的动力、维护世界和平的纽带。

——坚持绿色低碳，建设一个清洁美丽的世界。人与自然共生共存，伤害自然最终将伤及人类。空气、水、土壤、蓝天等自然资源用之不觉，失之难续。工业化创造了前所未有的物质财富，也产生了难以弥补的生态创伤。我们不能吃祖宗饭、断子孙路，用破坏性方式搞发展。绿水青山就是金山银山。我们应该遵循天人合一、道法自然的理念，寻求永续发展之路。我们要倡导绿色、低碳、循环、可持续的生产生活方式，平衡推进2030年可持续发展议程，不断开拓生产发展、生活富裕、生态良好的文明发展道路。《巴黎协定》的达成是全球气候治理史上的里程碑。我们不能让这一成果付诸东流。各方要共同推动协定实施。中国将继续采取行动应对气候变化，百分之百承担自己的义务。

资料来源：习近平．共同构建人类命运共同体（2017年1月18日）．论坚持推动构建人类命运共同体［M］．北京：人民出版社，2018：414－426.

四、“一带一路”是推动构建人类命运共同体的实践平台

对于“一带一路”与“人类命运共同体”的关系，习近平主席2017年5月15日在“一带一路”国际合作高峰论坛圆桌峰会上的开幕词中指出：“在‘一带一路’建设国际合作框架内，各方秉持共商、共建、共享原则，携手应对世界经济面临的挑战，开创发展新机遇，谋求发展新动力，拓展发展新空间，实现优势互补、互利共赢，不断朝着人类命运共同体方向迈进。这是我提出这一倡议的初衷，也是希望通过这一倡议实现的最高目标。”① 2017年12月1日，习近平总书记在中国共产党与世界政党高层对话会上的主旨讲话中，进一步指出：“我提出‘一带一路’倡议，就是要实践人类命运共同体理念。”② 由此可见，“一带一路”建设是推动

① 习近平．开辟合作新起点，谋求发展新动力（2017年5月15日）．习近平谈“一带一路”［M］．北京：人民出版社，2018：193－194.

② 习近平．携手建设更加美好的世界（2017年12月1日）．论坚持推动构建人类命运共同体［M］．北京：人民出版社，2018：510.

构建人类命运共同体的实践平台，“一带一路”建设有助于维护世界和平、促进世界发展，从而逐步推动构建人类命运共同体。

（一）“一带一路”维护世界和平

人类命运共同体的“和平”维度包含三个层面的内容：一是加强国家之间的对话协商，化解国家之间的纷争矛盾，消弭国家之间的战乱冲突等传统安全威胁；二是加强国际安全合作，携手应对恐怖主义、难民危机、重大疫情等非传统安全威胁；三是加强文明之间的交流互鉴，实现不同民族、宗教和谐共生。“一带一路”建设通过政策沟通和民心相通，有助于维护世界和平。

1. 加强战略对接与政策沟通，促进世界和平与安全

政策沟通是“一带一路”建设的首要内容，也是“一带一路”建设顺利推进的前提和重要保障。通过加强战略对接和政策沟通，“一带一路”沿线国家和地区可以构建有效的政治交流合作机制，加强彼此之间的政治互信，这对于促进世界和平与安全具有重要作用。一方面，“一带一路”政策沟通有助于沿线国家彼此尊重核心利益和重大关切，互相管控已有矛盾和潜在分歧，逐步构建平等互利、和平共处的新型伙伴关系，向公正合理的国际政治新秩序迈进，建设一个持久和平的世界；另一方面，“一带一路”政策沟通有助于沿线国家共同应对全球安全威胁，通过建立安全协作机制，全球共同打击恐怖主义、携手解决难民危机、合作处置重大疫情，建设一个普遍安全的世界。

2. 加强文明交流与民心相通，促进世界开放与包容

世界上存在多种宗教，每种宗教有不同教派，全球有 200 多个国家（地区）、2500 多个民族，不同的宗教、教派、国家（地区）、民族孕育了不同的文明，文明差异既使世界丰富多彩，也在很大程度上导致了纷争与冲突。美国政治学家塞缪尔·亨廷顿认为不同文明之间存在“断层线”，冷战之后世界冲突的基本根源不再是意识形态，而是“文明的冲突”。几个世纪以来，文明相异尽管并非必然引发暴力冲突，但不同文明之间的差

异确实是导致世界冲突不断的重要原因。[①] 要维护世界和平、构建国际政治新秩序，必须对各文明平等相待，彼此尊重文明差异，加强不同文明之间的对话、交流与互鉴。“一带一路”倡导民心相通，通过在“一带一路”沿线国家加强文化交流、人文合作、民众往来，可以使“文明冲突”转变为“文明互鉴”，建设一个开放包容的和平世界。

（二）“一带一路”促进世界发展

人类命运共同体的“发展”维度包含三个层面的内容：一是加强创新驱动和结构性改革，增强世界经济发展活力，做大世界经济的蛋糕；二是加强国际产能合作，增强世界经济发展的包容性，分好世界经济的蛋糕；三是加强全球范围内的生态保护和环境治理，实现人与自然和谐共生。“一带一路”建设通过加强设施联通、贸易畅通、资金融通，建设绿色丝绸之路，有助于增强世界经济发展动力，提升世界经济发展的包容性，促进世界可持续发展。

1. 加强设施联通、贸易畅通、资金融通，增强世界经济发展动力

受美国次贷危机和欧债危机等因素的影响，近年来，发达国家经济增长低迷，带动全球贸易投资的活力不足。金砖国家等新兴经济体的经济增长速度尽管大都高于发达国家，但单纯依靠新兴经济体难以持续拉动世界经济增长。在此背景下，世界各国都认识到了通过加强合作促进经济发展的必要性，亟须在全球范围内共同构建新的经济增长区域，建设“一带一路”就成为必然选择。以丝绸之路经济带为例，丝绸之路经济带东边始于经济繁荣的日本、韩国和中国东部沿海地区，西边直到经济发达的欧盟经济圈，中间则在中亚和中国西部地区形成了一个经济凹陷区域。从资源禀赋、产业基础、政策扶持等条件来看，这一凹陷区域具有广阔的经济增长空间。近年来，中国不断加大对西部地区的扶持和投入力度，西部基础设施建设和经济社会发展水平有了明显进步，具备向东承接产业转移和向西

---

① ［美］塞缪尔·亨廷顿. 文明的冲突与世界秩序的重建［M］. 北京：新华出版社，2010.

扩大开放的条件。与中国西部毗邻的俄罗斯、中亚地区拥有丰富的石油、天然气、有色金属等矿产资源，采矿业、冶金业和加工业发达，吸引国外投资的规模不断扩大。基于此，通过中国、俄罗斯、中亚及周边国家共建丝绸之路经济带，一方面可以推动中国西部地区及泛中亚经济圈的经济增长，提升该区域的经济发展水平；另一方面可以形成横贯亚欧、繁荣发达的带状经济合作区域，对于推动全球经济增长具有重大意义。① 设施联通、贸易畅通、资金融通是"一带一路"建设的重点内容，其中基础设施互联互通可以为经济增长提供硬件支撑，贸易投资便利化可以为国际经济合作营造良好的营商环境，资金融通则可以为国际产能合作提供资金支持，这对于增强世界经济发展动力具有积极作用。

2. 加强经济分工协作，促进世界经济发展收益共享

在西方国家主导的传统全球化模式下，发达国家和金融资本获得了绝大部分收益，欠发达国家和普通劳动者则获益较少，这反映了传统全球化的包容性不足。习近平主席在2017年世界经济论坛年会开幕式上提到，世界最富有的1%人口拥有的财富量超过其他99%人口的总和，全球仍有7亿多人口生活在极端贫困之中。② 从图8－1中可以看出，北美地区2015年人均国民总收入（GNI）高达55146美元，而南亚地区仅为1537美元，撒哈拉以南非洲地区为1637美元，地区发展存在鸿沟。因此，构建互利共赢的合作模式、推动区域乃至全球经济协同联动发展显得尤为迫切。改革开放40多年来，中国通过融入经济全球化快速成长为经济大国，这一方面使自身7亿多人口摆脱了贫困，另一方面为世界其他国家的经济发展创造了巨大机遇，并且为发展中国家提供了有益的经验借鉴。中国在构建开放型经济新格局的过程中，欢迎各国搭乘中国发展的"便车"和"快车"，"一带一路"倡议正是在这一背景下应运而生。"一带一路"秉持共商、共

---

① 白永秀，王颂吉. 丝绸之路经济带：中国走向世界的战略走廊[J]. 西北大学学报(哲学社会科学版)，2014(4)：33－34.

② 习近平. 共担时代责任，共促全球发展——在世界经济论坛2017年年会开幕式上的主旨演讲(2017年1月17日)[N]. 人民日报，2017－01－18(3).

建、共享原则，旨在打造开放、包容、均衡、普惠的新型国际合作平台，有助于形成互利共赢的新型国际经济关系和国际经济新秩序。“一带一路”建设在各方平等协商、兼顾各方利益、发挥各方优势的基础上，沿线国家发展将更为平衡、发展机会和发展成果分享更为均等，逐步结为利益共同体、命运共同体和责任共同体，推动新型全球化朝着互利共赢的正确方向发展，建设共同繁荣的世界。

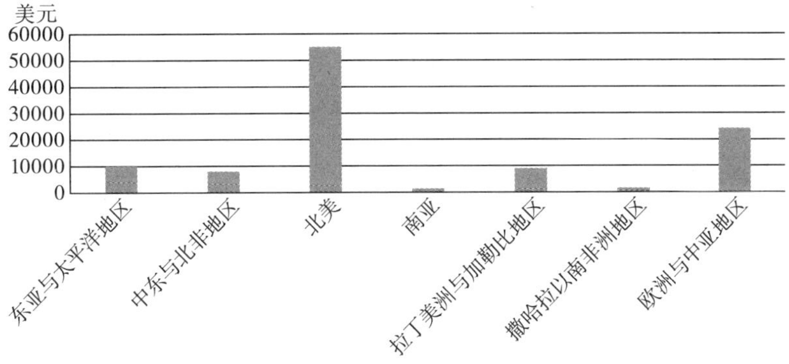

图 8－1 世界不同地区 2015 年人均国民总收入（GNI）情况

资料来源：世界银行数据库，http：//data. worldbank. org. cn/country。

“一带一路”沿线国家协同发展的实现，有赖于构建互联互通网络。“一带一路”建设的初衷，是加强亚欧非大陆及附近海洋的互联互通。“一带一路”互联互通，包括基础设施、制度规章、人员交流“三位一体”，政策沟通、设施联通、贸易畅通、资金融通、民心相通五大领域“齐头并进”,[①] 目标是形成全方位、立体化的互联互通网络。互联互通是“一带一路”沿线国家协同发展的基础条件。依托互联互通，“一带一路”沿线国家可以充分发挥优势、发掘潜力，推进战略对接和产能合作，在全球供应链、产业链、价值链中占据有利位置，把“丝路资源、丝路制造、丝路储蓄、丝路工厂”提升为“丝路价值、丝路创造、丝路投资、丝路市场”，

① 习近平. 联通引领发展 伙伴聚焦合作——在“加强互联互通伙伴关系”东道主伙伴对话会上的讲话(2014 年 11 月 8 日)[N]. 人民日报,2014－11－09(2).

从而推动沿线国家协同实现现代化。①

3. **建设绿色丝绸之路，促进世界清洁美丽**

“一带一路”沿线的中国西部、中亚、西亚等地区生态环境脆弱，在经济发展过程中必须注重生态保护和环境治理，实现人与自然协调发展。2017 年 5 月 10 日，推进“一带一路”建设工作领导小组办公室发布的《共建“一带一路”：理念、实践与中国的贡献》文件中强调，中国致力于建设“绿色丝绸之路”。在“一带一路”建设过程中，中国将同沿线国家共同分享中国在生态修复、环境治理、污染防治等领域的理念、实践和技术，用绿色发展新理念指导“一带一路”各领域合作。与此同时，中国将在“一带一路”建设过程中切实履行应对气候变化等国际责任，推动建设绿色低碳、清洁美丽的世界。

---

① 王颂吉，何昊.“一带一路”经济学的理论渊源与研究框架[J]. 兰州大学学报(社会科学版)，2017(3)：12－13.

第九章　新时代中国与世界合作重构

当今世界处于大变革大调整之中，中国面临百年未有之大变局。新时代中国经济崛起的过程将集中表现为依托新科技革命推进产业升级，这将对国际产业分工格局产生深刻影响。与此同时，积极推进国际治理格局变革，是以中国为代表的新兴经济体引领经济全球化向前发展的重要载体，这必然带动国际经济秩序向朝着更加公正合理的方向演进。

第一节　中国与国际产业分工格局重构

新技术革命将通过技术创新和技术扩散，引导要素在各行业之间得到重新配置，有助于提高要素配置效率、改善企业组织模式，从而促进产业结构升级。中国应依托新科技革命加快推动产业升级和价值链攀升，实现国际分工格局重构。

一、新科技革命对产业发展及国际分工的影响

美国次贷危机和欧盟债务危机导致全球经济增长乏力，各国政界实业界人士及专家学者都力图通过一场技术革命摆脱危机、推动经济增长以及增强国际竞争力。2009 年起，美国、欧盟、日本、俄罗斯等主要经济体相继制定了科技创新和新兴产业发展战略，中国也紧随其后，于 2015 年 5 月发布了“中国制造 2025”计划（见表 9 – 1）。

表 9－1　主要经济体推动新一轮科技和产业革命的政策概况

经济体	战略名称	发布时间	战略主要内容	政策措施
美国	重振制造业战略	2009 年	促进清洁能源、生物工程、航空和空间技术、纳米技术、智能电网及节能环保等领域的研发创新和产业发展，将清洁能源、先进交通工具、健康信息技术等作为国家创新优先计划	七个方面：为工人提供获取劳动技能的机会，对新技术研发进行大规模投资，为制造业建立有效融资市场，促进社区和工厂集聚创新，对先进交通基础设施进行投资，确保出口商进入国外市场，改善制造业的整体商业环境
欧盟	欧洲 2020 战略	2010 年	三大重点：实现以知识和创新为基础的智能增长，实现以发展绿色经济、提高竞争力为主的可持续增长，实现以促进就业和社会融合为主的包容性增长	七大旗舰计划：创新联盟，流动青年，欧洲数字化议程，能效欧洲，全球化时代的工业政策，新技能和新职业议程，欧洲反贫困平台
日本	“日本再生”战略	2012 年	四个重点：节能环保、健康医疗、农业渔业、中小企业。节能环保是重中之重	推动电力投资，促进汽车、交通、住房、城镇发展、医疗等领域技术创新；推广使用可再生能源，使电力供给逐步分散化；推动医疗设备、医药及医疗服务业快速发展，提高机器人技术在医疗领域的运用
俄罗斯	2020 年前俄罗斯创新发展战略	2011 年	五项任务：发展基础科学研究；在科技发展优先方向建立前沿性科技储备；统筹科技研发部门发展，促进科学和教育结合；构建科技研发部门现代化的技术装备等基础设施；保障俄罗斯研发部门与国际科技平台接轨	支持创新型企业，培养创新型人才，建立创新型国家，走向全球化发展，强化创新基础设施，构建科研创新机制等

续表

经济体	战略名称	发布时间	战略主要内容	政策措施
中国	中国制造 2025	2015 年	通过信息化和工业化两化深度融合发展，按照“三步走”战略来实现从制造业大国向制造业强国转变	五大工程：制造业创新中心建设工程、工业强基工程、智能制造工程、绿色制造工程、高端装备创新工程。十大重点领域：新一代信息技术、高档数控机床和机器人、航天航空装备、海洋工程装备及高技术船舶、先进轨道交通装备、节能与新能源汽车、电力装备、新材料、生物医药及高性能医疗器械、农业机械装备

资料来源：杨长湧．新一轮科技革命发展趋势及其对世界经济格局的影响［J］．全球化，2018（8）：25－38；国务院．中国制造 2025［M］．北京：人民出版社，2015.

在全球主要经济体的科技创新和新兴产业发展战略支撑下，以信息技术为核心的新一轮科技革命在全球范围内孕育而兴。除发达国家的战略取向之外，全人类共同应对全球性危机、关系可持续发展的重大需求，也是推动新科技革命的重要动因。[①] 依据技术创新和产业发展的周期规律，这次新科技革命中具有创新性革新的技术和产业有望从 2020 起实现巨大突破，这也就意味着世界产业结构将逐渐产生深刻变化。接下来，我们一方面从要素优化配置、企业组织创新等领域的变革来阐释新科技革命对产业发展的影响，另一方面从跨国公司布局及全球价值链视角来论述新科技革命对国际产业分工的影响。

（一）新科技革命对产业发展的影响

历次科技革命对产业变革的影响通常是线性推进关系，然而新科技革命与以往不同，它与产业变革之间呈现出更加复杂的互动关系，而不仅仅是简单的线性推进。[②] 新科技革命对产业变革的影响体现在：一方面，新

① 姜江. 对新一轮产业革命内涵和特征的几点认识[J]. 中国经贸导刊,2013(7):53－54.

② 赵若玺,徐治立. 新科技革命会带来什么样的产业变革[J]. 人民论坛,2017(5):83－85.

科技革命可以改造传统生产模式和服务业态，在互联网和智能制造技术的支撑下，传统制造业的产品研发设计、生产制造、营销售后等环节将得到全面提升，推动制造业由大批量标准化生产转变为以智能化个性化定制生产，重塑制造业全球价值链；另一方面，在新技术革命的推动下，互联网和智能制造技术可以打破制造业与服务业的界限，实现制造业与服务业融合发展。① 熊彼特的科学主义理论把经济的快速发展归因于科技进步，而当代经济学家埃德蒙·费尔普斯认为，创新是一国经济持续而迅猛增长的源泉。② 技术进步是推动产业结构优化升级的最直接和最重要因素，通过技术创新和技术扩散，要素在各行业之间得到重新配置，有助于提高要素配置效率、改善企业组织模式，从而促进产业结构升级。

1. 要素优化配置

生产活动中涉及的要素大致可分为两类，一类是劳动力、土地、资本等初级要素，另一类是知识、技术、信息等高级要素。③ 新科技革命对产业发展的推动路径，主要是由学习模仿逐步转为自主设计、研发创新以及知识生产，其本质是促进高级要素密集型产业的创新渗透到初级要素密集型产业之中，进而驱动后者转型升级，最终形成高级要素、初级要素密集型产业协同发展的格局，并且以此为基础实现整体经济的创新驱动发展。④ 在新科技革命背景下，科技创新驱动经济增长并非简单地提高了经济增长效率，更重要的是借助于知识资本、人力资本、激励创新制度等高级要素的重新配置来实现经济增长，在很大程度上体现为科技成果在生产、商业领域的应用与扩散。⑤ 在新科技革命时代，知识、技术、信息、数据等高级要素将代替农业与工业经济时代的土地、资金、劳动力等初级要素，成

---

① 易信. 新一轮科技革命和产业变革趋势、影响及对策[J]. 中国经贸导刊,2018(10):47－49.

② [美]丹尼尔·贝尔. 后工业社会的来临——对社会预测的一项探索[M]. 北京:新华出版社,1997.

③ [美]迈克尔·波特. 国家竞争优势[M]. 李明轩,邱如美,译. 北京:中信出版社,2007.

④ 韩江波,李超. 产业升级的要素配置效应:国际案例与中国选择[J]. 经济学家,2013(5):49－50.

⑤ 施筱勇. 创新驱动经济体的三大特征及其政策启示[J]. 中国软科学,2015(2):44－46.

为经济增长的主导性生产要素。专栏9－1展示了新科技革命时代要素配置可能会出现的变化。

专栏9－1

第四次工业革命（新科技革命）下要素配置的变化

信息、数据等既属于知识性要素的具体形态，又是知识性要素的基本元素，其知识和智力密集型程度更高，并具有易复制性、零边际成本、非损耗等特性。一方面，信息、知识、数据等自身价值含量高，能够作为独立的生产要素进入到生产、流动、消费等经济各领域、各环节，以促进创新和效率提升，成为第四次工业革命的关键要素以及基础性与战略性资源。这些知识、智力密集型程度更高的新生产要素具有易复制性、零边际成本、非损耗等特性，并能形成强大的溢出效应，能够作为独立的生产要素进入生产、流通、消费等经济各领域、各环节，以促进创新和效率提升。

同时，信息、知识、数据等生产要素不但自身价值含量高，而且对资本、劳动、企业家才能等传统要素具有较强的渗透、改造和提升效应。其应用、扩散与渗透能够与其他传统要素相互作用、相互补充，改善传统要素的质量，并通过与传统要素的有机配比，提高要素利用效率和边际效用，从而促使传统要素效率提升。特别是伴随着新一代信息网络技术的快速发展和广泛应用，信息日益呈现出透明化、实时传播和易获取性等特征，由此迅速放大了信息要素的效能。如果说前三次工业革命主要是通过解放人的体力，从而提高劳动生产率，那么第四次工业革命以其主导技术的智能化、泛在化、虚拟化等特性，能够从海量数据中挖掘信息的价值与关联，并将其转化为新的知识资本，从而极大地解放了人的脑力并激发了人的创造力，由此将带来对生产率更为显著的提升效能。

资料来源：杜传忠，郭美晨．第四次工业革命与要素生产率提升［J］．广东社会科学，2017（5）．

2. 企业组织创新

从企业组织看，工业经济时代的企业主要靠规模经济和范围经济来获得效率；而在新科技革命条件下，企业组织从纵向一体化的大企业模式向模块化、网络化的生产网络模式转变。基于互联网形成的企业网络，使企业之间的交易突破了时空的限制，避免了更多冗余的交易环节，有效降低了交易成本，并获取超越于规模经济与范围经济之上的网络外部性效率。例如，阿里巴巴已形成“大淘宝零售平台 +4 亿消费者 +1000 万在线商家”的超大规模分工/协作体系。[①] 通过互联网交易和运用大数据信息系统进行内部的生产管理，使企业库存大量减少，甚至可以实现零库存状态，极大地提升了企业管理效率。从企业组织方式看，新科技革命将改变企业过去的集中化、扩张化趋势，代之以平台化和分散化。

平台化。在数字化和智能化趋势下，企业内部的协调成本大幅下降，促使不少大型企业转型成为开放平台，即为众多个体提供高效的基础服务和个性化服务。[②] 与此同时，企业通过对内部组织架构进行重新设计和再造，逐步趋向扁平化，广泛使用管理信息系统、办公自动化系统等信息化管理技术，可以增强组织的快速反应与应变能力，从而快速响应市场需求，促进了企业效率的提升。

分散化。在互联网时代，企业生产模式从大规模流水线生产转向“以迅速满足顾客需求为中心”的个性化定制，基于网络互联的产品生产链条也趋于分散化。在数字智能化时代，诸如 3D 打印、智能机器人技术的应用，以及网络协作型生产性服务的推广，使得企业小批量生产变得更加划算，生产也更加灵活，所需劳动力投入也趋于减少。[③]

---

① 阿里研究院．数字经济 2.0[R].2017.

② 杨长湧.新一轮科技革命发展趋势及其对世界经济格局的影响[J].全球化,2018(8):25－38.

③ 杨长湧.新一轮科技革命发展趋势及其对世界经济格局的影响[J].全球化,2018(8):25－38.

（二）新科技革命对国际产业分工的影响

新科技革命目前关注的重心是怎样把技术转换成实际生产力，生产力的变化势必会对全球产业发展和国际产业分工产生深远影响。

20 世纪中期以来，国际产业分工经历了“产业间分工→产业内分工→产品内分工”的演进历程，各国之间的产业分工水平日益提升，价值链在全球范围内不断拓展。具体而言，产业间分工又称为垂直分工，是指不同要素密集度的行业之间的生产分工。例如，资本密集型与劳动密集型行业、资本密集型与技术密集型行业、劳动密集型与技术密集型行业之间的分工，都属于产业间分工。产业内分工又称水平分工，是指同一产业内部的两种要素密集度相同或相似的产品之间的分工。产品内分工是在标准化大生产的基础上，由于中间产品的空间分散化生产，使得某一特定产品的不同生产工序或生产区段分布在多个地区（国家），从而形成的一种全新的跨区域或跨国性的生产链条。20 世纪 80 年代，尤其是 21 世纪以来，国际产业分工深入产品工序层面，产品内分工成为国际产业分工的主要形式，促进了国际产业转移和价值链的全球拓展。

随着国际产业分工的深入和长期科技进步的积累，发达国家的工业结构逐步转向技术、知识和资本密集型产业，淘汰下来的劳动密集型产业则向相对欠发达的国家转移。迄今为止，世界范围内已经开展了三次国际产业转移。第一次国际产业转移发生在 20 世纪五六十年代，美国等发达国家将纺织、钢铁等劳动密集型产业转向相对欠发达的日本、联邦德国等国家，美国则集中力量发展资本和技术密集型产业，这推动了日本、联邦德国经济的崛起；第二次国际产业转移发生在 20 世纪 60 年代末至 80 年代，日本、联邦德国将劳动密集型产业转移到东亚新兴工业化国家和地区，日本、联邦德国等国家则集中力量发展技术密集型产业，这推动了“亚洲四小龙”的崛起；第三次国际产业转移发生在 20 世纪八九十年代，发达国家将劳动密集型产业转移到中国东部沿海地区，发达国家则集中力量发展知识密集型产业，推动了中国经济奇迹的出现。进入 21 世纪以来，劳动密集型产业从中国东部沿海地区进一步向中西部地区以及越南、印度等国家转移，东部沿海地区的产业结构则向技术、知识密集型产业升级，这是第三次国际产业转移的新发展。通过研究三次国际产业转移可以发现，前两次国际产业转移是产业间或产业内分工的表现，不同国家或地区之间转移的是某一产业或产品生产流程；第三次国际产业转移已经深入产品工序层面，不同国家或地区之间转移的是某一产品的特定生产工序，产品内分工成为第三次国际产业转移的主要动因。

在产品内分工背景下，跨国公司充分发掘各个地区的比较优势，把产品的不同生产工序分布到世界最具竞争优势的区域，越来越多的国家参与到特定产品的不同生产工序之中。这样，特定产品的生产流程被划分成若干个具有不同增值能力的生产环节，这些连续、可分割的增值环节共同构成了产品内分工价值链。目前，世界范围内已经形成了以发达国家为龙头、跨国公司为载体的全球价值链（Global Value Chain，GVC）。按照增值能力和要素密集度的不同，价值链有高端与低端环节之分。在工业各行业的全球价值链分布中，由于发达国家具备品牌、技术研发等领域的比较优势，发达国家的工业部门往往占据着增加值较高的价值链高端环节；与此相对应，发展中国家的比较优势体现在自然资源、廉价劳动力等领域，主要承担资源密集型和劳动密集型生产工序的分工任务，因此，发展中国家的工业部门大多被限制在增加值较低的价值链低端环节。[①]

产品内分工的本质是各国基于优势要素而非产品参与全球分工，即全球分工以要素为界限，而非以产品为界限，这其实就是所谓的要素分工。[②]在要素分工背景下，科技创新是重塑全球分工的关键力量。未来，随着新一轮科技革命深入推进，传统的国际产业分工模式将发生显著变化。具体而言，科技创新在价值链中的地位将进一步凸显，发展中国家的劳动力成

---

① 白永秀，王颂吉. 价值链分工视角下丝绸之路经济带核心区工业经济协同发展研究[J]. 西北大学学报(哲学社会科学版)，2015(5)：41－49.

② 金京，戴翔，张二震. 全球要素分工背景下的中国产业转型升级[J]. 中国工业经济，2013(11)：57－59.

本优势面临冲击。新材料、智能制造、3D 打印和网络协作等新技术的推广应用，将导致价值链不同环节的要素投入比例发生明显变化，[①] 科技创新成为决定各环节成本的主要因素，低技能劳动力在生产中的地位大幅下降并很容易被机器取代。在此背景下，发达国家的科技创新优势进一步凸显，发达国家的劳动力成本劣势则趋于弱化乃至消失，全球价值链的加工组装环节将在智能制造过程中向发达国家回流，欠发达国家存在被挤出全球价值链的风险。

在新科技革命中，随着智能制造技术的发展，各个行业的低端重复性工作很有可能被自动化机器所代替。而且，装有大量传感器的机器人设备可以感知环境变化并智能化运行，将会大批量取缔劳动力市场，也将会大批量取代低技能劳动力。事实上，智能机器人取代劳动力已经在加速发生。随着劳动力成本的日益增加，富士康、格力等大型制造业企业已经开始使用先进的工业机器人取代原有的纯劳动力。可以预见，未来大部分自动化作业都会替代工人，工业智能不可避免地减少了低技能低端劳动力市场的工作机会，导致失业人员的增加。在此背景下，孔令晖（2017）[②] 从劳动力异质性的视角，研究发现新科技革命对劳动力市场产生的影响主要集中在两个方面：一是技术冲击对低技能劳动力产生了替代效应，对低技能劳动力的需求减少，导致结构性失业增加；二是技术的不断变革淘汰的不只是工作岗位，更是工作技能，这就要求低技能劳动者通过培训等方式学习其他的工作技能。有数据显示，到 2020 年，预计将有约 710 万人失业，预计失业大部分人都集中在低技能劳动力市场，同时会有 200 万个新的工作岗位被创造出来，因此，在未来数年间受此影响的人数达 500 万人（见表 9 - 2）。

---

① 杨长湧. 新一轮科技革命发展趋势及其对世界经济格局的影响[J]. 全球化,2018(8):25 - 38.

② 孔令晖. 第四次工业革命对低素质劳动力市场影响研究——基于劳动力异质性视角[J]. 商情,2017(28):110 - 111.

表 9－2　自动化风险最高和最低的部分职业

自动化风险最高的职业		自动化风险最低的职业	
被取代的概率	职业	被取代的概率	职业
0.99	电话销售员	0.0031	与精神健康和药物滥用相关的社会工作者
0.99	报税代理人	0.0040	编舞人员
0.98	保险鉴定、车辆定损人员	0.0042	内外科医生
0.98	裁判和其他赛事官员	0.0043	心理学家
0.98	法律秘书	0.0055	人力资源管理者
0.97	餐馆、休息室和咖啡店工作人员	0.0065	计算机系统分析师
0.97	房产经纪人	0.0077	人类学家和考古学家
0.97	农场劳务承包商	0.0100	海洋工程师和造船工程师
0.96	秘书和行政助手（法律、医疗和高管助手除外）	1.0130	销售管理者
0.94	快递员、邮递员	1.0150	首席执行官

资料来源：［英］卡尔·贝内迪克特·弗，［英］雷和迈克尔·奥斯本．自动化风险最高和最低的部分职业［R］．牛津大学，2013.

二、中国经济崛起与国际产业分工格局重构

（一）中国参与国际产业分工的现状

第一，中国是国际产业分工的重要参与者。改革开放 40 多年来，中国工业在经济快速增长过程中持续发展，作为“世界工厂”为全球提供了丰富廉价的工业产品。在全球产业分工格局中，中国依托充足而廉价的劳动力优势，吸引世界范围内的劳动密集型产业向东部沿海地区集聚，牢牢占据全球价值链的加工组装工序，成为全球重要的制造业基地和国际产业分工体系的重要参与者。①

第二，中国研发创新能力不足，在国际产业分工格局中受制于人。尽管中国制造业规模足以傲视全球，但中国制造业企业的研发创新能力却长

① 汪立峰. 国际分工与我国现代产业体系发展[J]. 高校理论战线,2011(2):35－38.

期不足，一些核心技术长期受制于人。具体表现在以下两个方面：一方面，中国制造产业的关键设备、核心零部件对外依存度高，中国企业缺乏对全球产业链和全球价值链的控制力，缺少话语权；另一方面，制造业领域缺乏强有力的民族品牌，中国企业制定国际标准的能力较低。

第三，中国产业附加值低，在国际产业分工格局中缺乏竞争力。中国制造产业总体处于全球价值链的中低端，国际产业分工地位有待提高。2015 年中国产业增加值率仅为 36.34%，与美、日、德、英等发达国家尚有很大的差距。即使是中国制造业中最具国际竞争力的纺织、皮革产业，其增加值率也仅为 21.65%，而发达国家均超过 30%，美国更是达到了 46.65%，是中国的 2 倍以上（见表 9 – 3）。

表 9 – 3　2015 年全球主要国家各行业增加值率比较

（%）

	中国	美国	日本	德国	法国	英国
全行业	36.34	54.09	56.08	50.34	49.87	50.58
制造业	23.78	32.76	30.76	31.95	24.53	27.68
机械设备	25.09	37.53	39.87	37.21	32.03	37.72
电与光学备	18.03	51.27	34.92	38.72	30.25	40.21
运输设备	20.48	28.97	26.81	26.31	16.38	25.53
纺织、皮革业	21.65	46.54	39.40	32.31	32.11	43.29

资料来源：李瑞峰．国际产业分工格局新趋势及我国应对策略［J］．对外经贸实务，2016（2）：9 – 12.

（二）中国借助新科技革命向价值链高端升级的路径

进入 21 世纪以来，中国东部沿海地区的劳动力、土地等生产要素成本不断提高，发展劳动密集型产业的优势日益削弱；与此同时，越南、印度等相对欠发达国家的初级要素价格优势不断凸显。在此背景下，中国东部沿海地区以初级要素参与全球价值链分工的局面难以持续，亟须向价值链高端升级。价值链升级是一项复杂的系统工程，发达国家出于保护自身利益的考虑，会尽力将后发国家锁定在价值链低端环节。由于技术水平难以在短期内得到显著提高，中国参与全球价值链分工的低端锁定倾向日益明显，这要求中国加快寻求产业升级之路。①

在新科技革命的推动下，不仅制造业要加快向价值链高端升级，而且高端服务业与先进制造业协同发展的趋势日渐明显。以智能制造、互联网等技术为基础，高端服务业与先进制造业将从原先的各自独立发展，朝着相互促进、共同发展的方向演进。② 接下来，我们主要围绕先进制造业和高端服务业的发展，来探讨新技术革命时代的中国产业升级路径。③

一方面，实行分类指导的差别化工业转型升级战略。工业经济在世界范围内保持领先地位是大国产业结构实现有效率升级的基础条件。当前中国各主要工业行业大多处于全球价值链中低端，在新技术革命时代，实现由工业大国向工业强国转变、建设一个现代化的制造强国，仍将是一项长期的艰巨任务。为此，必须坚持“分类指导、精准施策”的原则，针对不同行业的具体情况，实行差别化的工业转型升级战略。当前，重点是通过供给侧结构性改革，加快推进工业经济的“去、补、提”，切实增强中国工业经济的世界影响力、国际竞争力和全球控制力，全面提升工业化的质量，并使工业就业和增加值比重在国民经济中保持在合理区间，实现以高质量发展为核心的深度工业化。所谓“去”，就是有序淘汰低端落后产能，加快企业技术改造步伐，不断降低高耗能行业在工业经济中的比重；所谓“补”，就是大力发展新一代信息技术、高端制造、生物技术、绿色低碳、数字创意等战略性新兴产业，在全球范围内积极抢占战略性新兴产业的发展高地，推动企业工艺流程再造，扩大中高端供给；所谓“提”，就是着力提升企业尤其是先进制造企业的自主创新能力，使之逐步向研发设计、关键零部件制造、营销、品牌、技术服务等附加值较高的价值链高端环节升级。除此之外，还应加强同“一带一路”沿线国家的工业产能合作，在

① 白永秀，王颂吉．价值链分工视角下丝绸之路经济带核心区工业经济协同发展研究［J］．西北大学学报（哲学社会科学版），2015（3）：41－49．

② 曹东坡，于诚，徐保昌．高端服务业与先进制造业的协同机制与实证分析——基于长三角地区的研究［J］．经济与管理研究，2014（3）：76－86．

③ 魏后凯，王颂吉．中国“过度去工业化”现象剖析与理论反思［J］．中国工业经济，2019（1）：20－21．

推进“一带一路”建设过程中逐步形成紧密的工业分工协作关系，进而构建“一带一路”工业价值链，这不仅有助于推动中国由工业大国跃升为工业强国，而且有助于实现沿线国家工业经济协同发展。

另一方面，促进先进制造业与现代服务业深度融合发展。在新技术革命的推动下，先进制造业与现代服务业尤其是生产性服务业融合互动发展已经成为全球产业发展趋势。生产性服务业的主要职能是为制造业提供配套服务，制造业的发展水平在很大程度上决定了生产性服务业的发展水平，制造业的扩张则会引致对生产性服务业需求的扩大，因此，生产性服务业的发展壮大有赖于制造业的专业化、规模化、高端化。与此同时，生产性服务业的发展又是制造业效率提升、转型升级的重要支撑，生产性服务业可以通过深化价值链分工、降低价值链内部的生产及交易成本、促进价值链内部的创新等途径,[1] 推动制造业企业向价值链高端升级，因此，生产性服务业的发展水平在很大程度上会影响制造业竞争力。在新形势下，应充分借助新一轮科技革命带来的信息化和智能化机遇，大力发展智能制造和服务型制造，积极推动制造业服务化进程，引导企业创新商业模式、延伸服务链条、重塑业务流程，由提供工业产品向提供产品和服务并重转变，通过云计算、物联网、大数据、人工智能等技术为客户提供优质的生产性服务，促进先进制造业与现代服务业深度融合、协同发展。同时，要摒弃单纯重视“提高服务业比重”的产业升级观念，加强金融监管和房地产调控，防范虚拟经济过度膨胀，逐步形成以先进制造业和现代服务业为支撑的现代化产业体系，推动中国经济在新时代实现高质量发展。

专栏9－2提出了五点关于中国如何借助新科技革命向全球价值链高端升级的建议。

---

① 周鹏,余珊萍,韩剑．生产性服务业与制造业价值链升级间相关性的研究[J]. 上海经济研究,2010(9):55－62.

专栏9-2

中国应对新科技革命的对策

新一轮科技革命和产业变革是社会文明的进步，是不可阻挡的历史潮流。应牢牢抓住新一轮科技革命和产业变革开启的“机会窗口”，充分发挥社会主义制度的体制优势和市场潜力大的市场优势，以推进新一代信息技术、生物技术、新能源技术、新材料技术、智能制造技术等领域科技创新及其产业化为重点，加快破除阻碍“创造性毁灭”的体制机制障碍，着力增加创新要素积累、提高人力资本存量、前瞻布局信息基础设施等，提高科技创新、劳动、资本等生产要素的配置效率，促进生产要素积累和全要素生产率提升。

第一，完善创新生态体系，提高技术支撑能力。围绕提升自主创新能力，针对中国创新创业生态体系存在的突出问题，聚焦新一代信息、生物、新能源、新材料、智能制造等关键领域，加快建立产学研对接的创新链和产业链、构建多方参与的创新创业网络、布局一批具有前瞻性的重大科技项目。

第二，推进人力资本培育，提高劳动支撑能力。围绕提高人力资本积累，针对中国关键技术方面高技能人才紧缺、应用技术和工程技术人才偏少的突出矛盾和问题，进一步突出“高精尖缺”导向，加快推进人才发展体制和政策创新，构建有国际竞争力的人才制度优势，提高人才质量、优化人才结构、强化人才激励。

第三，加快信息设施建设，提高资本支撑能力。围绕提高资本积累，针对新一轮科技革命和产业变革对信息资本、数据资本等资本形态的需求，不断完善科技金融体制、加快信息设施建设，强化资本市场对私用性投资的支持和政府对公用性资本的投资。

第四，引导高端产业发展，提高产业支撑能力。围绕促进产业转型升级，针对中国中高端制造业发展能力不足、服务业竞争力不强、产业融合程度不高等突出问题，加快发展先进制造业、提升现代服务业、促进产业融合发展，增强中高端产业的国际竞争力。

第五，深化体制机制改革，提高制度支撑能力。围绕创新体制机制，针对新一轮科技革命和产业变革对制度创新的新要求，深化相关配套制度体系改革并加强新技术在社会治理中的应用，着力提升中国适应、参与和引领新科技产业革命的制度支撑能力，抢抓新科技产业革命为中国提供的“直道超车”的机会。

资料来源：易信．新一轮科技革命和产业变革对经济增长的影响研究——基于多部门熊彼特内生增长理论的定量分析［J］．宏观经济研究，2018（11）：79－93.

（三）中国产业升级对国际产业分工格局的影响

国际政治学者朱云汉（2015）认为，中国兴起是撼动当前全球秩序的最重要转型力量之一，必将成为21世纪全球秩序重组的主导力量之一。[①]中国产业发展尤其是制造业向价值链高端升级，是中国兴起的重要支撑和表现形式，必然会对国际产业分工格局产生巨大影响：

一方面，中国产业向价值链高端升级过程中，将同传统发达国家形成有效的分工合作关系。面对中国产业逐步向价值链高端升级，以美国为代表的发达国家会对中国产业发展进行百般阻挠，但这只会延缓中国产业升级的速度，并不会改变中国产业升级的大方向。新技术革命是中国产业升级的重大历史性机遇，伴随中国产业升级，中国将同美国、日本、德国等发达国家一道位居全球价值链中高端，并同发达国家以及发展中国家形成更为紧密的分工合作关系。

另一方面，东亚产业分工格局将实现重构。在一定时期内，中国将攀升至东亚区域产业价值链顶端，这会对日本在区域内的地位造成冲击。在此过程中，中国与日本、韩国、新加坡以及中国台湾的分工地位将进一步

---

① 朱云汉．高思在云——中国兴起与全球秩序重组［M］．北京：中国人民大学出版社，2015：115.

重构，这些国家和地区共同从事高附加值生产环节；马来西亚、印度尼西亚、菲律宾、泰国、越南等东盟国家将可能主要专注于中低附加值生产环节。①

第二节　中国与国际经济治理体系重构

一、国际经济治理体系的演进与问题

当代国际经济治理格局始于二战后以美国为主导的布雷顿森林体系的建立。当今国际经济治理体系的三大支柱为世界银行、国际货币基金组织和世界贸易组织，它们不仅为各国开展经贸合作与交流提供了平台，也为促进全球经济稳定与发展提供了制度保障。随着21世纪以来传统发达国家与新兴市场国家的经济力量对比发生明显变化，尤其是2008年金融危机之后世界范围内贸易保护主义盛行，国际经济治理体系的弊端逐渐暴露，需要继续深化改革。

（一）金融危机以来国际经济治理体系的演进

国际经济治理体系建立的目的在于推进全球经济的稳定与发展，让各国都能享受经济全球化带来的国际分工和效率提高的好处。但既有的国际经济治理体系是由美欧发达国家尤其是美国主导，长期存在利益分配偏向于发达国家的问题，国际社会关于建立公正合理的国际经济治理体系的呼声由来已久。近年来，发达国家经济增长乏力，以中国为代表的新兴经济体迅速崛起，而原有的国际经济治理体系却不能顺应这一变化作出调整，并逐渐暴露出一系列弊端。因此，国际范围内强烈要求对国际经济治理体系进行改革。接下来，我们分别对国际货币基金组织、世界银行和世界贸

① 唐乐. 东亚区域产业结构演进与中国制造业产业升级[D]. 长春：吉林大学，2016：23－25.

易组织近年来的改革情况进行分析。

1. 国际货币基金组织的改革

国际货币基金组织是维护国际金融体系稳定的重要机构，国际货币基金组织成立于二战后，是一个带有政治和经济双重功能的国际组织。在成立之后的很长一段时间里，国际货币基金组织对于稳定世界金融体系起到了重要作用，但是2008年美国次贷危机暴露出国际货币基金组织存在金融监管效率低下、对金融危机监控和防卫力度不够等弊端，因此对国际货币基金组织的运行机制进行改革已是大势所趋。2008年金融危机让全球经济陷入一片低迷，危机过后各国将目光投向国际货币基金组织，在各国的一致要求和推进下，国际货币基金组织在2008年之后出台了三部修正案，分别关于特别提款权、会员国所持份额和投票机制。第一项修正案于2008年3月28日通过，该修正案主要是对投票权进行调整。根据这份改革方案，发达国家在IMF的投票权比例将从59.5%降为57.9%，发展中国家从40.5%上升为42.1%。这一修正案有助于增加发展中国家在国际货币基金组织中的话语权。第二项修正案是2010年IMF出台的“份额与治理改革方案”，规定发达经济体向新兴经济体和发展中国家转移6%的基金份额，增加会员国持股的公平性。第三个修正案于2016年10月1日发布并生效，主要是关于将人民币纳入SDR，人民币成为继美元、日元、英镑和欧元之后第五种加入特别提款权货币篮子的货币。①

关于决策机制的改革。过去，国际货币基金组织的投票采用的是加权投票机制。成员国的投票权分为两部分：基本投票权和配额投票权。国际货币基金组织设立之初规定，每一成员国应有250票，此外按成员国的份额，每十万元增加一票。随着全球经济的发展，这种投票决策机制的弊端逐渐暴露出来，主要表现在以下几个方面：第一，基本投票权在总投票权中所占比重下降。国际货币基金组织的成员国已经由1944年的47个上升

① 关孔文，徐莹．后危机时代国际货币基金组织的改革以及政治功能[J]．宁夏大学学报，2016(3)：147－148.

为189个，虽然成员国的数量是最初的四倍多，但是基础投票权所占的比重由最初的12.5%下降至2.1%（2008年改革之前），相反，配额投票权所占比重却迅速上升。在此机制下，每次投票权的调整都会增加配额投票权所占的比例，也会增加发达国家在国际货币基金组织中的主导权。第二，基金份额的多少不能真正反映一国的经济实力。起初，一国的基金份额主要反映的是一国的外汇储备数量、国民收入，但是随着国际经济格局的演变，如今的基金份额更多是与一国的政治实力相挂钩。除此之外，理事会还逐渐消除基金计算份额和有效份额的区别，这使得基金份额的计算标准变得十分混乱。第三，发达国家在重大事项的否定权上具有绝对优势。发展中国家占成员国总数的77%，但仅占投票权总数的34%。发达国家在投票权所占比例上拥有优势，美国拥有的投票权占比达到17%，西欧国家拥有超过30%的投票权。这让国际货币基金组织的某些决定成为发达经济体意志的体现。第四，机构设置存在严重的不合理性。国际货币基金组织负责日常事务的执行董事中有一半来自发达国家，除此之外，国际货币基金组织还缺少对决策有效性进行监管的专门部门。第五，缺乏相关的监管法规。过去，国际货币基金组织的监管往往是成员国之间磋商进行的，这使得磋商结构缺乏法律上的公平性，在具体实践过程中难免会受到一些因素的干扰。①

2008年金融危机之后对于国际货币基金组织的改革，重在提高决策公平性和效率，增加对全球性金融风险的监控，促进国际金融体系稳定有序发展。2010年国际货币基金组织出台的“份额与治理改革方案”，规定发达国家向新兴经济体和发展中国家转移6%的基金份额。转移后发展中国家和新兴经济体的投票权所占比例上升至42.3%。这次改革在一定程度上增加了发展中国家和新兴经济体在重大事项上的发言权，在一定程度上增加了国际货币基金组织投票机制的公平性。虽然改革之后，发达国家仍然

① 李莎莎. 国际货币体系变革中的组织机制重构——以国际货币基金组织为视角[J]. 理论月刊,2011(3):141.

占国际货币基金组织投票权的大部分，但相对于改革之前仍有很大的进步。基于此，这项改革也被誉为国际货币基金组织有史以来最深刻和最有意义的一次改革。[①]

这一轮改革还推动国际货币基金组织实现了机构职能的转变。布雷顿森林体系解体后，国际货币基金组织的主要职能是金融监管、金融援助和技术援助。其中，监管职能主要是指对成员国的经济和各项金融政策进行监管，金融援助是指对存在问题的成员国提供贷款援助，技术援助则是指为成员国提供专业知识、数据统计和立法等方面的援助。2008 年金融危机暴露了原有职能设置存在的不合理性。2009 年 9 月，国际货币基金组织出台了《监管重点声明》，对原有职能作了进一步调整，将风险评估、宏观经济与金融联系、多边视角、外部稳定以及汇率评估列为监督重点，以便使国际货币基金组织更好地服务于国际金融体系。[②]

2. 世界银行的改革

世界银行成立于 1945 年布雷顿森林会议召开之后，由国际复兴开发银行、国际开发协会、国际金融公司、多边投资担保机构和国际投资争端解决中心五个成员机构组成，设立世界银行的初衷在于帮助日本和欧洲国家进行灾后重建。世界银行成立以来，在促进成员国经济发展方面起到了重要作用，但世界银行本身也存在一些弊端。一方面，发达国家在世界银行重大问题的决议上占有绝对优势，发展中国家和新兴经济体处于不利地位。另一方面，世界银行的核心业务——贷款业务的风险较大并且实施效果难以把握。随着经济全球化的进一步发展，特别是 2008 年国际金融危机之后，世界银行亟须对原有的结构和政策进行调整，来满足不断变化的国际经济发展潮流。金融危机之后，世界银行的改革可以分为以下三个方面：

首先，关于提高投票公平性的改革。2008 年 4 月，世界银行发展委员

① 刘兴华，胡芳. IMF 份额改革：规模与结构视角[J]. 湖南财政经济学院学报，2011(6)：7.

② 关孔文，徐莹. 后危机时代国际货币基金组织的改革以及政治功能[J]. 宁夏大学学报，2016(3)：149.

会提出“鼓励世行加快对投票权和参与权的改革，牢记提高发展中国家和转型国家话语权和参与权的重要性”。同年 10 月，发展委员会提出的“第一阶段改革的一揽子计划”作出以下规定：一是将国际复兴银行的基本投票权份额增加至 5.55%，同时规定这一比例为基本投票权占总投票权的最低比重。对于因这一调整所导致的发展中国家和新兴经济体投票数减少的情况，世界银行对其进行额外的票数分配，这一项改革有利于在一定程度上缓解原来的发展中国家和新兴经济体投票权过少的情况，有利于提高国际复兴银行决策的效率和公平性。二是对国际开发协会投票权的改革。国际开发协会的投票权分为成员投票权和认购投票权，其中成员投票权在成员国中平均分配，认购投票权来自成员国的资金捐赠。经济发展能力的差异导致发达经济体拥有的认购投票权多于发展中国家。2008 年改革的具体措施是要求发达经济体对发展中国家和贫困国家提供经济援助，使这些国家有能力认购发达国家在协会中的基金份额。三是为撒哈拉以南的非洲设置一个董事会席位，从而提高这些国家在世界银行中的地位。①

其次，关于提高决策效率的改革。这方面的改革主要是通过加强监管，来保证世界银行资金的利用效率，增加决策的透明度。2007 年 8 月，世界银行出台了提高决策效率的新方案，主要包括以下内容：一是给借款国提供援助，帮助它们建立更有效率的国家机制；二是加强项目的管理和监管，防止世界银行的徇私舞弊和腐败现象的发生；三是加强成员国在机构和民间等方面的直接交流与合作。

最后，关于信息披露的改革。世界银行于 2010 年 7 月 1 日生效了新的信息披露政策，出台这些政策的目的在于增加信息透明度。关于信息披露的改革有助于防止内部腐败，同时可以拉近成员国与世界银行的距离，增加决策的准确性和透明度。世界银行关于信息披露改革的具体改革包括：一是最大化地进行信息披露，世界银行应该将所有的信息进行公布；二是披露的信息应该便于成员解读和成员获取；三是决策过程应该保密，但是

① 宋学良. 论世界银行投票权改革及中国的参与[D]. 北京:外交学院,2012.

最终决策结果应该公布；四是如果申请人在获取信息时遭到了世界银行的拒绝，则申请人具有保留申诉的权利。①

3. 世界贸易组织的改革

金融危机以来，全球范围内贸易保护主义盛行，对世界贸易组织的运行构成了巨大挑战。具体而言，世界贸易组织主要面临以下问题：一是美国等发达国家近年来倾向于开展双边或区域经济合作，这使得世界贸易组织面临被边缘化的问题。二是全球经贸发展存在严重的不平衡性。由于世界各国自身经济发展条件不同，经贸发展也存在着较大差距，欠发达国家从对外贸易中获益较少，使得一些国家出现了反全球化的情绪，甚至开始质疑世界贸易组织存在的合理性。三是成员国之间的决策谈判效率低下。世界贸易组织从多哈回合谈判以来未能取得重大突破性进展，这从表面上看是由于世界各国对于继续深化合作的诉求存在差异，本质上却揭示了世界贸易组织不容回避的决策低效率问题。② 因此，对世界贸易组织的治理机制进行调整和改革已经刻不容缓。③

在贸易保护主义盛行的背景之下，尽快将 WTO 成员方之间的多边谈判拉回正轨是当务之急。2017 年年底，WTO 第十一届部长级会议发布了《电子商务联合声明》，中美等 70 个国家同意就共同推动未来 WTO 电子商务的相关谈判达成一致。此外，部长级会议还达成了关于国内服务规则、以发展为目的的投资便利化以及关于在 WTO 内建立中小微企业非正式工作计划的宣言等三个倡议，这实际上为后续的 WTO 改革奠定了基础。④ 除此之外，早前在 1995 年就制定的《信息技术协定》IT 产品关税，目的是分阶段将信息技术产品的关税削减至零。2015 年 WTO 的扩围谈判就《信息技术协定》的产品清单进行了最终确认，该协定的意义不仅在于关税减免方面，还在于贸易主体身份的认定方面。

---

① 常飞. 现行国际货币体系存在的问题与改革思路[D]. 长春:吉林大学,2012.

② 陈建奇. WTO 改革发展新动向及中国的战略定位[N]. 学习时报,2018-10-22.

③ 刘崇献. 从多哈回合谈判看世界贸易组织改革[J]. 对外经贸实务,2008(2):39-42.

④ 陈靓. WTO 现代化改革——全球价值链与多边贸易体系的冲突与协调[J]. 国际展望,2019(1):29.

（二）国际经济治理体系存在的问题

尽管在全球金融危机之后，国际经济治理体系开展了一系列改革，但总体而言仍存在诸多问题。在当前国际经济形势瞬息万变、国际经济力量对比发生明显变化的背景下，国际经济治理体系也应进一步实施更广泛、更深刻的改革，推动建立公正合理的国际经济新秩序。总体而言，国际经济治理体系存在的问题主要体现在以下三个方面。

1. 以发达国家为主导，缺乏公平性

现有的国际经济治理体系是由西方发达资本主义国家推动构建的，主要的资源和决策权掌握在少数发达国家手中，广大发展中国家和新兴经济体则在其中处于不利地位。2008 年金融危机之后，全球经济形势发生了翻天覆地的变化。最突出的一个表现是原来发展势头迅猛的发达经济体经济势头不足，甚至出现衰退的迹象，伴之出现的则是发展中国家和新兴经济体的迅速崛起。战后建立起的经济治理体系不能反映出这一变化，特别是在主要的国际经济机构中普遍存在着发达国家一家独大的问题，不利于国际经济的繁荣与稳定。

2015 年世界银行董事会通过改革方案，主要国家的股权所占份额如下：美国 15. 85%、日本 6. 84%、中国 4. 42%、德国 4%。美国不仅是世界银行的头号大股东，而且持股比例超过 15%，具有否决权。2016 年世界银行宣布 2010 年的股权调整方案正式生效，中国、巴西和印度这三个发展中国家成功跻身拥有股份最多的前十位国家行列。中国的持股比例上升至 6. 394%，但金砖五国的持股比例共计 14. 7%，仍然不具有 15% 的否决权。①

国际货币基金组织同样存在着规则的不公平性，决策权基本由发达国家垄断。国际货币基金组织虽然实行的是加权表决的方式，但是在实际操作过程中，由于成员国数量多达 189 个，大多数事项需要达到 85% 以上的

① 周世俭. 对国际经济治理体系改革的几点思考[J]. 国际问题研究，2016(4)：108 - 109.

票数通过，而美国在国际货币基金组织拥有的投票权比重为16.7%，加之10个发达国家形成的“十国集团”往往集中投票，发达国家尤其是美国几乎具有一票否决权。①

在世界贸易组织中，美国发起的跨太平洋伙伴关系协定（TPP）和跨大西洋贸易与投资伙伴关系协定（TTIP）谈判，大有架空世界贸易组织之势，这从侧面说明了在世界贸易组织中也存在发达国家主导的相同问题。尽管美国退出了TPP谈判，却在全球范围内推动了双边及区域经济合作风气，世界贸易组织的多边合作机制存在被边缘化的风险。

2. 区域经济治理和全球经济治理存在重叠现象

区域经济治理本应作为全球经济治理的补充，但在实际运行中，存在一些国家利用区域经济合作抵抗外来竞争的现象，这就为全球经济治理创造了很多障碍。例如，由于WTO多哈回合谈判难以取得进展，美国转而采取区域性的经济合作（TPP），企图与WTO形成对抗。各国在致力于区域经济一体化的过程中，无暇顾及推动全球贸易自由化，这在一定程度上导致了WTO框架下多次谈判的失败和效率低下。目前像这种利用区域经济治理来对抗全球经济治理的现象层出不穷。此外，区域经济治理内部的执行和咨询机制也存在不协调的现象。例如，欧债危机的欧洲解决方案就与国际货币基金组织的解决方案存在冲突。区域经济治理内部机构不协调、意见不统一，直接导致国际经济治理缺乏有效性。因此，想要提高全球经济治理的效率，首先要解决区域经济治理内部不协调，以及区域经济治理和全球经济治理之间的关系问题。②

3. 国际经济组织改革缓慢，重塑全球经济治理格局步履维艰

近年来，国际经济组织改革进展缓慢，以WTO为例，自WTO多哈回合谈判启动以来，多次谈判基本都是以失败告终。当前WTO的多边谈判已基本处于停滞状态，争端解决机制也因上诉机构成员遴选而停摆，导致

---

① 李莎莎. 国际货币体系变革中的组织机制重构——以国际货币基金组织为视角[J]. 理论月刊,2011(3):141－143.

② 朱猛猛. 全球经济治理体系改革问题研究[D]. 武汉:华中师范大学,2017:13－14.

世界贸易组织近年来改革几乎停滞不前。现如今国际贸易保护主义盛行，世贸组织还面临被架空的危险。① 如果 WTO 多边谈判失败，会影响人们对世界经济发展尤其是自由贸易的信心，使得 WTO 承担的促进世界贸易发展的目标难以实现，世贸组织中不合理的规则也难以被修正，这必然会对世界经济发展造成不利影响。不仅仅是世界贸易组织，世界银行和国际货币基金组织虽然 2008 年后进行了多次改革，但是它们内部也依旧存在很多问题。如果国际经济组织的改革效率不能得到提高，那么重塑全球经济治理格局依旧任重而道远。

二、国际经济治理体系的演进方向与中国贡献

（一）国际经济治理体系的演进方向——平等互利、合作共赢的国际经济治理格局

改革国际经济治理体系的过程实际上是一个对旧体系取其精华、去其糟粕的过程，我们不能只看到旧的国际经济治理体系存在的弊端而忽视它在过去对经济发展所做出的贡献。首先，旧体系有力地推动了世界经济增长。世界银行统计数据显示，1969 年世界 GDP 总量仅为 1.366 万亿美元，而 2018 年全球 GDP 总量高达 80.738 万亿元，过去几十年全球经济在个别年份有衰退的情况，但全球 GDP 总量总体呈上升状态。② 其次，旧的国际经济治理体系推动了全球经济效率的提升，在旧的国际经济治理体系之下，经济全球化深入发展，促进了资源在世界范围内的流动，促进了国际间分工的日益深化，提高了资源的利用效率和资源的配置效率。最后，旧的国家经济治理体系促进了全球科技创新。在旧的国际经济治理体系之下，科技和人才在国与国之间的流动加快，国家之间相互学习先进技术和

① 陈靓. WTO 现代化改革——全球价值链与多边贸易体系的冲突与协调[J]. 国际展望,2019(1):16－17.

② 资料来源:世界银行数据库。

管理经验，推动了全球技术水平和创新能力的提高。①

旧的国际经济治理体系存在诸多弊端，在一定程度上导致了世界贫富差距日益加大，国际经济发展动能难以释放。传统的国际经济治理格局往往是由发达国家主导的，发展中国家在国际事务中缺乏必要的话语权。在世界经济发展过程中，一些国家只重视一时的经济增长，却以牺牲别国经济利益和环境利益为代价，特别是2008年美国次贷危机之后，旧的国际经济治理体系的弊端让人们意识到，随着经济全球化的日益深入，我们亟须建立新的国际经济治理秩序，这样才能更好地推动全球经济更加平稳快速地增长，为全世界人民带来更多福利。

2008年金融危机之后，国际经济形势发生了翻天覆地的变化，发达国家经济出现衰退的迹象，相反的是广大发展中国家和新兴经济体的迅速崛起，推动国际经济治理体系朝着平等互利、合作共赢的方向演进。一方面，国际经济治理体系朝着更加平等互利的方向演进。以国际经济组织的改革为例，2010年IMF出台了"份额与治理改革方案"，规定发达国家向新兴经济体和发展中国家转移6%的基金份额。转移后发展中国家和新兴经济体的投票所占比例上升至42.3%。这次改革在一定程度上增加了发展中国家和新兴经济体在重大事项上的发言权，相对增加了公平性。2008年世界银行要求发达经济体对发展中国家和贫困国家提供经济援助，使其有能力认购发达国家的基金份额，此举可以增加发展中国家在世界银行的投票份额，从而有利于提高世界银行内部的公平性。除此之外，世界银行还为南部非洲国家设置了一个董事会席位，以提高这些国家在世界银行中的地位。面对近年来世界范围内日益严重的贸易保护主义倾向，WTO支持贸易自由化，推动国际贸易在公正竞争的状态下进行。国际经济组织近年来的改革措施，有利于促进国际经济治理格局朝着更加平等互利的方向演进。另一方面，国际经济治理体系正在朝着合作共赢的方向发展。随着经济全球化的深化，各国之间的经济联系日益紧密，经济活动的传导性增

① 余国斌. 如何构建全球化时代的国际新秩序[J]. 社会科学研究，2004(5)：24-28.

强，各国彼此之间“一荣俱荣、一损俱损”，合作共赢的观念越来越普遍。在此背景下，一旦一个国家经济出现问题，将会迅速传染其他国家，因此，各国应采取合作的方式共同应对经济风险，达到合作共赢的目的。中国提出的“一带一路”倡议不仅有利于中国经济的发展，而且可以带动沿线国家经济共同发展，“一带一路”充分体现了合作共赢的发展潮流。可以预见，在国际社会的共同推动下，尤其是在以中国为代表的新兴市场国家引领下，国际经济治理体系将会朝平等互利、合作共赢的方向发展。

（二）中国对改革国际经济治理体系的贡献

在国际经济治理体系变化日益深刻的背景之下，中国积极主动地参与全球经济治理体系改革，不仅有利于中国在国际上树立良好的形象，更重要的是有利于广大发展中国家和新兴经济体在国际经济事务上享有更多的话语权。2008 年金融危机之后，中国积极为重塑全球经济治理体系做出贡献，接下来从以下四个代表性事例入手来进行分析：

1. 提出“一带一路”倡议

“一带一路”倡议是习近平主席代表中国提出的全球经济合作框架。2015 年 3 月，中国国家发展改革委、外交部、商务部联合受权发布了《推动共建丝绸之路经济带和 21 世纪海上丝绸之路的愿景与行动》，系统性地描绘出“一带一路”建设的路线图，这标志着“一带一路”进入了全面建设阶段。2017 年 5 月，“一带一路”国际合作高峰论坛在北京隆重召开，习近平主席主持会议并发表重要讲话，全面总结了 4 年来“一带一路”从理念转化为行动、从愿景转变为现实所积累的丰硕成果，并给未来“一带一路”建设指明了方向，推动“一带一路”建设迈入新阶段。2017 年 10 月，习近平总书记在党的十九大报告中明确指出，“要以‘一带一路’建设为重点，坚持引进来和走出去并重，遵循共商共建共享原则，加强创新能力开放合作，形成陆海内外联动、东西双向互济的开放格局”。[①] 截至

---

① 习近平. 决胜全面建成小康社会夺取新时代中国特色社会主义伟大胜利——在中国共产党第十九次全国代表大会上的报告(2017 年 10 月 18 日)[M]. 北京：人民出版社，2017：34 – 35.

2018 年 7 月，在“一带一路”框架下，中国已同 100 多个国家和国际组织签署了共建“一带一路”合作文件，涉及亚欧非大陆、拉美和加勒比地区、南太平洋地区，中国同“一带一路”相关国家的货物贸易额累计超过 5 万亿美元，中国企业对沿线国家投资累计超过 600 亿美元，创造了近 20 万个就业岗位①。“一带一路”已成为世界最大的国际经济合作平台。

2. 筹建亚洲基础设施投资银行

亚洲基础设施投资银行（以下简称“亚投行”）是第一个由中国倡导设立的全球性多边金融机构。为加强发展中国家的基础设施建设，2013 年 10 月 2 日习近平主席提议建立亚投行，2016 年 1 月亚投行正式宣布开业。

亚投行的主要业务是为全球尤其是亚太地区的基础设施建设提供融资服务。在全面投入运营后，亚投行通过一系列方式为亚洲各国的基础设施项目提供融资支持——包括贷款、股权投资以及提供担保等，以振兴包括交通、能源、电信、农业和城市发展在内的基础设施投资。

中国推动筹建亚投行具有以下三方面意义：第一，有利于推动亚太地区基础设施建设的发展，促进亚太地区的金融发展水平。长期以来，美国和日本主导的亚洲开发银行对亚洲金融发展起主导作用。亚洲多为发展中国家，各国在经济发展过程中的需求也呈现出多样性的特点，这使得亚洲开发银行难以满足各国的不同需要。亚投行因应亚洲基础设施融资缺口而成立，可以对亚洲开发银行起到补充作用，促进亚太地区乃至全球金融的发展水平。第二，亚投行的成员国包括英、法等发达国家，这些国家经济发达，拥有丰富的金融发展经验，亚投行有这些国家的参与，有利于提高资金的利用效率，推动亚投行形成自身的竞争优势。第三，亚投行目前最大的股东是中国，持股比例高达 26.06%，设立亚投行不仅有利于提高中国在世界金融体系中上的地位，而且有利于提高发展中国家和新兴经济体

① 本报评论员. 推动构建人类命运共同体的重要实践平台——论学习习近平总书记在推进“一带一路”建设工作五周年座谈会重要讲话[N]. 人民日报，2018－08－28(1).

在国际金融治理领域的话语权。①

3. **推动国际货币基金组织改革**

人民币加入国际货币基金组织的特别提款权篮子，标志着人民币国际地位的提升。2015 年 11 月 30 日，国际货币基金组织正式宣布人民币于 2016 年 10 月 1 日加入 SDR（特别提款权），这标志着人民币成为继美元、欧元、日元和英镑之后第五种加入 SDR 的货币，这在一定程度上有利于人民币国际化水平的提升，同时有利于增强国际货币体系的稳定性和 SDR 的代表性。

中国积极推动国际货币基金组织的治理机制改革。2010 年 IMF 出台了“份额与治理改革方案”，该方案规定发达国家向新兴经济体和发展中国家转移 6% 的基金份额，转移后发展中国家和新兴经济体的投票所占比例上升至 42. 3% 。② 这次改革在一定程度上增加了发展中国家和新兴经济体在重大事项上的发言权，在一定程度上增加了公平性。此次改革，反映出金融危机之后国际经济局势的变化，以中国为代表的发展中国家和新兴经济体的迅速崛起，成为国际货币基金组织投票权改革的重要推动力。

4. **推动世界贸易组织改革**

多哈回合谈判是世贸组织成员之间的多边谈判，近 10 年来，尽管多哈回合谈判效率低下，但中国一直为推动多哈回合谈判取得进展而发挥积极作用。中国作为负责任的经贸大国，在多哈回合谈判中，希望各方能够达成一致，早日实现贸易自由化。2008 年在日内瓦小型部长会议上，各国在特殊保障机制上存在分歧，其中美国和印度之间的分歧最大，由于中国和印度的立场相似，中国也成为美国的指责对象，但是中国却表示愿意对美国作出妥协，这也显示了 2008 年的谈判中国起到了建设性作用。

发达国家和发展中国家的待遇差别一直是多哈回合谈判的重要议题。在多哈回合启动之前，发展中国家提交了 88 份与待遇差别有关的提案，但

---

① 张杰童. 关于亚投行在当前金融体系下机遇和挑战的研究[J]. 中小企业管理与科技,2018(7):41 -42.

② 刘兴华,胡芳. IMF 份额改革:规模与结构视角[J]. 湖南财政经济学院学报,2011(6):7.

是2003年坎昆部长会议上只对28项提案达成了一致，此后会议主要讨论向最不发达国家提供关税优惠等重要议题，中国在这些议题上及时作出了妥协。最后在各国的共同努力下，在2005年12月香港的WTO会议中，各国围绕向最不发达国家提供优惠待遇的议题达成一致。

在WTO新成员的加入问题上，中国开始主张对新加入成员给予关税减免和延长执行期的照顾，但遭到部分发达国家的反对，对此，中国主动放弃对新加入的成员给予关税减免这一项，中国在WTO谈判中采取的灵活态度，让新加入的成员享受到了更多的优惠待遇，推动了WTO多项政策的落实，为推动WTO改革做出了重要贡献。①

第三节　中国与国际经济秩序重构

近代国际秩序起源于《威斯特伐利亚和约》。1618—1648年，中欧地区由于政治和宗教冲突引发了旷日持久、异常惨烈的“三十年战争”。1648年，中欧各方政治势力为中止流血冲突，在德国的威斯特伐利亚召开会议，达成了一系列原则性妥协：各独立国家彼此尊重主权，不干涉他国内部事务，承认多元化的政治结构和宗教信仰，并通过“均势”遏制某一国家的无限制扩张。② 此后，随着以英国为代表的西方世界兴起和资本主义的全球扩展，《威斯特伐利亚和约》所确定的平等、主权、“均势”等原则扩展至世界各地，构成了国际秩序的基础。二战之后，美国在主导建立国际货币基金组织、世界银行、关税与贸易总协定的基础上，构建起以美国经济霸权为基本特征的国际经济秩序，这一国际经济秩序在促进经济全球化和世界经济发展的同时，也存在诸多不公正、不合理问题，国际社会尤其是发展中国家呼吁构建国际经济新秩序的呼声此起彼伏。美国次贷危

---

① ［美］刘宏松．中国在WTO多哈回合谈判中的倡议行为探析［J］．国际观察，2012(3)：37.

② ［美］亨利·基辛格．世界秩序［M］．北京：中信出版社，2015.

机和欧盟债务危机之后，国际经济力量对比发生明显变化，以中国为代表的新兴市场国家积极倡导改革国际经济旧秩序，推动构建平等互利的国际经济新秩序。

一、国际经济旧秩序存在的问题

国际经济秩序的演进同经济全球化密不可分。在工业革命的推动下，以英国为代表的欧洲国家主导了第一轮经济全球化，世界各地被整合为统一市场。在第一次世界大战之前，国际秩序的基本特征是列强实力“均势”和瓜分势力范围。20 世纪上半叶，发达国家的实力变化和利益争夺引发了两次世界大战，世界大战对欧洲发达国家造成了重创，美国则由于本土远离战场而成为战后最强大的国家，这使得美国有能力领导西方世界构建起以美国经济霸权为基本特征的国际秩序。二战之后到 20 世纪 90 年代之前，美国和苏联争夺世界霸权，国际经济秩序体现为资本主义阵营和社会主义阵营两个平行世界市场，美苏在各自阵营中充当“领导者”角色。20 世纪 90 年代之后，苏联解体使美国成为唯一的超级大国，美国主导的国际经济组织的影响力扩展至全世界。总体而言，二战以来的国际经济秩序建立在美国经济霸权的基础之上，在国际货币基金组织、世界银行、世界贸易组织（前身为关税与贸易总协定）的治理架构下，尽管这一国际经济秩序有助于世界范围内的贸易投资便利化和经济增长，但同时更多的是维护发达国家尤其是美国的经济利益，因此呈现出不公正、不合理特征，表现为国家之间经济地位不平等、经济收益分配不公平，尤其体现为南北发展失衡。

一方面，美国维护自身经济霸权，国家之间经济地位不平等。经济全球化是在发达国家主导下进行的，西方少数发达国家尤其是美国拥有绝对的话语权甚至控制权，而发展中国家则处于弱势地位，没有充分参与国际经济治理的机会，导致国际经济秩序不合理。[①] 长期以来，以美国为首的

---

① 郁建兴. 全球化：一个批评性考察［M］. 杭州：浙江大学出版社，2003：153 – 185.

发达国家凭借经济、军事、科技优势支配全球事务，围绕自身利益制定经济政治规则。在经济全球化过程中，美国等发达国家实行经济霸权主义，不仅把不合理的国际经济规则强加于发展中国家，而且把自身的经济体制和价值观作为“普世价值”强加于他国。美国的主流价值观是自由市场经济和代议制民主政治，传播这一“普世价值”成为美国构建和维系国际秩序的首要目标。由于各国的发展基础和制度文化各异，“普世价值”在一些发展中国家出现“水土不服”，导致这些国家的政治和经济发展陷入困境。

另一方面，经济收益在世界范围内分配不均，南北发展失衡。经济全球化放大了资本主义制度本身固有的不平等问题，导致国际间的财富分配出现巨大差距，产生了贫者更贫、富者更富的“马太效应”，欠发达国家的不满情绪持续增长。第二次世界大战之后，跨国公司充分利用世界范围内的自由贸易和自由投资政策，发掘各个地区的资源禀赋和比较优势，在产品内分工框架下形成了主要产品的全球价值链。依托全球价值链，欠发达国家得以充分利用自身的初级要素优势来发展劳动力和资源密集型生产环节，这尽管有助于欠发达国家获取贸易收益，但也使其被“锁定”在全球价值链底端，只能长期获取较低回报。在不公平的利益分配制度之下，一些发展中国家经济长期难以起飞，“民粹主义”对经济全球化的合理性产生怀疑，甚至在一些国家和地区以暴力恐怖主义、宗教极端主义、无政府主义等方式对抗经济全球化，造成国际政治经济“失序”。

专栏 9－3

当前国际秩序存在的缺陷

21 世纪的世界秩序结构显然在几个重要方面存在着重大缺陷。

首先，国家作为国际生活的基本正式单元，它本身的性质面临重重压力，遭到蓄意攻击和拆解，在有些地区因忽视而受到侵蚀，常被应接不暇的事件淹没。欧洲开始走出国家范畴，主要凭借软实力和价值观来谋划外交政策。但是，脱离战略概念去寻求合法性能否长久维持世界秩序令人怀疑。欧洲还没有赋予自己国家特性，这容易导致内部权力真空和边境地区力量失衡。中东部分地区已经被分割成相互冲突的教派的族裔，宗教意识浓厚的民兵及背后支持他们的势力肆意侵犯边境和主权。亚洲的挑战与欧洲正好相反，威斯特伐利亚均势的各项原则大行其道，但都基于同一种合法性概念……

其次，这个世界的政治组织与经济组织不同步。国际经济体系已经全球化，而世界政治结构还是以民族国家为基础。全球经济动力旨在消除不利于货物和资本流动的障碍，而国际政治体系依然主要基于各种迥异的世界秩序观，旨在调和不同的国家利益观。经济全球化在本质上不顾及国家边界，国际政策努力调和各国相互冲突的目标，但依然强调边界的重要性。在这些动力的作用下，世界经济连续几十年持续增长，其间不时地被似乎日益严重的金融危机打断……

因此，国际秩序面临一个悖论：繁荣取决于全球化的成功，而这个过程经常产生不利于实现夙愿的政治反应。全球化的经济管理者几乎没有机会参与全球化的政治进程。而政治进程的管理者不愿意冒失去国内支持的风险对经济或金融问题未雨绸缪，因为这些问题非常复杂，只有专家才懂。

在这种情况下，挑战变成了一个治理问题。各国政府面临让全球化进程向有利于本国利益或重商主义方向倾斜的压力。在西方，全球化问题与奉行民主的外交政策问题密不可分。寻求国际政治秩序与国际经济秩序的和谐挑战了原有的观点：之所以追求国际秩序，是因为它需要扩大国家框架；之所以需要对全球化加以防范，是因为可持续发展需要调整传统的模式。

最后，没有一个有效的机制，使大国能在重大问题上磋商，也许还能合作。由于今天的多边论坛比历史上任何时期都多，以上批评也许显得有点奇怪。除了最具权威但经常在最重要的问题上陷入僵局的联合国安理会外，现在还有北约和欧盟定期举办的大西洋领导人峰会。亚太地区领导人有亚太经合组织和东亚峰会，发达国家有七国集团或八国集团，主要经济体有二十国集团。美国是所有这些论坛的关键参与者。不过，这些会议的性质和频率不利于阐释长期战略。讨论日程安排和磋商正式议程占用了大部分准备时间。一些论坛实际上围绕着各国领导人的日程转，因为很难定期把各国首脑召集到一个地方开会。与会各国元首由于职务原因，必然更加关注他们在会议上采取的行动的公共影响，倾向于强调战术意义或公关效果。这个过程除了拿捏公共姿态之外别无他用，顶多是讨论一下迫在眉睫的战术问题，弄得不好就只是一场新形式的“社交媒体”活动。当代的国际规则和规则架构如果还有用的话，不能只靠共同宣言来确认，必须培育出一种共同信念。

资料来源：［美］亨利·基辛格．世界秩序［M］．北京：中信出版社，2015：482 -485.

二、国际经济秩序的变革方向及中国贡献

进入 21 世纪以来，美国次贷危机和欧盟债务危机对发达国家造成了巨大冲击，新兴市场国家则快速崛起，国际经济力量对比发生明显变化，这必然会对国际经济秩序变革产生深刻影响。具体而言，发达国家对全球经济增长的贡献率从 20 世纪 70 年代的 81. 6%①下降到 2014 年的 48. 3%②，“七国集团”③ 的经济规模占全球比重由 2001 年的 65. 3% 降至 2016 年的 46. 9%④，发达国家不再是推动全球经济增长的唯一发动机。20 世纪中叶，美国经济规模占全球经济的比重达 1/3 以上，得以执全球经济之牛耳而号令天下，但近年来美国经济规模占全球经济的比重已下降至 1/5，维护经济霸权日渐力不从心。与发达国家经济衰落形成鲜明对比的是，以中国为

---

① 唐任伍．经济全球化的实质与中国的对策［J］．世界经济，2000(10)．

② 数据来源于世界银行数据库。

③ G7 即七国集团，指西方最发达的 7 个工业化国家，分别为美国、日本、德国、英国、法国、加拿大、意大利。

④ 资料来源：世界银行数据库。

代表的“金砖国家”快速崛起，中国经济规模占全球经济比重由2009年的8.48%升至2017年的15.16%，逐步具备了改革国际经济旧秩序的能力，成为推动国际经济秩序变革的重要力量。随着国际经济格局变迁，大国的力量对比发生明显变化，“崛起国家不愿扮演它未参与设计的体系分配给它的角色，而现存大国也许无力对这一体系的平衡做出调整，以包容它的崛起”,① 这必然要求国际秩序作出调整。

作为负责任的发展中大国，中国历来倡导建立公正合理的国际政治经济新秩序，并一以贯之地为之付出努力。随着改革开放的深入，邓小平同志1990年12月提出中国尽管不具备“当头”的能力，“但在国际问题上无所作为不可能，还是要有所作为。做什么？我看要积极推动建立国际政治经济新秩序”。江泽民同志2002年在党的十六大报告中，针对“不公正不合理的国际政治经济旧秩序没有根本改变”的现实，倡导建立包含以下内容的公正合理的国际政治经济新秩序：“各国政治上应相互尊重，共同协商，而不应把自己的意志强加于人；经济上应相互促进，共同发展，而不应造成贫富悬殊；文化上应相互借鉴，共同繁荣，而不应排斥其他民族的文化；安全上应相互信任，共同维护，树立互信、互利、平等和协作的新安全观，通过对话和合作解决争端，而不应诉诸武力或以武力相威胁。反对各种形式的霸权主义和强权政治”。② 胡锦涛同志在建立国际政治经济新秩序思想的基础上，2007年在党的十七大报告中进一步提出推动建设持久和平、共同繁荣的和谐世界，他提出各国在“经济上相互合作、优势互补，共同推动经济全球化朝着均衡、普惠、共赢方向发展”。③ 由此可见，中国倡导国际经济秩序朝着公正合理、平等互利的方向发展。在上述思想

---

① ［美］亨利·基辛格. 世界秩序［M］. 北京：中信出版社，2015：480.

② 江泽民. 全面建设小康社会，开创中国特色社会主义事业新局面——在中国共产党第十六次全国代表大会上的讲话（2002年11月8日）［M］//. 改革开放三十年重要文献选编. 北京：中央文献出版社，2008：1264.

③ 胡锦涛. 高举中国特色社会主义伟大旗帜，为夺取全面建设小康社会新胜利而奋斗——在中国共产党第十七次全国代表大会上的讲话（2007年10月15日）［M］\改革开放三十年重要文献选编. 北京：中央文献出版社，2008：1736－1738.

的指导下，中国在改革开放之后一方面积极融入既有的国际经济秩序之中，在国际货币基金组织、世界银行、世界贸易组织中展示着负责任的发展中大国角色；另一方面，国际经济旧秩序的不公正和不合理性日益严重地束缚着发展中国家的发展，因此，应积极推动国际经济秩序朝着公正合理、平等互利的方向发展。

党的十八大以来，习近平总书记从中国与世界发展大局出发，提出构建人类命运共同体，构建人类命运共同体是推动世界和平发展、建立公正合理的国际政治经济新秩序的中国方案。人类命运共同体，是指"每个民族、每个国家的前途命运都紧紧联系在一起，应该风雨同舟，荣辱与共，努力把我们生于斯、长于斯的这个星球建成一个和睦的大家庭，把世界各国人民对美好生活的向往变成现实"。① 简言之，人类命运共同体就是倡导世界各国携手推进和平与发展。为推动构建人类命运共同体，习近平总书记倡导中国与世界共建"一带一路"。"一带一路"是开放、包容、均衡、普惠的新型国际合作平台，其最终建设目标是推动世界构建人类命运共同体。换句话说，"一带一路"是推动构建人类命运共同体、建立公正合理的国际政治经济新秩序的重要实践平台。

国际经济秩序变革是一个较为长期的过程，需要分步骤、分层次逐步推进。② 在国际经济秩序变革过程中，既存在大国之间的激烈博弈，又需要大国之间的互相妥协。国际经济秩序变革不是"用一种文化替代另一种文化，用一种制度替代另一种制度，其核心问题在于摆脱西方主流意识形态和市场原教旨主义的束缚，尝试在制度差异和文化多元化前提下，提高全球事务的参与和治理国的能力"。③ 中国主张的国际经济秩序变革，目标不是要挑战和推翻美国经济霸权，途径不是要打破既有的国际经济组织另

---

① 习近平. 携手建设更加美好的世界——在中国共产党与世界政党高层对话会上的主旨讲话［N］. 人民日报，2017－12－02.

② 兰日旭. 中国经济崛起与重构国际经济新秩序的策略选择探析——基于国际经济秩序变迁的视角［J］. 经济学动态，2013（12）：37.

③ 雷达，杨连星. 现行国际经济秩序改革困境与全球治理理念的完善［J］. 中国人民大学学报，2017（4）：63－70.

起炉灶，而是倡导国际经济治理架构和国际经济秩序朝着更为包容、普惠、平等互利的方向演进。经济全球化发展到今天，各国之间的经济利益相互交叉重合，“共生”关系日趋深化，① 因此，在多边框架下按照“共商、共建、共享”的原则，构建平等互利的命运共同体是必然选择。

尊重多元文化、实现平等互利是构建国际经济新秩序的必由之路。在《世界秩序》一书中，基辛格认为建立国际新秩序就是在世界各地区确立一致的秩序观，这种秩序观既要尊重人类社会的多元文化差异，又要尊重任何人对自由的共同渴望。要构建这样的世界秩序，需要世界各主要国家和地区共同长期培育，而不能强加于人。② 国际政治学者朱云汉在《高思在云——中国兴起与全球秩序重组》一书中指出，全球新秩序是更符合对等与互惠原则的国际经济交换模式，它更尊重文化与宗教多元性，更能统筹兼顾地球上绝大多数群体的可持续发展需要，更能体现“休戚与共”及“和而不同”的理念。这一国际经济新秩序的构建，需要一个长期博弈的过程，但值得为之付出不懈努力。

① 金碚. 论经济全球化 3.0 时代——兼论“一带一路”的互通观念[J]. 中国工业经济，2016(1)：5-20.

② [美]亨利·基辛格. 世界秩序[M]. 北京：中信出版社，2015：486-489.

参考文献

[1]单元庄,王欣,朱俊宏. 开辟"空中丝绸之路"——振兴西部经济与航空工业的战略设想[J]. 人文杂志,1991(2):39－43.

[2]芮杏文,孙永俭,等. 新亚欧大陆桥(中国段)经济带开发的战略思考[J]. 中国软科学,1998(8):5－10.

[3]李琪. "丝绸之路"的新使命:能源战略通道——我国西北与中亚国家的能源合作与安全[J]. 西安交通大学学报(社会科学版),2007(3):77－83.

[4]李忠民,刘育红,张强. "新丝绸之路"交通基础设施、空间溢出与经济增长——基于多维要素空间面板数据模型[J]. 财经问题研究,2011(4):116－121.

[5]秦放鸣,毕燕茹. 新疆与中亚区域经济合作的新思考[J]. 新疆社会科学,2009(1):36－40.

[6]张勇. 略论21世纪海上丝绸之路的国家发展战略意义[J]. 中国海洋大学学报(社会科学版),2014(5):13－18.

[7]陈万灵,何传添. 海上丝绸之路的各方博弈及其经贸定位[J]. 改革,2014(3):74－83.

[8]陆南泉. "一带一路"若干问题交通运输基础设施与能源两大领域的合作应先行[J]. 中国经济报告,2015(1).

[9]王海燕. 上海合作组织框架下的中亚区域经济合作[J]. 新疆师范大学学报(哲学社会科学版),2008(2):76－83.

[10]冯宗宪,等. 2013欧亚经济论坛发展报告[M]. 西安:西安交通大学

出版社,2013:55-63.

[11]刘艳霞,朱蓉文,黄吉乔.海上丝绸之路沿线地区概况及深圳参与建设的潜力分析[J].城市观察,2014(6):37-46.

[12]周五七."一带一路"沿线直接投资分布与挑战应对[J].改革,2015(8):39-47.

[13]金星宇.高铁将成"一带一路"战略助推器[J].地球,2015(2):50-51.

[14]李金早.深化经贸合作 把"一带一路"建实建好[N].人民日报,2014-08-12.

[15]邹嘉龄,刘春腊,尹国庆,唐志鹏.中国与"一带一路"沿线国家贸易格局及其经济贡献[J].地理科学进展,2015(5):598-605.

[16]朱智洺,丁海燕,陈效林."一带一路"下中国OFDI对中亚五国经济增长的影响测度[J].河海大学学报(哲学社会科学版),2015(10).

[17]于翠萍,王美昌.中国与"一带一路"国家的经济互动关系——基于GDP溢出效应视角的实证分析[J].亚太经济,2015(11).

[18]许娇,乔坤铭,杨书菲,林昱君."一带一路"交通基础设施建设的国际经贸效应[J].亚太经济,2016(5).

[19]裴长洪,于燕."一带一路"建设与我国扩大开放[J].国际经贸探索,2015(10):4-17.

[20]中国人民大学重阳金融研究院."一带一路"与国际贸易新格局[M].北京:中信出版社,2016.

[21]孙壮志."一带一路"合作空间拓展的着力点探究[J].新疆师范大学学报(哲学社会科学版),2018(1):25-35.

[22]盛斌,陈帅.全球价值链、出口国内附加值与比较优势:基于跨国样本的研究[J].东南大学学报(哲学社会科学版),2016(11).

[23]刘伟,郭濂."一带一路":全球价值双环流下的区域互惠共赢[M].北京:北京大学出版社,2015:3.

[24]蓝庆新."一带一路"经济合作共谱和谐世界新篇章[J].人民论坛,

2017(9):87 - 88.

[25]史育龙. 发挥城市重要节点功能,扎实推进"一带一路"建设[EB/OL]. 光明网,2016 - 09 - 13.

[26]王文,刘英,陈晓晨. "一带一路"国际贸易支点城市研究报告[M]//赵磊. "一带一路"年度报告:从愿景到行动(2016). 北京:商务印书馆,2016.

[27]权衡. 喀什在构建丝路城市网络体系中的功能定位及其功能转型[J]. 新疆社科论坛,2016(5).

[28]苏宁,等. 丝路城市——世界城市网络新板块[M]//屠启宇. 国际城市发展报告(2016). 北京:社会科学文献出版社,2016:1 - 70.

[29]李健,等. 丝路城市走廊构筑"一带一路"战略主通道[M]//屠启宇. 国际城市发展报告(2017). 北京:社会科学文献出版社,2017:1 - 53.

[30]邓智团,等. 丝路节点城市:识别撬动"一带一路"建设的支点[M]//屠启宇. 国际城市发展报告(2018). 北京:社会科学文献出版社,2018:1 - 50.

[31]薛力. 美国再平衡战略与中国"一带一路"[J]. 世界经济与政治,2016(5):56 - 73,157 - 158.

[32]田文林. "一带一路"与中国的中东战略[J]. 西亚非洲,2016(2):127 - 145.

[33]黄益平. 中国经济外交新战略下的"一带一路"[J]. 国际经济评论,2015(1):48 - 53,5.

[34]张弘. "一带一路"战略中的政治风险研究逻辑与方法[J]. 北京工业大学学报(社会科学版),2016(4):45 - 55.

[35]屠启宇. 论地缘政治学的发展[J]. 国际关系理论与战略,1993(3):53 - 56.

[36] David Arase. China's Two Silk Roads Initiative: What it Means for Southeast Asia [J]. *Southeast Asian Affairs*,2015(1):25 - 45.

[37] Artyom Lukin. Mackinder Revisited: Will China Establish Eurasian

Empire 3.0? [EB/OL]. http: //thediplomat. com/2015/02/mackinder – revisited – will – china – establish – eurasian – empire – 3 – 0.

[38] Alfred McCoy. The Geopolitics of American Global Decline[J/OL]. http://www. unz. com/article/ the – geopolitics – of – american – global – decline.

[39] [美]科林·弗林特,张晓通. "一带一路"与地缘政治理论创新[J]. 外交评论,2016(3):1 – 24.

[40]王缉思. 东西南北,中国居"中"——一种战略大棋局思考[J]. 世界知识,2013(21):14 – 24.

[41]刘卫东. "一带一路"专辑序言[J]. 地理科学进展,2015,34(5):537 – 537.

[42]程亚文,王义桅. 天命:一个新领导型国家的诞生[M]. 北京:群言出版社,2016.

[43]赵磊. "一带一路"的机遇在痛点经济学[J]. 商业观察,2016(4):36 – 37.

[44]宋德星. 21 世纪全球地缘政治大图景与大国地缘战略关切——简论中国的基本方略[J]. 国际展望,2015(2):1 – 18.

[45]刘江永. 海陆和合论:"一带一路"可持续安全的地缘政治学[J]. 国际安全研究,2015,33(5):3 – 21.

[46]于会录,董锁成,李宇,等. 基于外部性理论的中国"一带一路"地缘战略[J]. 中国科学院院刊,2016(6):697 – 706.

[47]陆大道.《地缘政治参考材料》评介[J]. 人文地理,2015(6):160.

[48]陆大道,杜德斌. 关于加强地缘政治地缘经济研究的思考[J]. 地理学报,2013(6).

[49]汪亚青. 地缘经济新格局下战略性新兴产业国际竞争力塑造——新常态下"一带一路"带来的机遇、挑战与应对策略[J]. 西部论坛,2015(5):50 – 62.

[50]李晓,李俊久. "一带一路"与中国地缘政治经济战略的重构[J]. 世界经济与政治,2015(10): 30 – 59,156 – 157.

[51]安虎森,郑文光. 地缘政治视角下的"一带一路"战略内涵——地缘经济与建立全球经济新秩序[J]. 南京社会科学,2016(4).

[52]蔡拓,杨雪冬,吴志成. 全球治理概论[M]. 北京:北京大学出版社,2016:31 – 32.

[53]庞中英. 全球治理的中国角色[M]. 北京:人民出版社,2016.

[54]中国与全球化智库(CCG)课题组. "一带一路"国际合作共赢的实施方案及实现路径[J]. 宁波经济(三江论坛),2017(6):7 – 11.

[55]刘勇. 人类命运共同体:全球治理国际话语权变革的中国方案[J]. 探索,2019(3).

[56]于潇,孙悦. 全球共同治理理论与中国实践[J]. 吉林大学(社会科学学报),2018(11).

[57][奥]熊彼特. 经济分析史:第二卷[M]. 北京:商务印书馆,1996:101.

[58][德]马克思,恩格斯. 马克思恩格斯全集:第46卷上[M]. 北京:人民出版社,1974:169.

[59][德]马克思,恩格斯. 马克思恩格斯全集:第26卷三[M]. 北京:人民出版社,1974:278.

[60]刘克祥,吴太昌. 中国近代经济史(1927—1937)[M]. 北京:人民出版社,2010.

[61]贺瑛. 国际金融学[M]. 上海:复旦大学出版社,2006:124.

[62][德]马克思. 剩余价值论:第三卷[M]. 北京:人民出版社,1975:278.

[63][德]马克思,恩格斯. 马克思恩格斯选集:第4卷[M]. 北京:人民出版社,1975:322.

[64]李秀林,王于,李淮春. 辩证唯物主义和历史唯物主义原理[M]. 北京:中国人民大学出版社,1982:289,293.

[65][德]马克思,恩格斯. 马克思恩格斯选集:第2卷[M]. 北京:人民出版社,1975:82 – 83.

[66]卫兴华,顾学荣. 政治经济学原理[M]. 北京:经济科学出版社,1997:280-283.

[67] [日]藤田昌久,等. 空间经济学:城市、区域与国际贸易[M]. 北京:中国人民大学出版社,2005:11-15.

[68]王浩. 全球经济与金融治理[M]. 北京:中央编译出版社,2017:1-2.

[69]孙玉琴. 中国对外贸易史[M]. 北京:清华大学出版社,2013.

[70]郑彭年. 丝绸之路全史[M]. 天津:天津人民出版社,2016.

[71]楼劲. 汉唐的外事体制与丝路古道上的基本外交模式[J]. 敦煌学辑刊,1995(1):79-88.

[72]周荣坤. 跨世纪的世界经济[M]. 北京:时事出版社,1998:32.

[73]孙玉琴. 汉唐时期丝绸之路贸易的历史经验及其现实启示[J]. 国际贸易,2014(8):16-20.

[74]霍建国,等. 中国对外贸易史:上卷[M]. 北京:中国商务出版社,2015.

[75]朱伯康,施正康. 中国经济史:下卷[M]. 上海:复旦大学出版社,2005.

[76] 尹晓盛. 明代私人海上贸易研究[D]. 济南:山东大学,2007.

[77]汪敬虞. 论清代前期的禁海闭关[J]. 中国社会经济史研究,1983(2):4-16.

[78]全林远. 20世纪的世界经济[M]. 北京:新时代出版社,1998:110.

[79]池元吉,李晓. 世界经济概论[M]. 北京:高等教育出版社,2013:208.

[80]马莉莉. 网络化时代的公共服务模块化供给机制[J]. 中国工业经济,2013(9):95-107.

[81]Dixit, A. K., Stiglitz, J. E., Monopolistic Competition and Optimum Product Diversity[J]. *American Economic Review*, Vol. 67, No. 3, 1977(6).

[82]Panzar, J. C., Willig, R. D. Economics of Scope[J]. *American Eco-*

nomic Review,1982(2).

[83]Pine II B. J. *Mass Customization: The New Frontier in Business Competition*[M]. Boston: Harvard Business School Press,1992.

[84][日]青木昌彦,安藤晴彦. 模块时代:新产业结构的本质[M]. 周国荣,译. 上海:上海远东出版社,2003.

[85]昝廷全. 系统经济:新经济的本质——兼论模块化理论[J]. 中国工业经济,2003(9).

[86]Chesbrough H. Making Sense of Corporate Venture Capital[J]. *Harvard Business Review*,2002, 80(3).

[87]胡晓鹏. 模块化:经济分析新视角[M]. 北京:人民出版社,2009.

[88]Nelson, R. R. , Winter, S. G. *An Evolutionary Theory of Economic Change*[M]. Cambridge: Harvard University Press,1982.

[89]周鹏. DIY:企业组织分析的另一个视角[J]. 中国工业经济,2004(2).

[90]曹虹剑. 网络经济时代模块化组织治理机制研究[M]. 北京:经济科学出版社,2010.

[91]刘文涛. 基于大规模定制的重调度[M]. 北京:社会科学文献出版社,2007.

[92][英]克里斯托弗. 物流与供应链管理:第3版[M]. 何明珂,等,译. 北京:电子工业出版社,2006.

[93][美]印德尔米特·吉尔,霍米·卡拉斯. 东亚复兴:关于经济增长的观点[M]. 北京:中信出版社,2008:39.

[94]王峰. 东亚区域内贸易扩张研究[M]. 北京:经济科学出版社,2009:130-131.

[95]卢锋. 产品内分工:一个分析框架[R]. 北京大学中国经济研究中心讨论稿,2004. No. C200405.

[96]朱文晖. 走向竞合——珠三角与长三角经济发展比较[M]. 北京:清华大学出版社,2003:5.

[97]杨虹. 新地区主义:中国与东亚共同发展[M]. 北京:中国社会科学出版社,2011:92 – 96.

[98]敖云波. 全球治理的中国视角与外交对策[M]. 北京:中国书籍出版社,2011:76.

[99]曾华群. WTO 规则与中国经贸法制的新发展[M]. 厦门:厦门大学出版社,2006:9.

[100]薛荣久,杨凤鸣. 中国在 WTO 中地位变化、反应与对策[J]. 国际经贸探索,2008(11):4 – 9.

[101]陈绍锋. 全球经济治理中的中国角色[C]//中国国际战略评论2017. 北京:北京大学国际战略研究院,2017:18.

[102]陆建人. 亚太经合组织与中国[M]. 北京:经济管理出版社,1997:184 – 186.

[103]王香媚,贾宏君. APEC 贸易便利化发展历程研究[J]. 纳税,2018(17):177.

[104]何春龙. APEC 与中国[D]. 长春:吉林大学,2008.

[105]王鹏. 中国、东盟与 APEC:在交集与竞合中共同演化[J]. 中国报道,2017(11):60 – 61.

[106]李红梅. 国际经济组织[M]. 北京:机械工业出版社,2007:170.

[107]邢广程. 上海合作组织发展报告(2009)[M]. 北京:社会科学文献出版社,2009:78 – 80.

[108]孟夏,刘洋. 中国 FTA 的战略效应——经济视角的分析[J]. 南开学报(哲学社会科学版),2016(2):33 – 44.

[109]夏先良. 试论我国的经济外交[J]. 中国人民大学学报,1995(6):74 – 78.

[110][美]劳伦斯·肖普. 卡特总统与美国政坛内幕:八十年代权力和政治[M]. 北京:时事出版社,1980.

[111]陶文钊. 奥巴马第一任期的中美关系[J]. 美国问题研究,2012(2):26 – 53,216,222,215.

[112]刘砦.从握手到携手——英国工党执政13年间的中英关系[J].改革与开放,2010(20):6-7.

[113]孙永艳.新世纪以来中英关系走向分析[J].辽宁师专学报(社会科学版),2014(6):6-7.

[114]车文娇.中国欧盟经贸关系发展研究[D].大连:东北财经大学,2009.

[115]毕晶.改革开放四十年中欧经贸关系回顾与思考[J].国际贸易,2018(10):15-21,28.

[116]金熙德.2007年中日关系的基本特点[J].亚非纵横,2007(2):1-5,14,63.

[117]温家宝在日本国会的演讲(全文)[EB/OL].https://www.fmprc.gov.cn/web/gjhdq_6762 01/gj_676203/yz_676205/1206_676836/1209_676846/t310780.shtml.

[118]中日关于全面推进战略互惠关系的联合声明[EB/OL].https://www.fmprc.gov.cn/web/gjhdq_676201/gj_676203/yz_676205/1206_676836/1207_676848/t450471.shtml.

[119]尹刚,宋志勇.改革开放40年中日经贸关系发展脉络与展望[J].东北亚经济研究,2018,2(6):25-34.

[120]杨武.当代东盟经济与政治[M].北京:世界知识出版社,2006:269-275.

[121]李中海.俄罗斯经济外交理论与实践[M].北京:社会科学文献出版社,2011:311.

[122]吴大辉.中俄战略协作伙伴关系:十年实践的历史考察[J].俄罗斯中亚东欧研究,2006(3).

[123]王泰平.邓小平外交思想研究论文集[M].北京:世界知识出版社,1996:240-242.

[124]韩念龙.当代中国外交[M].北京:中国社会科学出版社,1987:365.

[125]楼项飞. 中国与拉美国家相互依赖模式研究[M]. 北京:时事出版社,2016:82－83.

[126]罗建波. 非洲一体化与中非关系[M]. 北京:社会科学文献出版社,2006:283.

[127]杨立华. 中国与非洲经贸合作发展总体战略研究[M]. 北京:中国社会科学出版社,2013:61.

[128]肖金成. 虚拟经济对美国的影响及对我国的启示[J]. 前线,2009(6):23－25.

[129]谢霖. 美国金融危机对国际经济与政治格局的影响[D]. 兰州:兰州大学,2010.

[130]马莉莉,卢尚义,任红梅. 从全球分工格局变迁看中国跨越"中等收入陷阱"的路径选择[J]. 理论导刊,2012(12):12－15.

[131]张纪. 产品内国际分工动因、机制与效应研究[M]. 北京:经济管理出版社,2009:86.

[132]李明. 次贷危机以来世界经济形势及对我国经济的影响[J]. 中国商论,2016(2):105.

[133]赵坤. 当前欧洲经济形势及次贷危机对欧洲经济的影响[J]. 中国经贸导刊,2008(8):15－16.

[134][日]齐藤美彦,崔岩. 美国次贷危机对日本经济的影响[J]. 日本研究,2008(4):19－23.

[135]中国发展科学研究基金会,北京市人民政府. 诺奖大师纵论金融重建与经济振兴[M]. 北京:科学出版社,2011:90－91.

[136]刘志明. 大转折:后危机时代的世界[M]. 北京:经济科学出版社,2013:86.

[137]杨文武,罗文宝. 国际分工体系的演进动因及启示[J]. 人民论坛·学术前沿,2016(9):44－55.

[138][美]杰里米·里夫金. 第三次工业革命[M]. 张体伟,孙预宁,译. 北京:中信出版社,2012.

[139]田露露,韩超. 第三次工业革命:历史演进、趋势研判与中国应对[J]. 经济管理研究,2015(7):88-95.

[140]王海燕,周华东,郝君超. "即将到来的"第三次工业革命真的会发生吗——对里夫金等人主要观点的评述[J]. 中国科技论坛,2014(2):98-103.

[141]Paul Markillie. A Third Industrial Revolution: Manufacturing and Innovation(Special Report)[J]. *The Economist*,2012(4).

[142]应怀樵. 云智慧技术引领高端制造业革命——第三次工业革命正在到来[J]. 测控技术,2013(3):1-4.

[143][德]克劳斯·施瓦布. 第四次工业革命:转型的力量[M]. 北京:中信出版社,2016.

[144]蔡鹤皋. 机器人技术的发展与在制造业中的应用[J]. 机械制造与自动化,2004(1):6-7.

[145]曾昶畅. 工业机器人的技术发展趋势及产业应用现状[J]. 产业与科技论坛,2016(17):50-51.

[146]程虹,陈文津,李唐. 机器人在中国:现状、未来与影响——来自中国企业—劳动力匹配调查(CEES)的经验证据[J]. 宏观质量研究,2018(3):1-21.

[147]唐怀坤. 浅析无人驾驶演进的三个阶段[J]. 通信世界,2018(21):30-32.

[148]邓泳红,张其仔. 中国应对第四次工业革命的战略选择[J]. 中州学刊,2015(6):23-28.

[149][美]杰里米·里夫金. 第三次工业革命[M]. 张体伟,孙豫宁,译. 北京:中信出版社,2012.

[150][德]克劳斯·施瓦布. 第四次工业革命:转型的力量[M]. 北京:中信出版社,2016.

[151]贾根良. 第三次工业革命与新型工业化道路的新思维——来自演化经济学和经济史的视角[J]. 中国人民大学学报,2013(2):43-45.

[152]杨长湧. 新一轮科技革命发展趋势及其对世界经济格局的影响[J]. 全球化,2018(8):25 - 38.

[153]李生福,张爱玲,李少华,等. "风火打捆"交直流外送系统的暂态稳定控制研究[J]. 电力系统保护与控制,2015(1):108 - 114.

[154]胡鞍钢,等. 中国2030——迈向共同富裕[M]. 北京:中国人民大学出版社,2011:96.

[155]高红冰. 数字经济2.0[R]. 阿里研究院,2017.

[156]张宇燕. 2019年世界经济形势分析与预测[M]. 北京:社会科学文献出版社,2019: 31 - 35.

[157]国乐. 浅析后金融危机时期的世界经济失衡及其调整[J]. 经济论坛,2018(6):150.

[158]汤柳. 危机后欧洲金融结构的演变[J]. 银行家,2018(9):108 - 109.

[159]李洋. 透视俄罗斯2018—2020年中期财政预算、影响因素分析及各方争论焦点[J]. 环球财经,2018(9):112 - 113.

[160]殷勇林. 莫迪政府执政以来的印度经济[J]. 南亚研究集刊,2018(2):35 - 36.

[161]谢玮. 巴西农业出口的中国期待[J]. 中国经济周刊,2018(20):71 - 73.

[162]王颂吉,魏后凯. 中国"过度去工业化"现象剖析与理论反思[J]. 中国工业经济,2019(1):10.

[163]刘伟. 我国制造业对外直接投资区位选择研究[D]. 石家庄:河北经贸大学,2014.

[164]《中国发展对世界经济的影响》课题组. 中国发展对世界经济的影响[J]. 管理世界,2014(10):1 - 2.

[165]白永秀,等. 全球经济格局背景下丝绸之路经济带建设的战略研究[R]. 国家社会科学基金重点项目结题报告,2018.

[166]中华人民共和国商务部,国家统计局,国家外汇管理局. 2017年度

中国对外直接投资统计公报[M]. 北京:中国统计出版社,2018:4.

[167]董琴."逆全球化"及其新发展对国际经贸的影响与中国策略研究[J]. 经济学家,2018(12):91-98.

[168][加]马歇尔·麦克卢汉. 理解媒介——论人的延伸[M]. 何道宽,译. 北京:商务印书馆,2000:16-30.

[169]黄范章. 宏观经济政策国际合作——经济全球化所需要的新机制[J]. 经济学家,2012(5):5-11.

[170]于唐,任伍. 经济全球化的实质与中国的对策[J]. 世界经济,2000(10).

[171]郁建兴. 全球化:一个批评性考察[M]. 杭州:浙江大学出版社,2003:153-185.

[172]宏量. 经济全球化观察[J]. 当代思潮,2000(3):10-16.

[173]王颂吉,谷磊,苏小庆."一带一路"引领新型全球化:变局研判与建设任务[J]. 西北大学学报(哲学社会科学版),2019(2):148-149.

[174]王勋,方晋. 新兴经济体崛起:概念、特征事实与实证研究[J]. 山西财经大学学报,2011(6):1-10.

[175]刘洪钟,杨攻研. 新兴经济体的崛起与世界经济格局的变革[J]. 经济学家,2012(1).

[176]张宇燕,田丰. 新兴经济体的界定及其在世界经济格局中的地位[J]. 国际经济评论,2010(4):7-26.

[177]姜跃春. 新兴经济体崛起及其对世界经济格局的影响[J]. 国际问题研究,2011(6):82-89.

[178]习近平. 共担时代责任 共促全球发展——在世界经济论坛2017年年会开幕式上的主旨演讲[N]. 人民日报,2017-01-18(03).

[179]习近平. 共同构建人类命运共同体——在联合国日内瓦总部的演讲[N]. 人民日报,2017-01-20(02).

[180]刘洪钟,杨攻研. 新兴经济体的崛起与世界经济格局的变革[J]. 经济学家,2012(1):81-88.

[181]推进"一带一路"建设工作领导小组办公室.共建"一带一路":理念、实践与中国的贡献(2017年5月)[M]//"一带一路"国际合作高峰论坛重要文辑.北京:人民出版社,2017:72-73.

[182]习近平.凝心聚力 精诚合作 推动上海合作组织再上新台阶——在上海合作组织成员国元首理事会第十四次会议上的讲话(2014年9月12日)[N].人民日报,2014-09-13(03).

[183]国家发展改革委,外交部,商务部.推动共建丝绸之路经济带和21世纪海上丝绸之路的愿景与行动[M].北京:人民出版社,2015:2.

[184]习近平.携手推进"一带一路"建设——在"一带一路"国际合作高峰论坛开幕式上的演讲[N].人民日报,2017-05-15.

[185]习近平.推进"一带一路"建设,努力拓展改革发展新空间[M]//习近平谈治国理政:第二卷.北京:外文出版社,2017:501.

[186]卫玲."一带一路":新型全球化的引擎[J].兰州大学学报(社会科学版),2017(3):23-29.

[187]冯俊新.经济发展与空间布局:城市化、经济集聚和地区差距[M].北京:中国人民大学出版社,2012:24-27.

[188]王颂吉.丝绸之路经济带国内段中心城市产业合作研究:基于价值链分工视角[J].西北大学学报(哲学社会科学版),2016(6):89-96.

[189]张建平,樊子嫣."一带一路"国家贸易投资便利化状况及相关措施需求[J].国家行政学院学报,2016(1):23-29.

[190]习近平.顺应时代前进潮流 促进世界和平发展——在莫斯科国际关系学院的演讲[N].人民日报,2013-03-24.

[191]习近平.携手构建合作共赢新伙伴 同心打造人类命运共同体(2015年9月28日).论坚持推动构建人类命运共同体[M].北京:人民出版社,2018:252-258.

[192]习近平.携手建设更加美好的世界——在中国共产党与世界政党高层对话会上的主旨讲话[N].人民日报,2017-12-02.

[193]石云霞.马克思社会共同体思想及其发展[J].中国特色社会主义

研究,2016(1):23 -25.

[194]石云霞.习近平人类命运共同体思想科学体系研究[J].中国特色社会主义研究,2018(2):19.

[195]毛泽东.关于三个世界划分问题(1974 年 2 月 22 日)[M]//毛泽东文集:第 8 卷.北京:人民出版社,1996:441 -442.

[196]毛泽东.关于国际问题几次谈话的要点(1974 年)[M]//建国以来毛泽东文稿:第 13 册.北京:人民出版社,1998:418.

[197]邓小平.邓小平文选:第 3 卷[M].北京:人民出版社,1993:282,330.

[198]江泽民.全面建设小康社会,开创中国特色社会主义事业新局面——在中国共产党第十六次全国代表大会上的讲话(2002 年 11 月 8 日)[M]//改革开放三十年重要文献选编.北京:中央文献出版社,2008:1264.

[199]胡锦涛.高举中国特色社会主义伟大旗帜,为夺取全面建设小康社会新胜利而奋斗——在中国共产党第十七次全国代表大会上的讲话(2007 年 10 月 15 日)[M]//改革开放三十年重要文献选编.北京:中央文献出版社,2008:1736 -1738.

[200]习近平.共同构建人类命运共同体(2017 年 1 月 18 日)[M]//论坚持推动构建人类命运共同体.北京:人民出版社,2018:416.

[201]彭明.从空想到科学——中国社会主义思想发展的历史考察[M].北京:中国人民大学出版社,1991:25.

[202]习近平.共同构建人类命运共同体(2017 年 1 月 18 日)[M]//论坚持推动构建人类命运共同体.北京:人民出版社,2018:418 -422.

[203]习近平.携手建设更加美好的世界(2017 年 12 月 1 日)[M]//论坚持推动构建人类命运共同体.北京:人民出版社,2018:508 -516.

[204]习近平.开辟合作新起点,谋求发展新动力(2017 年 5 月 15 日).习近平谈“一带一路”[M].北京:人民出版社,2018:193 -194.

[205]习近平.携手建设更加美好的世界(2017 年 12 月 1 日).论坚持推动构建人类命运共同体[M].北京:人民出版社,2018:510.

[206][美]塞缪尔·亨廷顿.文明的冲突与世界秩序的重建[M].北京:新华出版社,2010.

[207]习近平.共担时代责任,共促全球发展——在世界经济论坛2017年年会开幕式上的主旨演讲(2017年1月17日)[N].人民日报,2017-01-18(3).

[208]习近平.联通引领发展 伙伴聚焦合作——在"加强互联互通伙伴关系"东道主伙伴对话会上的讲话(2014年11月8日)[N].人民日报,2014-11-09(2).

[209]王颂吉,何昊."一带一路"经济学的理论渊源与研究框架[J].兰州大学学报(社会科学版),2017(3):12-13.

[210]姜江.对新一轮产业革命内涵和特征的几点认识[J].中国经贸导刊,2013(7):53-54.

[211]赵若玺,徐治立.新科技革命会带来什么样的产业变革[J].人民论坛,2017(5):83-85.

[212]易信.新一轮科技革命和产业变革趋势、影响及对策[J].中国经贸导刊,2018(10):47-49.

[213][美]丹尼尔·贝尔.后工业社会的来临——对社会预测的一项探索[M].北京:新华出版社,1997.

[214][美]迈克尔·波特.国家竞争优势[M].李明轩,邱如美,译.北京:中信出版社,2007.

[215]韩江波,李超.产业升级的要素配置效应:国际案例与中国选择[J].经济学家,2013(5):49-50.

[216]施筱勇.创新驱动经济体的三大特征及其政策启示[J].中国软科学,2015(2):44-46.

[217]阿里研究院.数字经济2.0[R].2017.

[218]杨长湧.新一轮科技革命发展趋势及其对世界经济格局的影响[J].全球化,2018(8):25-38.

[219]金京,戴翔,张二震.全球要素分工背景下的中国产业转型升级

[J]. 中国工业经济,2013(11):57-59.

[220]孔令晖. 第四次工业革命对低素质劳动力市场影响研究——基于劳动力异质性视角[J]. 商情,2017(28):110-111.

[221]汪立峰. 国际分工与我国现代产业体系发展[J]. 高校理论战线,2011(2):35-38.

[222]曹东坡,于诚,徐保昌. 高端服务业与先进制造业的协同机制与实证分析——基于长三角地区的研究[J]. 经济与管理研究,2014(3):76-86.

[223]魏后凯,王颂吉. 中国“过度去工业化”现象剖析与理论反思[J]. 中国工业经济,2019(1):20-21.

[224]周鹏,余珊萍,韩剑. 生产性服务业与制造业价值链升级间相关性的研究[J]. 上海经济研究,2010,(9):55-62.

[225]朱云汉. 高思在云——中国兴起与全球秩序重组[M]. 北京:中国人民大学出版社,2015:115.

[226]唐乐. 东亚区域产业结构演进与中国制造业产业升级[D]. 长春:吉林大学,2016:23-25.

[227]关孔文,徐莹. 后危机时代国际货币基金组织的改革以及政治功能[J]. 宁夏大学学报,2016(3):147-148.

[228]李莎莎. 国际货币体系变革中的组织机制重构——以国际货币基金组织为视角[J]. 理论月刊,2011(3):141.

[229]刘兴华,胡芳. IMF 份额改革:规模与结构视角[J]. 湖南财政经济学院学报,2011(6):7.

[230]关孔文,徐莹. 后危机时代国际货币基金组织的改革以及政治功能[J]. 宁夏大学学报,2016(3):149.

[231]宋学良. 论世界银行投票权改革及中国的参与[D]. 北京:外交学院,2012.

[232]常飞. 现行国际货币体系存在的问题与改革思路[D]. 长春:吉林大学,2012.

[233]陈建奇. WTO 改革发展新动向及中国的战略定位[N]. 学习时报,

2018 – 10 – 22.

[234]刘崇献. 从多哈回合谈判看世界贸易组织改革[J]. 对外经贸实务,2008(2):39 – 42.

[235]陈靓. WTO 现代化改革——全球价值链与多边贸易体系的冲突与协调[J]. 国际展望,2019(1):29.

[236]周世俭. 对国际经济治理体系改革的几点思考[J]. 国际问题研究,2016(4):108 – 109.

[237]李莎莎. 国际货币体系变革中的组织机制重构——以国际货币基金组织为视角[J]. 理论月刊,2011(3):141 – 143.

[238]朱猛猛. 全球经济治理体系改革问题研究[D]. 武汉:华中师范大学,2017:13 – 14.

[239]陈靓. WTO 现代化改革——全球价值链与多边贸易体系的冲突与协调[J]. 国际展望,2019(1):16 – 17.

[240]数据来自世界银行数据库。

[241]余国斌. 如何构建全球化时代的国际新秩序[J]. 社会科学研究,2004(5):24 – 28.

[242]习近平. 决胜全面建成小康社会夺取新时代中国特色社会主义伟大胜利——在中国共产党第十九次全国代表大会上的报告(2017 年 10 月 18 日)[M]. 北京:人民出版社,2017:34 – 35.

[243]数据引自本报评论员. 推动构建人类命运共同体的重要实践平台——论学习习近平总书记在推进“一带一路”建设工作五周年座谈会重要讲话[N]. 人民日报,2018 – 08 – 28(1).

[244]张杰童. 关于亚投行在当前金融体系下机遇和挑战的研究[J]. 中小企业管理与科技,2018(7):41 – 42.

[245]刘兴华,胡芳. IMF 份额改革:规模与结构视角[J]. 湖南财政经济学院学报,2011(6):7.

[246][美]刘宏松. 中国在 WTO 多哈回合谈判中的倡议行为探析[J]. 国际观察,2012(3):37.

[247][美]亨利·基辛格. 世界秩序[M]. 北京:中信出版社,2015.

[248]郁建兴. 全球化:一个批评性考察[M]. 杭州:浙江大学出版社,2003:153-185.

[249]唐任伍. 经济全球化的实质与中国的对策[J]. 世界经济,2000(10).

[250][美]亨利·基辛格. 世界秩序[M]. 北京:中信出版社,2015:480,486-489.

[251]江泽民. 全面建设小康社会,开创中国特色社会主义事业新局面——在中国共产党第十六次全国代表大会上的讲话(2002年11月8日)[M]//改革开放三十年重要文献选编. 北京:中央文献出版社,2008:1264.

[252]胡锦涛. 高举中国特色社会主义伟大旗帜,为夺取全面建设小康社会新胜利而奋斗——在中国共产党第十七次全国代表大会上的讲话(2007年10月15日)[M]//改革开放三十年重要文献选编. 北京:中央文献出版社,2008:1736-1738.

[253]习近平. 携手建设更加美好的世界——在中国共产党与世界政党高层对话会上的主旨讲话[N]. 人民日报,2017-12-02.

[254]兰日旭. 中国经济崛起与重构国际经济新秩序的策略选择探析——基于国际经济秩序变迁的视角[J]. 经济学动态,2013(12):37.

[255]雷达,杨连星. 现行国际经济秩序改革困境与全球治理理念的完善[J]. 中国人民大学学报,2017(4):63-70.

[256]金碚. 论经济全球化3.0时代——兼论"一带一路"的互通观念[J]. 中国工业经济,2016(1):5-20.

[257]习近平. 在哲学社会科学工作座谈会上的讲话[EB/OL]. 新华网,2016-05-18.

[258]彭国昌. 分离与融合:中国特色社会主义城乡一体化发展趋势与路径选择[J]. 湖南社会科学,2014(1).

[259]孙久文,唐泽地. 中国特色的扶贫战略与政策[J]. 西北师范大学学报,2017(2).

［260］戴跃侬. 人的全面发展理论与马克思主义中国化［J］. 马克思主义与现实. 2007(5).

［261］［德］马克思. 资本论:第一卷［M］. 北京:人民出版社,2004:205.

［262］洪银兴. 以创新的经济发展理论阐释中国经济发展［J］. 中国社会科学,2016(11).

［263］洪银兴. 以人为本的发展观及其理论和实践意义［J］. 经济理论与经济管理,2007(5).

［264］简新华. 创建中国特色发展经济学［J］. 生产力研究,2008(18).

索　引

后　记

经过40年的改革开放，中国通过发挥廉价劳动力优势、主要从事加工制造环节，跻身全球分工体系的重要地位，成长为世界第一大货物贸易国、第二大经济体，也累积起转型升级的强大压力、动力和潜力。面对新世纪新科技革命兴起的浪潮，中国以崭新的姿态继续大踏步走向全球市场，积极推进“一带一路”建设，努力打造人类命运共同体，开辟出中国与世界合作发展的新时代。

作为社会主义国家，中国坚定地以马克思主义理论为指导，锐意探索发展中国家的成长壮大、转型升级与对外开放等重大实践。以政治经济学视角与方法，来分析研判新时代的中国与世界合作关系，是坚持和发展中国特色社会主义的职责与使命所在。

在西北大学研究生院院长、中国西部经济发展研究中心主任、长江学者任保平教授的悉心指导与强力组织下，作为“发展的政治经济学与中国70年”丛书的组成部分，我与王颂吉副教授和李侨敏博士带领团队展开了本书的研究与撰写。具体分工为：第一章，马莉莉；第二章，陈若妍、李侨敏；第三章，李侨敏；第四章，马莉莉；第五，唐旖晨、何欢；第六章第一节，何欢、徐晗，第二节，唐旖晨、马莉莉；第七章第一节，苏浩、王颂吉，第二节，杨嘉、王颂吉，第三节，王颂吉；第八章，王颂吉；第九章第一节，苏浩、王颂吉，第二节，杨嘉、王颂吉，第三节，王颂吉。

本研究还得到西北大学经济管理学院领导与同事的大力支持和帮助，后期中国经济出版社贺静老师认真热情地完成编辑出版，在此一并感谢大家为此付出的艰辛与努力！

马莉莉

2019 年 7 月 4 日